HEYNE
BÜCHER

Hornickels Weinbibliothek

5

Die Reisen

1 Der Kenner
2 Die Sorten
3 Die Lagen
4 Der Keller

WILHELM HEYNE VERLAG
MÜNCHEN

HEYNE-BUCH Nr. 4282
im Wilhelm Heyne Verlag, München

Ungekürzte Taschenbuchausgabe
mit freundlicher Genehmigung des Seewald Verlags Dr. Heinrich Seewald, Stuttgart

Printed in Germany 1979
Umschlaggestaltung: Atelier Heinrichs, München
Satz: Schaber, Wels/Österreich
Druck und Bindung: Ebner Ulm

ISBN 3-453-40266-9

Inhalt

Einladung zur Weinreise

Es ist nun schon über 40 Jahre her und Anno 1930 gewesen, als ich dem ersten Weinreisenden begegnete. Es war auf einem Rheindampfer der Köln-Düsseldorfer, etwa auf der Höhe von Kaub, als er, eine Flasche Bacharacher schwingend, ein Lied auf den Lippen, über das Oberdeck marschierte und über die Reling gebeugt fragte: »Warum ist es am Rhein so schön?« Seine Stimme war viel heller und klarer als es heute der Rhein ist, er hatte seine Arme weit ausgebreitet und war restlos glücklich. Es muß ein junger Amerikaner deutscher Abstammung gewesen sein; denn er erzählte jedem beglückt, wie schön doch dieses »Old Germany« sei, »Home of my family«. Er zeigte mit Stolz auf drei Flaschen, die er in Reserve hatte. Ein »Oberweseler« war dabei, ein »Roßstein« und eine »Bopparder Hamm«, alle vom lobenswerten Jahrgang 29. »Wann wir werden sein in Roßstein?« fragte er selig, »then the next bottle.« So trank er sich durch den Mittelrhein und alle auf dem Schiff hatten ihren Spaß mit ihm. Er hieß Jesse, wenn ich mich recht erinnere, und unsere Aufmerksamkeit gehörte mehr seiner Fröhlichkeit und seinem bacchantischen Charme als der attraktivsten aller Rheinlandschaften links und rechts vom Kapitän.

> Fluß, dem Bacchus duftet
> auf weinbewachsenen Höhen,
> Schiffe trägst Du, so wie
> das Meer, Du schießest hinabwärts
> und Dein reines Getränk
> übertrifft den kühlenden Waldquell.
> Singen will ich Dich, glücklicher
> Fluß, der durch grüne Gefilde
> freudig wallt.

Unser Jesse lobpries den Rhein nicht in antikem Versmaß, wie der sehr viel ältere Weinreisende Decimus Magnus Ausonius die »holde Mosella« etwa 1600 Jahre früher besungen hatte. Und dieser römische Statthalter aus Burdigala hat nicht nur Weinreisen ins Bordelais und an die

Mosel gemacht, sondern auch die Donau entlang und ist im Italienischen weit über Rom hinausgekommen. Er verstand mehr vom Wein als die Männer der Stuttgarter Sportpresse, die nach dem Spiel in Straßburg eine Weinreise durch das Elsaß antraten und dabei in die Fänge des alten Weinmagiers Dopff in Riquewihr gerieten und später im Omnibus, voll des würzigen Traminers, in horizontaler Lage ein Problem für die Zöllner von Breisach wurden. Und ganz gewiß verstand er auch mehr als unser guter Samuel Silberstein, der als Weinreisender ein Vollprofi war und in den später so schön vergoldeten zwanziger Jahren viermal pro anno uns immer nur den unvergeßlichen Niersteiner 21er verkaufte. Seine Weinreisen führten ihn nur durch die beiden südlichsten Kreise der alten Provinz Sachsen. Später ist er nach Illinois gegangen und hat den vielen Deutschen dort die Weine der kalifornischen Christian Brothers verkauft. Er hat sich 1933 noch rechtzeitig genug absetzen können, denn er war immer ein bißchen mißtrauisch gewesen und ist so notgedrungen ein richtiger Wein-Weltreisender geworden.

Im Licht ist mehr Schatten

Meine »Weinreisen« waren anderen Sinnes und hatten andere Ziele, als die eben skizzierten. Sie galten weit weniger dem Wein, dem dionysischen Kind, als seinem Elternpaar: dem Weinberg und der Rebe. Es waren recht eigentlich Studienreisen, die manchmal zu Entdeckungsreisen wurden. Ihr Ziel waren die (nach Goethe) »gesegneten Gebreite«, auf denen nicht nur Europas beste, sondern auch interessante Weine wachsen. Daß gerade die Auswahl der letzteren ganz und gar willkürlich und nach subjektiven Erwägungen erfolgte, wird durch die Besuche von Samos, des Neusiedler Sees, der italienischen Cinque Terre, des Beaujolais, Andalusiens, des Douro-Tals und der Insel Madeira besonders deutlich. Lückenlosigkeit war hier weder angezeigt noch erstrebt. Sie ist überall da, wo vom Wein geredet und geschrieben wird — schlicht gesagt — eine liebenswürdige Illusion.

Mit dem Wein kommt man nie zu Ende, weil im Weinstock und seinen Säften das unerschöpfliche Geheimnis des Lebens beschlossen ist. Dazu prägt der Wein die Menschen, die mit ihm umgehen, wie die Menschen die Landschaft, in die sie ihre Reben setzen. Umgekehrt formt die Landschaft den Menschen und der Mensch den Wein, der in die Landschaft paßt. Eine interessante, leicht nachweisbare Wechselbezüglichkeit, die überall neue Varianten schafft und damit solche »Weinreisen« besonders reizvoll, ja oft zu Abenteuern macht.

Das monoton-melancholische Douro-Tal, in dem es keine »Weindörfer« im mitteleuropäischen Sinne gibt, wo Saisonarbeiter aus den portugiesischen Höhensiedlungen und den benachbarten spanischen Grenzorten Rebterrassen abernten, zu denen sie weniger persönliche Beziehungen haben als irgendein Arbeiter zu seinem Platz am Fließband — kann man es mit dem ständig wechselnden, lebensfrohen Bild des immer noch romantischen Rheintals zwischen Bingen und Koblenz vergleichen? Wer möchte die unmittelbar aus dem Meere aufschießenden Weinfelsen der Cinque Terre auf die weiten, unübersehbaren behäbig-satten Rebebenen des Médoc projizieren? Wer möchte das armselige Weindorf Tokaj, das nie in seiner Geschichte der Nutznießer seiner weltberühmten edlen Weine gewesen ist, mit dem Charme und dem wohlhabenden Bild der meisten deutschen oder schweizerischen Weindörfer vergleichen? Es gibt traurig-monotone und liebenswert-heitere Weinlandschaften, gepflegt-einladende und armselig-abweisende Weindörfer, und oft genug ist es typisch für das Verhalten der Menschen zu den Rebgärten, die ihre eignen sind oder in denen sie nur als Saisonarbeiter mit Wochenlohn arbeiten.

Die schönsten Weinorte

Die Welt des Weines ist bunt und vielfältig wie das Leben selbst. So gibt es Weinregionen, die ihre eigene Gastronomie mit den Reben zusammen in aller Ursprünglichkeit haben wachsen lassen, ohne daß sie mehr als primitiven Anspruchen genugt, wie meist in österreichischen Buschenschenken und der italienischen Provinz; mit weit besserer Ausstattung höheren Ansprüchen genügend, in Deutschland, in der Schweiz und, mit renommierter Küche, da und dort in Frankreich.

Es gibt aber auch Weinregionen, in denen sich keine für sie typische Gastronomie entfalten konnte, was im Sherry- und Portweingebiet verständlich, aber auch sonst in Spanien und Portugal nur selten der Fall ist.

Die Zahl der häßlichen Weindörfer ist selbst in Europa Legion, von den Wein-Rummelplätzen abgesehen. Mir sind Meersburg am Bodensee, das renommierte Bacharach am Rhein, das elsässische Kleinod Riquewihr (Reichenweiher) und das untertunnelte Dürnstein in der Wachau als schönste Weinorte Europas erschienen, in Österreich folgen Gumpoldskirchen und Rust, in Deutschland wohl Bernkastel, Weikersheim, Rothenburg und das herrliche Würzburg, in der Schweiz die ganz von Reben eingehüllte Bündner Herrschaft mit Maienfeld, Jenins und Malans neben Neuenburg und dem mittelalterlichen Murten, wenn man es als Weindorf gelten lassen will.

Überall mischt sich dort der Atem der Geschichte mit dem Dunst der Weinherbste, überall entdeckt man jene uralten holzgetäfelten, heimeligen Höhlen anspruchsvoller Gourmets, die es seither verstanden, zum rechten Essen den rechten Wein zu wählen. Überall wird auch deutlich, daß da, wo der Mensch sein Leben mit den Ranken der Rebe verknüpft, Sinn und Wert des Erhaltens sich im Bewußtsein verankert und damit die Pflege der Überlieferungen zum Bedürfnis wird.

Das reicht vom immer neuen Verputz uralter Fachwerkgiebel bis zu jenem burgundischen Schloß, hinter dessen prunkvollem Barockeingang sich der Blick der Eintretenden erstaunt weitet: der Besitzer hat alle »Innereien«, Stockwerke u. a. entfernt und in drei Etagen moderne Druck- und Lagertanks installieren lassen. Das reicht von seriösen und komödiantischen Weinbruderschaften bis zur Legion von Weinfesten, von denen die Pfälzer den Dürkheimer Wurstmarkt »das größte Weinfest der Welt« nennen, weil sie noch nie in der Woche nach Ostern im andalusischen Jerez waren und Gast bei den »drei Gloriosen« des November in Beaune. Wie sollte man denn das formidable, immer unvergeßliche Weinfest von Vevey nennen, das alle 25 Jahre stattfindet, gegenüber dem Rheingau etwa mit 25 Winzerfesten in einem Jahre?

Liebe des Nordens

Im mittleren Europa fühlt sich der Mensch noch da, wo Wein wächst, wie in einer Symbiose mit ihm verbunden, ja im besten Wortsinn »verwachsen«, ein Umstand, der durch die starke Abhängigkeit von sehr wechselhaften klimatischen Bedingungen eher zu religiösen Reflexionen und Bindungen führt als in den Weinbergen des Mittelmeerraums. Die Zahl der Madonnen und Kreuze in den Rebgärten wird von Norden nach Süden zusehends geringer, und wo du in Apulien, in Andalusien, auf Madeira oder im Peloponnes jemand im

Weinberg beten siehst, geht es bestimmt um Schwanger-, Erb- oder Feindschaften, die dortzulande die Menschen mehr erregen als bei uns, nur nicht um Wein. Der wächst dort auch bei minderer Pflege so sicher wie bei uns die Blume auf der Wiese, ohne daß der Finger des Herrgotts herbeigebeten werden muß. Mit der größeren Sorgfalt, die der Weinkultur im Norden zugewandt werden muß, nimmt folgerichtig auch der Ehrgeiz des Weinbauern mit südlicheren Breitegraden laufend ab.

Der deutsche, eidgenössische und französische Weinbauer — vor allem im Elsaß und im Burgund — identifiziert sich mit seinen Reben und seinem Wein in einer Weise, die dem mediterranen Weinbauern völlig fremd ist. Was so ein rechter Wingerter ist, der kennt und schätzt nur seinen Wein, vielleicht noch den des Nachbarn, aber die Rebstöcke des nächsten Dorfes verdienen schon sein Mißtrauen und was drüben über den Bergen wächst, ist nicht mehr der Rede wert. Besonders im alemannischen Bereich der Schweiz, des Elsaß und Baden-Württembergs, wo es bezeichnenderweise die meisten Reben-Synonyme der Weinwelt gibt, kommen einem da die sonderbarsten Geschichten zu Ohren, die man wirklich nur beim Vierteles-Schlotzen am runden Tisch der »Beiz« erzählen kann. Das alles ist aber nur aus inniger Liebe zum Weinstock, zu den Öchslegraden und zu den Fränkli und Märkle gekommen, die es dafür gibt und die immer durch Unwetter und Krankheiten in Gefahr sind, bis eben der »Neue« abgeliefert oder im eigenen Faß sein bewegtes Leben beginnt.

Wenn man andererseits die Sorgfalt beobachtet, mit der die blauen Burgundertrauben der Bündner Herrschaft entkämmt und verlesen werden (»E grües Beerli frißt vier blaui«, sagt man dort, und »Oi oreif macht drei reife hä« beim nördlichen Nachbarn), wenn man das mit dem Gleichmut vergleicht, mit dem in Madeira die Trauben geschnitten, in die einheitlichen (standardisierten) Weinkörbe verpackt, in der Kelter der (meist englischen) Weinfirmen verwogen, sofort gekeltert und nach Gewicht, manchmal auch nach Anzahl der Körbe bezahlt werden, wird der gewaltige Unterschied an Arbeitsaufwand mehr als deutlich, der schon bei der Pflege des Rebstocks gar nicht mehr vergleichbar erscheint.

Der Unterschied und das Selbige

Was ist es, was Reisen und Weinreisen so köstlich macht? C'est la différence!

Wir haben unsere Weine verkostet in einfachen Hauerhäusern der Wiener Südbahn, unter den alten Bäumen in den Höfen von Gumpoldskirchen, in den ehrwürdigen Patrizierhäusern von Beaune, den Schlössern der »Deuxième Crus« des Haut-Médoc, unter denen es reichere gibt als unter den vier Premiers. Wir haben das gleiche Licht fetten Goldes gesehen im Wein auf den Intarsientischen schloßartiger Villen der großen Familien von Jerez und im etwas ramponierten Versuchsraum der Samos-Zentralkellerei von Vathi-Malagari. Wir haben die alte Abtei von Hautevilliers durchschritten, wo Dom Perignon den Champagner »entdeckte«, und ließen den Prunk der Schlösser seiner Epigonen Moët et Chandon in erstaunten Augen spiegeln. Wir saßen unter dem Strohdach kleiner Weinbauern in Madeira-Canico und waren dort zu Gast in den paradiesisch gelegenen Landsitzen der Weinfürsten von Estreito. Wir haben reichen und armseligen Behang gesehen, in guten und schlechten Jahren, an edlen und ordinären Reben. Und doch standen wir fragend vor dem Geheimnis des dionysischen Ausgleichs, daß die unansehnlichsten Trauben die edelsten Weine bringen und die gewichtigen, schweren, vollen Tafeltrauben nur anspruchslose Tischweine. Was ist schon dran an den kleinen Trauben des Blauburgunders, des Rieslings vom Rhein, der noch kleineren Furmint-Rebe aus Tokay und der Cabernet aus dem Bordelais? Trotzdem bringen sie die teuersten und unbestritten besten Rot- und Weißweine der Welt. Die prächtige Gamay-, die prall-füllige Trollinger- (Groß-Vernatsch) und die goldene Last der appetitlichen Gutedeltraube, sie alle gereichen jedem Obstkorb zur Zierde, aber ihre Weine bleiben klein.

Merkwürdiges vis-à-vis der Natur, launisches Spiel des Dionys.

Erheiternd wirkt auch, daß man den gut gelungenen Wortspiel-Slogan »König der Weine — Wein der Könige« in fast allen europäischen Sprachen antrifft. So wurde er wohl ursprünglich in Tokay erfunden, heute schmücken sich die Gumpoldskirchner Spätrot-Rotgipfler damit, außerdem trafen wir ihn im Piemont (Barolo), in Burgund, Sauternes (d'Yquem), Porto und Madeira an. Die Republikaner werben am unbekümmertsten mit dem königlichen Geschmack!

Auch die Geschichte der beiden Weinkoster, von denen der eine fand, der Wein schmecke nach Leder, der andere aber meinte, der Tropfen habe etwas Stahliges, Metallisches in seinem Abgang, bis man schließlich einen alten Kellerschlüssel mit einem Lederriemen im Fasse fand und allen Grund hatte, die »Wein-Zunge« der beiden zu loben — diese Geschichte taucht in allen deutschsprachigen Weinländern und in Burgund auf, so gut hat sie gefallen.

Die werbenden Worte

Bei all ihrer Vielseitigkeit ist sie klein genug geblieben, die europäische Weinwelt, um an denselben Schnurren und Sprüchen Gefallen zu finden.

Da wir gerade bei den »Sprüchen« sind, soll nicht unerwähnt bleiben, daß die französische Weinwerbung mit Abstand die weitaus beste Europas ist. In ihren Varianten einmalig, werben ihre einzelnen Regionen, ja einzelne große Firmen stets ohne Gerank, wenn auch nicht gerade wählerisch im Wort, immer informativ mit langer Brennweite auf Punktziel.

Die geschmackvolle deutsche Weinwerbung arbeitet dagegen viel zu sehr mit Weitwinkel für den »deutschen Qualitätswein« für alle Weinbaugebiete gleichzeitig, statt Schwerpunkte zu bilden und jedes Jahr ein (ausgelostes) anderes Gebiet mit Posaunenstößen und differenzierten Informationen in den Mittelpunkt auch der internationalen Werbung zu stellen. Deutscher Wein heißt nicht nur zwischen Hongkong und San Francisco einfach »Liebfraumilch«, sondern schon in der benachbarten Schweiz, in deren großen Kur- und Wintersportorten sich die Völker der Welt ein Stelldichein geben, steht oft nur »Liebfraumilch« neben der »Schwarzen Katze« aus Zell, und das in First-class-Hotels. So wäre eine weltweite Aufklärung über die echte »Liebfraumilch« wirklich vonnöten und dazu, richtig verrührt, ein Werbegag ersten Ranges.

Die Italiener sind dabei, eine Werbekampagne größten Stils vorzubereiten. Sie arbeiten schon heute mit Nummern und Gebietssiegeln, nicht etwa nur dem Barolo, sondern um auch Weinen der Mittelklasse das Air des Kontrollierten und Seltenen zu geben. Sie werden nicht unklug sein und weiterhin pauschal für »Italienischen Wein« zu werben, sondern vor allem die gängigen Chiantis und Valpolicellas zuerst ins Licht einer Schwerpunkt-Werbung rücken. Die EWG-Rangelei in der Propaganda und in der Public-Relations-Arbeit zu beobachten, wird in den nächsten Jahren noch interessanter werden.

Wein an schöner Küste

Die einzelnen Kapitel unsrer »Weinreisen« sind nicht durchgängig nach demselben Modus gestaltet. »Wo die besten Weine wachsen«, also in den Regionen mit Rebsäften von Weltruf, wurden der Wein, seine Herstellungsmethoden, seine Qualitätsgrundlagen in den Vordergrund gerückt. Die umgebende Landschaft blieb Kulisse.

Anders in den Gebieten, die zwar populäre (Beaujolais, Madeira, Samos) oder interessante (Cinque Terre, Bündner Herrschaft, Luganer und Neusiedler See) Weine hervorbringen, in denen aber der Reiz der Landschaft und deren geschichtliche Besonnung überwiegt (Genfer See und Bodensee)!

In all diesen rundum beglückenden Fleckchen Erde ist der Wein nicht mehr als eine liebenswürdige Nebensache, eine dionysische Zugabe geblieben. Die Fülle reizvoller landschaftlicher Eigenarten dieser immer vom Wasser gezeichneten Gebiete, dessen Wellen unaufhörlich die Erinnerung an illustre Persönlichkeiten, an bewiesene und unbewiesene Geschichte, an wahre und erfundene Geschichten an Land spülen, macht deren Wandlungen in den Zeitläuften nicht minder interessant.

Einer geheimnisvollen geologisch-biologischen Entsprechung folgend, sind auch die Weine dieser Inseln, Küsten und Seeufer von unbestrittener Eigenart, meist sogar von absoluter Einmaligkeit. Sicher war es gerade diese Tatsache, die für mich anziehend genug war, gerade solche Gestade als Reiseziel zu wählen und die Reise zu einer Weinreise werden zu lassen. Auch wenn der Wein bei den attraktiven touristischen Befunden und geschichtlichen Einblendungen im Bericht über diese Regionen ein wenig in den Hintergrund trat, so glaubte ich doch, meinen Lesern ein Mindestmaß an Informationen über diese Spezialitäten schuldig zu sein.

Edle Weine reifen im Gegensatz dazu nicht nur in unansehnlichen Trauben, sondern oft genug in unansehnlichen Landschaften (Sherry in Andalusiens reizlosestem Landstrich zwischen Jerez de la Frontera und San Lucar, Portwein im öden Douro-Tal, teuerste Bordeaux im langweiligen Médoc, beste Burgunder in der reizlosen Côte d'Or,

Barolo im melancholischen Piemont, das kaum einen der Millionen Italienreisenden anzieht, und Tokayer in den nüchternen Hegyalia-Hügeln).

Es geht mit edlen Weinen
Ganz wie mit edlen Steinen
Wenn schön das Land ist, dann
trifft man sie selten an.

Weinreisen sind für mich immer Reisen zu einem uralten Gefährten des Menschen gewesen. Entsprach dabei der Wein unter fernen Himmeln allein durch seine Eigenart dem fremdartigen Zauber der Landschaft und ihrer Menschen, so entschädigte er durch erlesene Qualitäten in von der Natur weniger begünstigten Regionen.

Manchmal brachte er den Ausgleich, manchmal die Ergänzung zu Bild und Seele der Landschaft, in der er gewachsen war, aber immer stimmte der Wein besinnlich und zog den Pflug durch das Feld der Gedanken wie ein Sämann, der den Segen Gottes herbeifleht und ihn doch schon ausstreut über die immer treue, wenn auch manchmal steinige Erde.

Beschenken Sie sich selbst mit einem guten Tropfen aus einem guten Jahr, wenn Sie mit mir auf Weinreise gehen, und blättern Sie weiter, wenn Sie sich in einer Landschaft nicht recht wohl fühlen; es kommt bestimmt ein Kapitel über ein Stück Erde, auf dem Sie sich mit Behagen niederlassen, genau wie es auch einen Wein unter nahen oder fernen Himmeln gibt, der nur für Sie gewachsen ist.

Seien Sie sicher: Sie werden ihn finden!

Ernst Hornickel

Der heitere Süden

Griechenland

Samos – schöne Morgenröte

Fußspur des Polykrates

Polykrates — Sie erinnern sich — war jener antike Tyrann, der nur einmal in seinem Leben unglücklich war: als er, dem Wort eines persischen Satrapen vertrauend, sich aufs kleinasiatische Festland locken ließ und dort unverzüglich auf dem steilen Kap Mykale, angesichts seiner Glücksinsel Samos, ans Kreuz geschlagen wurde.

Dieser Polykrates, dessen ununterbrochene Erfolgssträhne ihm selbst einen kostbaren Ring, den er tags zuvor ins Meer geworfen hatte, im Magen eines gefangenen Fisches wiederbrachte, hatte schon den schwäbischen Historiker, Professor Schiller, fasziniert und zu zwei Balladen gereizt; denn auch »Ibykus, der Götterfreund, der auf Korinthos Landesenge« unter die Räuber fiel, war nicht nur ein Zeitgenosse, sondern ein persönlicher Freund jenes Diktators von Samos.

Man muß, wie wir, im Kreise junger, hübscher Frauen, gestohlene süße Feigen kauend, unter strahlendem Himmel auf einer der Zinnen des Castro Logotheton sitzen, um den »vergnügten Sinn« jenes Polykrates nachzufühlen, mit dem er Ägyptens König damals an dieser Stelle aufforderte: »Gestehe, daß ich glücklich bin!«

Vor uns liegt, in einem heiteren Bogen an die olivgrünen Hügel gelehnt, Alt-Samos. Es ist der schönste und liebenswerteste Ort der ganzen Insel, den sie heute Pithagórion nennen, dem Pythagoras zu Ehren, der auch ein Zeitgenosse und so lange ein Freund des Polykrates war, bis er mit ihm wegen einer Art Universitätsreform in Streit geriet, seine vier Fakultäten der Philosophie, Mathematik, Musik und Mystik in Samos aufgab und nach Kroton in Süditalien emigrierte.

Was den merkwürdigen Reiz Pithagórions auf alle Menschen ausmacht, die aus Nord- und Mitteleuropa kommen, ist nicht leicht zu sagen. Sind es die hellen Häuser mit den roten Dächern, die heimeligen Gärten, die sauberen Gassen, die schattenspendenden Bäume überall, auch an dem sanften langen Bogen des Kais? Ist es die hinreißende Lage an grünen, duftenden Hängen voll Reben, Oliven und Pinien, ist es der eindrucksvolle Akzent, den hier Kirche und Kastell über diesem anheimelnden Hafenbild setzen? Ist es die stete Freundlichkeit und Liebenswürdigkeit seiner Bewohner, die uns hier besonders auffiel? Wirkt der Genius loci, der Glücksmythos, der mehr als ein halbes Jahrtausend um die Zeitenwende über diesem Stück Erde lag, noch nach? Um uns sind Menschen aus der Schweiz, aus Stuttgart, Duisburg, Holland und Belgien. Was macht sie hier so euphorisch, was zaubert den Glanz in ihre Augen? Warum bereuen alle plötzlich in Vathi zu wohnen und nicht hier?

Emanuel Linakis, der Touristik-Kommissar von Pithagórion, offeriert ein Hotel, drei Gasthäuser und mehr als zwanzig privilegierte und kontrollierte Privatbetten. Der Löwe von Vathi knurrt, wenn es dort noch freie Betten gibt und in Pithagórion zu wenig. »Ihr habt doch die Yachten«, sagen sie. »Die bringen Geld und brauchen keine Betten.«

Tigani, wie es auf den Yacht-Karten heißt, ist einer der schönsten unter den zehn Yachthäfen der östlichen Ägäis mit Wasser-, Proviant- und Treibstoffversorgung und wird von Kennern angelaufen, die von dort aus Ephesus und Milet besuchen oder sich mit ein paar Flaschen Samos dry eindecken wollen.

Dieses Pithagórion, von den heutigen Griechen nicht so gern auch Tigani genannt, war nur das Hafenviertel der alten, damals viel größeren Hauptstadt Samos, deren antike Stadtmauern oben am Hang des Ampelos vom heutigen Airport aus noch deutlich erkennbar sind. Der Blick bleibt dort an einem hellen kubistischen Gebäude hängen, dem Eingang zu dem berühmten Tunnel des Eupalinos, der ersten unterirdischen Wasserleitung der Welt, die Polykrates gleichzeitig von zwei Seiten in Angriff nehmen ließ. Die Arbeiter verfehlten sich am Treffpunkt nur um 3 m seitlich und 2 m in der Höhe, zu jener Zeit eine erstaunliche technische Leistung.

Herdot, der hundert Jahre später diese reiche, blühende und damals weltberühmte Stadt besuchte, hatte für das Wirken des Polykrates in kaum mehr als einem Jahrzehnt nur Superlative bereit. Nach seiner Meinung hatte er »die drei größten Bauten und bautechnischen Leistungen der griechischen Welt« geschaffen, denn außer der heute noch fast erhaltenen Hafenmole und dem Eupalinos-Tunnel war es der gewaltige Hera-Tempel der berühmten Architekten Rhoikos und Theodorus, der mit 134 Säulen, zu Polykrates Zeiten von einem noch größeren unverzüglich in Angriff genommenen Objekt von 112,2 × 55,16 m abgelöst wurde, gegen den der Parthenon mit 72,5 × 33,9 m Grundfläche und 58 Säulen ein Bauwerk von Mittelmaß war.

Die Ausgrabungen am Heraion, die das Deutsche Archäologische Institut von Athen seit 1910 freigelegt hat und auch heute noch pflegt, zeigen das Ausmaß der Grundrisse jener gewaltigen Projekte des Polykrates. An der einzigen, noch aufrechtstehenden riesigen Säule, nach der die Einheimischen diesen Ort »Kolonna« nennen, kann sich die Fantasie entzünden und ein Bild gewinnen von der ungeheuren Spontaneität, Energie und Durchschlagskraft dieses außergewöhnlichen Menschen, der alles andere war als ein sturer Despot.

Als ein Mann von ungewöhnlicher Vorstellungskraft blieb er der geschickteste Flottenchef seiner Zeit, der mit neuen Taktiken der Seekriegführung siegte und raubte, was ihm vor den Bug kam.

Andererseits hat er sich aber auch als ein Mann von Kultur und Geschmack ausgewiesen, dessen bezwingender Charme nicht nur sein Volk, sondern auch die Großen seiner Zeit bezauberte. Er war ein Gönner und persönlicher Freund des Philosophen und Mathematikers Pythagoras, der Dichter Anakreon und Ibykos, des berühmten Bildhauers und Architekten Theodorus und holte die erfahrensten Männer im Hoch- und Tiefbau, die größten Statiker — aber auch die schönsten Frauen und kostbarsten Weine an seinen Hof.

In seiner Zeit, die ihm viel zu kurz bemessen war, blieb dieser Polykrates unvergleichlich. Ein Liebling der Götter.

Wir, die wir oben sitzen auf dem Logothétis-Hügel, wo sein Palast gestanden haben mag, das liebliche Pithagórion vor uns, den schönsten aller samischen Plätze, das Traumbild des viel größeren, reicheren und eleganten, antiken Samos neben uns, wir, die wir so mitten in der zartesten Bläue der Ägäis schwelgen, spüren den Zauber dieser Gestade und entdecken glückhaft das Flair, das uns jenes glanzvolle Kapitel ihrer Geschichte erschließt.

Glücksinsel der Antike

Was sind die sanften, lieblich rustikalen Reize des heutigen Pithagórion gegen den Weltruf des üppig reichen Samos der Jonier, das mehr als zehnmal größer war?

Als eleganter, mondäner Kurort der Antike war Samos berühmt an den Höfen der Perser, Babylonier und Ägypter, im klassischen Athen und im alten Rom. In Samos mußte man gewesen sein, wo Sklaven Straßen und Plätze täglich mit Meerwasser sauber spülten, wo es Rosenfelder gab wie nirgendwo sonst, wo anders als etwa in Athen Frauen frei an den Strand und auf den Markt der Agora gehen konnten, in immer neuen anmutigen Haartrachten, die gerade dort vorzüglich kreiert wurden. Am Hang des Ampelos und am Meer bei Glyphada gab es Atrien, die als Liebesnester vermietet wurden und allen Luxus boten. Die Hetären von Samos sagten dabei die Gedichte der lesbischen Sappho anmutiger auf und waren in orientalischen Liebeskünsten bewanderter als die Hostessen der Aphrodite in Korinth und Alexandria, was viel sagen wollte.

Nizza und Monte Carlo waren fünf Jahrzehnte en vogue, Samos länger als fünf Jahrhunderte. Es gibt dafür keinen prominenteren Zeugen als Herodot.

Antonius und Kleopatra verbrachten dort nicht nur ihre Flitterwochen, sondern haben sich auch später dort, wie Plutarch verkündete, »der Schwelgerei und dem Müßiggang hingegeben«. Kaiser Augustus hat in Samos öfter den Winter verbracht, was lange vor ihm auch Homer getan haben soll.

Athens großer Baumeister Perikles holte sich dort nicht nur im Heraion Anregungen, sondern auch in einem Gartenhaus am Astypaläa-Hang. Sophokles, der nicht nur ein großer Dramatiker war, sondern in Athen vor allem als Stratege und Schatzmeister des attischen Seebundes berühmt war, saß nicht nur über die abtrünnigen Samier zu Gericht, sondern studierte auch in Samos die Seekriegspraktiken des Polykrates, der beim Zeus ein wahrhaft großer Admiral der Seeräuber gewesen war. Auch Sophokles blieb in Samos immer länger, als den Athenern lieb war. Thukydides war dort und die berühmte Dichterin Sappho, ägyptische Könige und römische Senatoren.

Das alte Samos strahlte in einer gewissen »splendid isolation« jenen geheimnisvollen Reiz aus, der sich aus der Verbindung großartiger Urbanität im Schoße lieblicher Natur, mit allen Attributen eines luxuriösen Lebensstils im gepflegten, künstlerischen und erotischen Rahmen ergab und durch die Jahrhunderte in immer anderen Orten in Erscheinung getreten ist.

Seine Heraea, ein mehrtägiges Fest zu Ehren der Hera, war berühmt durch seine »Kallisteia«, einen Schönheitswettbewerb, zu dem die schönsten Mädchen und Jünglinge aus allen samischen Kolonien kamen: aus dem prachtvollen Ephesos, aus Amorgos und Samothrake, aus Visanthi und Perinthus, aber auch aus Lesbos, Lemnos und Chios, dessen Wein im Altertum so berühmt war wie der Samos in unserer Zeit. Prächtig die samischen Artemisia-Tage, unglaublich hemmungslos die jährlichen Aphrodisia-Festivals. Daneben die lebhafte Frühjahrssaison mit den Blumenfesten der Anthesphoria und Thesmophoria.

Der Boden von Alt-Samos, in dessen versunkenen Vororten die DC 4-Maschinen der Olympic-Airways heute landen, der so müde und herbstlich vor uns liegt mit einigen römischen Ruinen, den unvergänglichen Mauern des Polykrates und den heimeligen Häuschen des verträumten Pythagórion, war ein halbes Jahrtausend lang ein Refugium der großen Welt, eine »schöne Morgenröte« der Antike, ein Gestade des »dolce vita« einer Zeit, die sich durch den übergroßen Prunktempel der sittsamen Hera wohl nur ein Alibi schaffen wollte.

Es macht heute noch Spaß, zuzusehen, wie die jungen Mädchen ihre schönen Zähne in die süßen, gestohlenen Feigen graben, aber als uns der Wirt unten am Kai von Pithagórion einen Samos Vieux-Doux unter die Platanen stellt, müssen wir ihn mit Wasser verdünnen, wie es die Alten taten.

Die trockenen Muskateller sind selten auf dieser Insel, und das Wasser, das jetzt in den süßen, schweren Wein rinnt, ist wohl nur jene Scheu vor »des Lebens ungemischten Freuden«, die »der Götter Neid« erregt, und genau hier durch Pythagoras und Aristarchos jenes Gefühl für das Maß aller Dinge schuf, das so vielen Menschen unsrer Zeit verlorenging.

Vorerst nach Vathi

Alle Wege auf Samos führen nach Vathi.

Vom Airport an der Südküste rollt der Bus durch Pinien- und Olivenwälder über eine kehrenreiche Paßstraße in einer halben Stunde dorthin, und auch die schönen, weißen Passagierdampfer aus Piräus machen an der häßlichen Mole ein mehrstündiges Nickerchen.

Vathi selbst säumt eine große Hafenbucht und steigt amphitheatralisch hügelan. Die alte Oberstadt hat stark levantinischen, fast möchte ich sagen türkischen Charakter.

Die Leute dort würden mich jetzt wohl steinigen, denn die Abneigung gegen alles Türkische ist hier ständig entsichert und geht soweit, daß man sogar das Schälchen »Türkischen« als »Griechischen« bezeichnet, wohl weil es sonst auf der Zunge vertrocknen würde.

Schlitzohr Horiatopoulos von »Samos-Tours«, der immer ein glückliches Lächeln in den Augenwinkeln hat, verfrachtet trotzdem dreimal in der Woche einen alten Kaiki mit 12—20 Passagieren hinüber ins türkische Kusadasi. Dort werden seine Gäste flugs in die Ruinenfelder der einst so glanzvollen Samier-Kolonie Ephesos gebracht, wo mehr ausgegraben werden konnte als in Samos selbst. Vom antiken Glanzstück des Artemisions, eines der schönsten und größten griechischen Tempel, der zu den alten »7 Weltwundern« gehörte, aber zuerst von Herostrat und später von den blindwütenden Goten vernichtet wurde, sind nicht viel mehr als Plattformreste in einer Mulde übrig geblieben. Das eindrucksvolle Amphitheater des Trajan, die mehrstöckige, attraktive Celsus-Bibliothek und die Bauwunder der Marmorstraße sind nur die Glanzpunkte eines ungemein vielgestaltigen Ruinenfeldes antiker Eitelkeit, in dem sich die einzelnen Herrscher von den ersten jonischen Kolonisten aus Samos bis zu den späten Römern immer wieder selbst überboten.

Ruinenfelder sind für den einen Stätten eines streng katalogisierten wissenschaftlichen Studiums, für den andern ebenso lustbetonte wie fantasievolle Rekonstruktionen antiker Lebensräume und für den dritten Gelegenheiten philosophischer Meditationen über die Vergänglichkeit alles Irdischen.

Des immer heiteren Horiatopoulos' Kaiki-Gäste müssen schon einigermaßen seefest sein, wenn sie sich auf der Rückfahrt nicht selbst wie die Ruinen von Ephesos vorkommen wollen, denn nachmittags bläst im Golf von Kusadasi gewöhnlich eine steife Brise. Das Schifflein pflegt dann nicht wieder Kurs auf das zu exponierte Vathi zu nehmen, sondern peilt im Inselschatten den Hafen von Pithagórion an, wo es im Schutz der uralten Mole des Polykrates ruhig anlegen und die paar Seekranken unter den Platanen am Kai langsam mit Ouso wieder ans Leben gewöhnen kann.

Es dauert nur Minuten, bis Horiatopoulos mit seinen listigen Augen, die so blau sind wie seine Waschhosen, alle wieder mit dem Schicksal versöhnt und sie mit einem Omnibus nach Vathi holt. Denn Vathi ist und bleibt die Metropole.

Dort regierten von 1832 bis 1912 die »Prinzen von Samos« unabhängig von Türken und Griechen. Dort sitzen heute der Gouverneur, die großen Banken, die Hotels, die Reisebüros, die Olympic-Airways, die Handelskammer, die Verbände, die Richter, das Militär und die Kirchen. Die Männer der Insel sitzen abends vor den Cafés und Tavernen, die den Kai säumen, beim Ouso, Raki oder auch nur beim Brettspiel.

Der samische Löwe hockt unter Palmen daneben als überlebensgroßes Denkmal mit einem kerzengeraden Bronze-Rückgrat. Am Sonntag abend scheint sich die ganze Insel hier zu versammeln: Männer, Frauen, Kinder, Opa und Oma sind zur Stelle, die Teenager und Twens flanieren und flirten am Kai in einem stundenlangen Corso, der — wie überall in der Ägäis — für einzelne wie für die Clique der Laufsteg der Selbstdarstellung bleibt.

Um Geschäfte abzuschließen oder Politik zu machen, kommt man zu Stuhl. Selbst wenn die halbe Insel versammelt wäre, die fixen und pfiffigen Kellner, die es dort überall gibt, schaffen immer noch Stühle herbei. Jedes dieser kleinen Inns, Tavernen und Cafés hat ein verborgenes Magazin, in dem Stühle übereinander bis zur Decke stehen: denn der Himmel Gottes ist groß, unter dem man sitzen kann.

Die Geschäftsstraßen dieser Inselhauptstädte liegen meist unmittelbar hinter dem Häuserblock am Kai. Bald ähneln sie den orientalischen Sukhs der Athener Plaka, bald dem abendlichen Fleischmarkt der Athinas-Avenue ... nur eben kleiner, provinzieller, insularer.

Vathi, wunderhübsch gelegen, aber eher nüchtern als eine touristische Augenweide, hält eine Anzahl seiner Schönheiten in intimer Reserve: der »Liebes-Park«, ein hübscher botanischer Garten hinter dem Xenia-Hotel, das Museum mit den wertvollsten Stücken deutscher Ausgrabungen von Alt-Samos, das lieblich versteckte, immer saubere Strandbad »Gangou«, 2 km außerhalb der Stadt, aber mit ständiger Busverbindung, der elegante Villenhügel von »Calami« und das idyllisch-pittoreske Malagri, wo man statt einer Hotellerie für den Fremdenverkehr leider die Zentralkellerei für Samos-Weine installiert hat, die an einem weniger dekorativen Platz sicher dieselben Qualitäten erzeugt hätte wie hier.

Von Vathi aus organisiert »Samos-Tours« drei- bis viermal in der Woche Insel-Rundfahrten, die einen vollen Tag in Anspruch nehmen, und die nur drei- bis vierstündigen Exkursionen nach Alt-Samos für die Gäste der Schiffahrtslinien, von denen fünf bis sechs pro Woche Samos anlaufen.

Samos, Samos und Samos

Es gibt dreimal Samos in der Geographie dieser Insel, aber ihre Bewohner sind nicht Samojeden, Samniten oder Samoaner, sondern Samier. Der interessierte Fremde hat zu unterscheiden:

Samos = Name der gesamten Insel
Samos = Name des antiken Ortes, heute Pithagórion
Samos = Name der Hauptstadt Vathi seit 1834

Der erste Name ist unbestritten, der zweite ist angeboren, der dritte eine Fehlgeburt.

Die griechische Administration hilft sich damit, Tigani und Pithagórion als »Alt-Samos« zu bezeichnen, aber der Name Samos für das vor dem 19. Jahrhundert völlig geschichtslose Vathi dringt international nicht durch. Fahrpläne, Schiffahrtspläne, Reiseführer aller Sprachen kennen nur Vathi, und selbst die Bürger der Residenz verschmähen den Insel-Namen für ihre Stadt.

Samos sollte Samos bleiben und nicht Tigani oder Pithagórion heißen, die Stadt zwischen Mole und Mauer des Polykrates, wo Anakreon

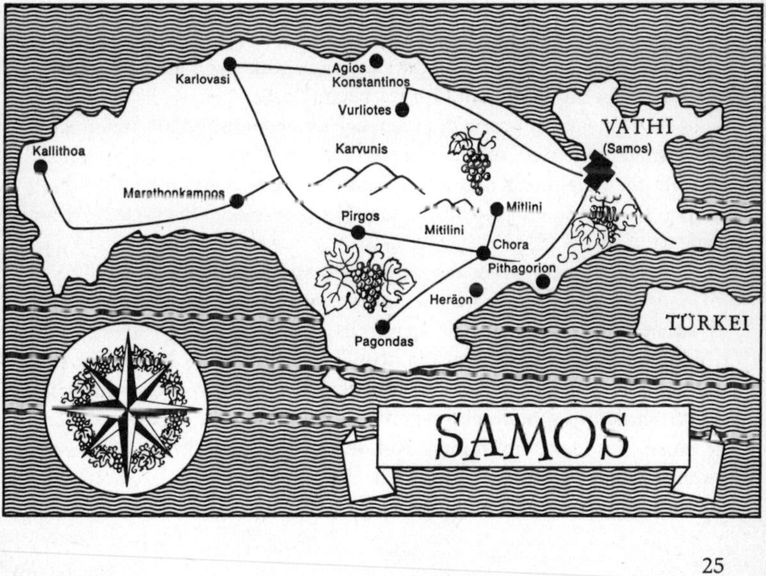

und Ibykos dichteten, Theodorus baute und bildhauerte, Pythagoras rechnete und philosophierte und Aristarchos lange vor Galilei herausfand, daß die Erde sich um die Sonne drehe.

Aber: die Griechen sind ein Volk, dem man seither mehr als allen anderen Europäern in seine ureigenen Angelegenheiten hineingeredet hat, wahrscheinlich, weil man in ihrem Lande eine Art Kulturschutzpark des Abendlandes sieht. Wir wollen uns da nicht anschließen, auch wenn es sich in unserm Falle nur um unschuldige Synonyme handelt.

Dabei war das alte Samos, über das Polykrates auf seines Daches Zinnen »mit vergnügten Sinnen hinsah«, damals wohl nicht der schönste Teil der Insel.

Unter dichten, uralten Eichen und Platanen im weinseligen Tal von Vourliotes, bei einer mit Liebe gekochten Fassolada und gebackenen Rotbarben waren wir uns bald darüber einig, daß die Nordküste von Samos ein unentdecktes Paradies sei. Eine voll makadamisierte Küstenstraße mit immer prächtigen Ausblicken auf Gebirge und Meer schwingt sich dort über schroffe Abgründe und sanfte Hänge, an märchenhaften Sandstränden vorbei und bringt fast immer Abwechslung zwischen dem heiteren Licht-Schatten-Spiel silbriger Olivenhaine und dem harzig-frischen Duft hellgrüner Pinienwälder. An einer im Waldesschatten liegenden Mosterei hatten sich die Hände mit üppigen Fokiano- und Muskateller-Trauben gefüllt, deren süßer Fruchtigkeit die heimischen Sorgen mit dem 68er Jahrgang so fremd waren wie uns der arkadische Ruch aus wilden Blumen, würzigen Pinien, gemostetem Wein und frischen Meeresbrisen.

In St. Konstantinos und dem herrlich gelegenen, romantischen, dabei immer lebhaften und weltzugewandten Karlovassi, wo fünfmal wöchentlich die modernen Kreuzfahrer anlegen, kann man auf 2 km langen Sandstränden gleichermaßen abenteuern oder die Welt vergessen.

Dieses Karlovassi zwischen den teuersten Weinbergen und Olivenhainen ist eine Sehenswürdigkeit der Insel, der man zwei bis drei Tage widmen sollte, in denen man sich sicher nicht langweilen wird.

Hinter Karlovassi steigt die Rundfahrt-Straße südwärts in die Bergwälder hinauf, läßt das ebenso malerische wie weltferne Marathonkampos und den menschenleeren Westen der Insel mit den Hängen des 1440 m hohen Kerketeos-Berges rechts liegen und erreicht in unzähligen Kurven der Südhänge schließlich Chora. Im Mittelalter war dieses heute landwirtschaftliche Zentrum die Hauptstadt der Insel, weil deren Hafenstädte allzuleicht dem Zugriff der Seeräuber ausgesetzt blieben. Der Blick weitet sich dort über die Kornkammer, die einzige große Ebene der Insel mit einer landwirtschaftlichen Nutzfläche von etwa 13 km^2, die auch das wertvolle Hinterland des antiken Samos war.

Einem alten Mythos zufolge soll Hera, die schwergeprüfte Gattin des mächtigen Zeus, hier geboren worden sein. Am Airport der Insel, an römischen Ruinen und den Mauern von Alt-Samos vorüber, erreicht der Wagen schließlich den attraktiven Hügel der Metamorphosis-Kirche und der Kastell-Ruinen des samischen Befreiungskämpfers Lykurg Logothétis, die »Zinnen« des Polykrates, wo sich der Ring unseres Berichtes wieder schließt.

Wie sagte schon Lord Byron?

»Fill high the bowl with Samian Wine.« Mit diesem Sprüchlein wirbt heute noch die »Union des Cooperatives Vinicoles de Samos« auf den Etiketten ihrer Spitzensorte »Samos Nectar«.

Mag das Urteil dieses sehr labilen Genüßlings Gewicht haben oder nicht, fest steht, daß zu seiner Zeit schon die Muskateller von Samos den uralten Ruf der Weine von Chios und Lesbos längst übertroffen hatten und im 19. Jahrhundert an allen Fürstenhöfen und in guten Restaurants der Welt angeboten wurden.

Die südweinsüchtigen Engländer, die den Portwein schufen, sich des Sherrys bemächtigten, den Marsala und den Madeira gegeneinander ausspielten, füllten auch bald ihre Schiffe mit Samos-Fässern.

Diese heute weltberühmten Samos-Dessertweine sind sogenannte »Mistallas«, Moste der Muskateller-Rebe, die dort meist 200 g/l Zucker enthalten, und die man noch vor der alkoholischen Gärung mit Weingeist versetzt, bis ein Alkoholspiegel von 14—18 Prozent erreicht ist. Auf diese Weise bleiben nicht nur die Säfte, sondern auch der typisch-würzige Muskatgeschmack im Wein.

Die Zentralkellerei in Vathi-Malagri liefert »von schwer zu leicht« folgende Sorten:

Samos Nectar	Samos Doux
Samos Vieux doux	Samos Demi doux
Samos Extra doux	Samos Sec

Jawohl! Auch einen trockenen, voll durchgegorenen Samos-Weißwein gibt es dort! Er ist als Tischwein begehrt, aber so selten wie Streichhölzer und Briefmarken, die man auf der Insel nirgendwo anders als auf einem Postamt kaufen kann.

Aus der Fokiano-Rebe keltert man übrigens noch einen sehr erfrischenden Rosé, der sehr stabil ist, den man wie Bier transportieren kann, der keine Temperaturschwankungen übelnimmt und, so barbarisch behandelt, eiskalt genossen noch ein Bukett von Piniendüften verströmt, von dem man nicht weiß, ob er es aus dem Boden, dem Faß oder von den Füßen der Traubentreter hat, die dort noch am Werke sind.

Wir aber dürfen das Loblied des Samos-Weines singen, des Weines, der ganzen Insel und ihrer Menschen.

800 Jahre lang war Samos, was »die Erhobene« bedeutet, ein Quell der Lebensfreude, ein Weltkurort, die »schöne Morgenröte« der Antike.

Unsere alte DC-3 schraubt sich nun über dem noch älteren Samos des Polykrates in den flimmernden ägäischen Himmel. Sanft kippt sie über den rechten Flügel ab und streicht noch einmal zärtlich über die Gestade der Südküste.

Erst nach Minuten löst sie sich behutsam los wie aus einer langen, glücklichen Umarmung.

Sie fliegt nach Westen. In eine ganz andere Welt, die größer und weniger glücklich ist.

Italien

Cinque Terre – absonderliche Weinwelt

Die Faust Liguriens

Schmettere sie nicht wütend mit der Handkante auf den Tisch, sondern lege sie behutsam so darauf, daß die Fingernägel, unsichtbar geworden, die Tischplatte berühren, dann spreize die Kuppe des angelegten rechten Daumens etwas ab und du hast das blutwarme Relief einer unwahrscheinlichen Landschaft vor dir: der »Cinque Terre«, Liguriens wildeste, unzugänglichste, verrückteste Küste.

Unten, wo die vier Fingerritzen den Tisch berühren, liegen von Norden nach Süden Monterosso, Vernazza, Manarola und Riomaggiore. Allein Corniglia hat sich hoch über dem Abgrund gebettet, auf das oberste Glied des Mittelfingers.

Es ist das dritte der fünf abenteuerlichsten Weindörfer Europas und eigentlich das einzig normale: ein Bergdorf wie tausend andere in Italien und irgendwo.

Die anderen aber — mit Ausnahme des charmanten Monterosso al Mare — sind nicht von dieser Welt. Sie quetschen sich an den schmalen Ausgang wilder, steiler Engtäler neben, zwischen und auf senkrecht abfallende unbesteigbare Felsenwände. Hinter dem bunten Kolorit ihrer Häuser scheinen sich Wesen von einem anderen Stern zu verbergen; denn Menschen können es doch kaum sein, die hier den rätselhaften Zugang zu einer Welt von Dämonen zu bewachen scheinen, die, allen Blicken verborgen, weit dahinten liegt. Ihre farbigen Häuser hängen wie grellbunte Flaggen unter dem Himmel, kleben an den Felsen wie die Nester unheimlicher Flügelwesen des Hieronymus Bosch, lassen keinen Platz frei für einen Baum, einen Strauch, ein Stück Fels. Unten im Talgrund stehen sie, als hätten sie sich an der Hand gefaßt, Schulter an Schulter mit starrenden Fenstern, rot vor Erregung, gelb vor Neid, blau vor Kälte, Stein gewordene Fanfaren der Abwehr. Die Füße schon im Wasser, die starren Fensteraugen aufs Meer gerichtet, woher einst die Sarazenen kamen und zu allen Zeiten die Feinde gekommen sind. Geht man einmal auf eines zu, über dessen Tür vielleicht ein gastliches »Trattoria« hängt, und wagt sich hinein in den unheimlichen Dämmer, kann es geschehen, daß diese verrückte Erde plötzlich wie ein Höllenschlund zu dröhnen beginnt, alles unter einem unheimlich rhythmischen Donner erzittert, bis ebenso unvermittelt dieser unterirdische Spuk verflogen ist und der Wirt nur gnomenhaft lächelt und »treno« sagt: der Zug ... Der Expreß Paris—Rom war zwischen Sestri Levante und La Spezia unter unseren Stühlen hindurchgejagt, durch eine offenbar von allen guten Geistern verlassene Welt, die er seinen Passagieren nur in den wenigen Sekunden zwischen zwei Tunnels zu zeigen wagt. Dann blitzen nur ein paar grellfarbige Hauskaskaden auf, zwischen hohen düsteren Felsen, vor dem glitzernden Meer. Die Tunnelöffnungen sind gerade so lang wie die Bahnsteige dieser Gespensterdörfer, und solche huschenden Spukbilder gehen leicht in die Träume derer ein, die im Dunkel des Untergrunds lichteren Welten entgegenfahren.

Wir aber stehen unten am Meer, träumen ganz und gar nicht, sondern blicken nachdenklich an den märchenhaften Fassaden Manarolas hinauf und sind ganz hingerissen von dieser wilden Entschlossenheit menschlichen Behauptungswillens gegen das Meer und alles, was immer vom Meere kam: Winde, Wellen und Wesire.

Vorsicht: Sciacchetra

Wir sind aus ganz und gar friedlichen Gründen in diese wilde, sich so unzugänglich gebärdende Welt gekommen: des Weines wegen. Die in der Luftlinie zwischen Riomaggiore und Monterosso nur 8 km lange Steilküste bäumt sich im Durchschnitt von 48 Prozent Steigung in nur 3 km Entfernung 700 bis 800 m hoch auf und schafft so eine ganze Reihe nordwindgeschützter Süd- und Südwestlagen, deren Kleinklima durch die Nähe des an sich schon milden Ligurischen Meeres so »geglättet« wird, daß es im Sommer nie über 25° steigt und im Winter nie unter +8° fällt. Unter einem schützenden Saum von Pinien, Edelkastanien und Steineichen hat die oft niedrig gehaltene Rebe ideale Wachstumsbedingungen. Es sind gerade hier in Manarola weite breitschultrige Hänge zwischen 25 und 50 Prozent Steigung. Die steilsten Hänge wurden dabei als Terrassenweinberge ausgebildet, zu denen man mühevoll die Erde hinauftragen mußte. Ihre Zahl aber nimmt von Jahr zu Jahr ab; denn heute ist auch in diesem uralten Weinbauland, das schon Plinius und Boccaccio lobten, nur noch 24 Prozent der Anbaufläche mit Reben bestanden. Die Zeiten, in denen man von den Weinbergen der Cinque Terre schrieb, daß sie so hoch und steil über dem Meere liegen, daß man sich mancherorts abseilen müsse, um ernten zu können, sind vergangen. Daß man die Ernte da und dort noch auf dem Kahn zur Kelter bringt, hängt damit zusammen, daß zwischen Riomaggiore und Monterosso vorerst noch, 1971, kein Auto fahren kann.

Der Weißwein der Cinque Terre, da und dort noch als »König der Weine — Wein der Könige« bezeichnet (dieses Wortspiel hat er, wie schon erwähnt, mit dem Tokajer, dem Gumpoldskirchner, dem Piemonteser Barolo, dem Portwein und dem Malmsey [Malvasier] aus Madeira gleichsam), entstammt der edlen Vernaccia-Rebe, der renommierten »Vernaccia di Sardegna«, die von Sardinien hierherkam, als der Küstenstrich der »Cinque Terre« zum Insel-Königreich gehörte. Dieser Wein aus einer der hochwertigsten Weißweinreben des Mittelmeerraums, in guten Jahren einer der alkoholreichsten der Welt, bleibt ungespritet mit 16 bis 18 Prozent Alkohol trotzdem ein trockener, dabei körperreicher und geschmeidiger Bursche, den man erst ab seinem sechsten Jahre genießen sollte. Er paßt nicht nur zu Fisch, sondern zu jedem Essen und wird bald zu den seltenen Spezialitäten gehören; denn die Weinfelder der Cinque Terre, die eine gründliche Flurbereinigung nötig hätten, widersetzen sich jeder mechanisierten Bearbeitung und schrumpfen damit in ihrem Bestand mehr und mehr. Die Zahl der wirklichen Weinbauern wird immer kleiner, die Industrie des nahen Kriegshafens La Spezia lockt mit höheren Löhnen, und man behält nur noch die paar Rebstöcke, deren Ernte man für den eigenen Bedarf keltern läßt. Zu den wenigen Weingütern, die den traditionell guten Ruf des »Cinque Terre«-Weins bewahren, gehört das des alten Schiffskapitäns Lorenzo Quilico aus Manarola, dessen »Sciacchetra« zu den wenigen reellen dieser für das Gebiet typischen Trockenbeeren-Kreszenzen gehören.

Schon bei großen Weinhandlungen in La Spezia war uns der geringe Preisunterschied zwischen dem CT Secco (500 Lire) und dem CT Sciacchetra (700 Lire) aufgefallen.

Ein Preiszuschlag von nur 40 Prozent war bei einer Traubenauslese und der anschließenden Bereitung eines Trockenbeerenweins unwahrscheinlicher als einer von 400 Prozent. Tatsächlich wurde der reelle »Sciacchetra« in Manarola und Riomaggiore mit 2000 Lire verkauft. Bei näherem Hinsehen war der 700-Lire-Wein kein »Sciacchetra« sondern ein phonetisch und visuell ähnlicher »Sciactrac«, ein mit billigem sizilianischem Süßwein verschnittener Cinque Terre, zwar sechzehnprozentig, aber keineswegs hochkarätig. Beinahe ein Taschenspielertrick ...

Die echten »Sciacchetras« und die immer seltener werdenden »Rocceses« der Cinque Terre können in jungen Jahren (drei- bis fünfjährig) noch als Halbtrockene die kostbarste Tafel als erlesene Kreszenz schmücken. Später — in guten Jahren auch früher — werden sie vierzehn- bis sechzehnprozentig zu hochwertigen Dessertweinen, die ungespritet als seltene Spezialität erfreuen.

Hier fährt kein Auto

Daß in diesem von dionysischen Kobolden bewohnten Lande keine Autos lärmen, fällt zuerst gar nicht auf. Man vermißt sie nicht, weil die Topographie der Cinque Terre sie schon im Unterbewußten absorbiert. Die mit Kurven übersäte Staatsstraße von Sestri-Levante nach La Spezia macht einen großen Bogen um diesen wilden Küstenstrich, und die im Bau befindliche Autobahn tut das auch.

Südöstlich der Provinzhauptstadt La Spezia windet sich eine Nebenstraße in über 100 Serpentinen auf das Plateau über den fünf Ortschaften, aber von ihr führen nur nach Vernazza zwei Karrenwege, nach Corniglia ein Maultierpfad und nach Manarola nur ein Fußweg vom bisher fertiggestellten Teil der neuen Staatsstraße von La Spezia nach Riomaggiore, die in einigen Jahren, größtenteils untertunnelt, alle fünf Orte untereinander verbinden und weiter über das zauberhafte Levanto nach Sestri Levante führen soll.

Heute kommen Autos nur bis an den Ortsrand von Riomaggiore und an die Grenze von Monterosso-Fegina, der Villen-Neustadt des reizvollen Seebades mit dem einzigen wirklichen Badestrand der Cinque Terre.

Allein hier in *Monterosso al Mare* ist ein Standort motorisierten Verkehrs überhaupt vorstellbar. In dem pittoresken Vernazza, dem verwegenen Manarola und dem engen Riomaggiore ist erfreulicherweise gar kein Platz für eine motorisierte Entwicklung. Alle diese Siedlungen haben ihre »Ciazza« am Strand, auf die die Boote in Sicherheit gebracht

Die reizende Bucht von Malagari in der Nähe der Hauptstadt Vathi auf der Insel Samos. Die Gebäude gehören zur Samos-Zentralkellerei, die dort ihren Sitz hat.

Ein Torero der Bodega ist der Sherry-Kellermeister, der Capataz, der mit der Venenzia die Probe aus dem Faß herausholt und sie dann mit virtuosem Schwung in das schmale Glas gießt.

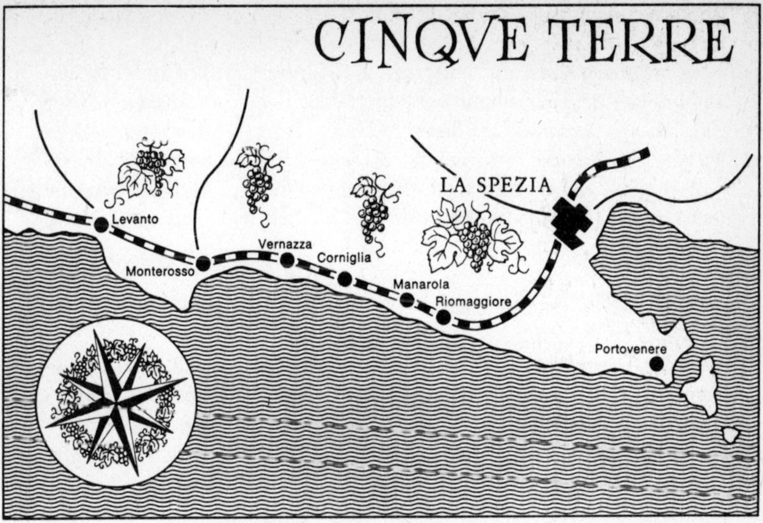

werden, als eine Art Lebenszentrum und sind im übrigen eher zur Verteidigung als zum Verkehr eingerichtet.

Die meist drei- bis fünfstöckigen an Steilhänge geklebten Häuser sind von vorn nur bis zum Parterre, manchmal auch bis zum 1. Stock zugänglich. Der 2. und 3. Stock sind nur von einer hinteren, meist mit Treppen durchsetzten Laufgasse aus zugänglich, von der aus wieder das Erdgeschoß und die »Bel-Etage« des dahinterliegenden Hauses erreicht werden kann. Diese Wehrhäuser, deren Anlage man besonders bequem und anschaulich in Portovenere studieren kann, sind oft noch aus der vorgenuesischen Epoche des 12. Jahrhunderts erhalten.

Sowohl ihre manchmal schwindelnden Steiltreppen (Vernazza, Riomaggiore) als auch ihre an den Hängen sich hinziehenden Laufgrabengassen wurden allein nach Gesichtspunkten gemeinsamer Verteidigung gegen seeräuberische Angriffe erstellt und sind für den Tourismus unserer Tage Requisiten einer zeit- und weltfernen Romantik. Viele der den Fremden manchmal ärgernden Sackgassen konnten früher blitzschnell geschlossen werden, wenn genügend Feinde in der Falle saßen, und in Manarola gibt es noch heute eine »Porta Rossa«, die eine Sackgasse verschloß, aus der tagelang das »giftige Sarazenenblut wie ein Bach floß und das Meer einen Mond lang rot färbte«!

So munter ging es im mediterranen Raubtourismus früherer Zeiten zu, und wer heute staunend vor dem friedlich-weinumrankten Bild der pittoresken Architektur dieser Cinque-Terre-Dörfer steht, dem rücken zugleich die Steinwürfe, Schlagworte und Spruchbandweisheiten einer von hier so weit entfernten Welt in das klare, südliche Licht, einer Welt, die nie heil war und nie heil sein wird.

Badestrand und Bahnbilletts

Wer diese heimliche und unheimliche Welt »erobern« will, sollte es von dem hübschen Badeort *Monterosso* aus tun, der an seinem nördlichen Ende liegt, einen langen breiten Sandstrand, ein Dutzend Hotels, reichlich Platz für stillgelegte Autos und zwei säuberlich getrennte voneinander ganz verschiedene Hälften hat: eine moderne (Fegina) und eine sehr viel ältere. Beide trennt der Hügel dei Cappuccini mit dem dekorativen Aurora-Turm. Das Schmuckstück dieses alten Monterosso erhalten die Badegäste aus Monterosso als Zugabe: seine anheimelnden Gäßchen, Gasthäuser und Gärten haben nichts gemein mit den anderen abweisend fremdartigen Dörfern der Cinque Terre. Hier wächst kaum Wein, hier wird er getrunken, hier staunt man nicht, sondern schmunzelt, hier wird nicht geklettert, sondern geliebt. Hier ist alles erheiternd, belebender Rausch, Rausch der Farben, des Weines und der Düfte. Rausch aus Anemonen, Pistazien und Rosmarinblüten, aus Oleander, Lorbeer, Lavendel und Campanula. Alles ein wenig gewürzt durch den herben, salzigen Duft des nahen Meeres und die schwirrenden Stimmen sorgloser Menschen; denn die Zeiten der Armut sind hier vorüber.

Das ist nicht überall so in den »Fünf Ländern«.

Für die Badegäste von Monterosso und Levanto ist die Cinque Terre ein Schauspiel, das man mit einer Bootsfahrt absolvieren, aber vorteilhafter in zwei, drei oder vier Tagesraten per Bahn aufteilen und dann viel intensiver genießen kann. Man fährt mit dem Zug in wenigen Minuten nach *Riomaggiore* und geht später auf der Via dell'Amore, einen in den steil abstürzenden Felsen geschlagenen, senkrecht über dem Meere verlaufenden Fußweg, der aber überall gesichert und völlig ungefährlich ist, in einer halben Stunde nach *Manarola.* Hier wachsen nicht nur der beste Wein, sondern auch die gewagtesten Häuser aus dem Fels, deren Gäßchen und steile Treppen zu Ausblicken führen, die zu den erregendsten und interessantesten des ganzen Mittelmeerraumes gehören.

Auch den Bahnhof, der gerade zwischen zwei Tunnelöffnungen hineinpaßt, erreicht man von der schmalen Ciazza aus durch einen Fußgängertunnel.

Die kurzen Bahntrips von Levanto oder Monterosso aus sind heute noch die einzige vernünftige Möglichkeit, diese ganz und gar eigenartige Welt der Cinque Terre kennenzulernen. Für Vernazza und Corniglia sollte man sich dafür einen Tag offenhalten, auch wenn die Bahnfahrt dahin nur einige Minuten dauert. Es lohnt sich. Auch für den Kreislauf.

Vernazza ist ganz gewiß der attraktivste unter den Orten der kleinen Fünf-Länder-Riviera. Ein weit ins Meer hineinragendes Kap, dessen Höhe der Turm einer alten genuesischen Festung ziert, ist auf der dem Hafen zugewandten Innenseite mit drei dichten Reihen der hierzulande üblichen mediävalen »Fortezza«-Häuser beklebt. Durch die Molenwirkung entsteht dazu ein besonders reizvoller Anlegeplatz, der schon den alten Genuesern ins Auge stach, die hier einen ihrer zahlreichen Stützpunkte ausbauten. Heute ist die Ciazza von Vernazza eine der reizvollsten Plätze der Cinque Terre, mit ihren bunten Menschen, Booten, Sonnenschirmen und der sehr dekorativen Kirche Santa Margherita di Antiochia, die radikal restauriert wieder die Kunst alter lombardischer Meister erkennen läßt. Vernaccia als Hafen der »Serenissima Repubblica Genova« bringt aus der Zeit der Gotik überhaupt mehr architektonisches Geltungsbedürfnis ans Licht als die übrigen drei Dörfer, Monterosso ausgenommen. Überall wurden kostbare Torbögen, Nischenskulpturen, uralter Brunnenschmuck freigelegt und herrschaftliche Gebäude eindrucksvoll restauriert. Unvergeßlich aber an Vernazza ist nicht nur die »Cima alla genovese« in der Trattoria Franzi, sondern der Aufstieg in die Weinberge auf dem »Landwege« nach Corniglia.

Corniglia selbst liegt — zum Unterschied von allen anderen Orten der Cinque Terre — beinahe skurril und eigentlich völlig unmotiviert auf einem Bergrücken, von Weingärten umgeben, hoch über der Küste. Hinter ihm bäumt sich der Monte Capri fast 800 m hoch auf. Die am wenigsten besuchte, auf einem Sonnenbalkon gelegene Siedlung, anders gebaut als ihre Schwestern an der Küste, bietet ein hinreißendes Bild, wenn man in einem Hubschrauber an den fünf Wundern der Cinque Terre vorüberfliegt. Luftig, lustig und übermütig liegt sie da oben, neugierig vorgestreckt bis an den steilen Abgrund, über den sie weit ins blaue Meer hinausäugt, wie keiner der vielen schönen Orte Liguriens.

Der Blick aus dem Hubschrauber enthüllt noch einen Schmuck dieser verborgenen, eigenartigen Welt: Für jedes der fünf Dörfchen versteckt sich weit oben unter alten Bäumen und in stillen Hainen je eine der berühmten Wallfahrtskirchen der Cinque Terre als beredte Zeichen einer Frömmigkeit, die es sich nicht leicht macht, Zufluchten einsamer Menschennot, Fingerspitzen des Himmels.

Für Monterosso al Mare: Madonna di Soviore unter dem gleichnamigen Berge, für Vernazza: Madonna di Reggio, an einem kleinen Karrenweg über die Trasse der geplanten neuen Autostraße, für die Weinpanscher von Corniglia: Madonna delle Grazie, eine Kirche, die auch dem San Bernardino geweiht ist, zwischen Vernazza und seinem sehr entfernten Ortsteil Corniglia, für Manarola: Madonna della Salute, die älteste der fünf Wallfahrtskirchen und für Riomaggiores Sünder: die schöne Kirche der Madonna di Monte Nero.

Michelangelo Castaldos hübsch ausgestattete Broschüre »Borghi e Santuari delle Cinque Terre« bringt für Interessenten alle historischen und architektonischen Details. Das Touristikbüro in La Spezia verschickt die Schrift, die mit hübschen Federzeichnungen von Guglielmo Carro geschmückt ist, gern überall hin, wo alte und kommende Freunde der Cinque Terre danach verlangen.

Hafen der Venus

Eine »Via dell'Amore« sollte immer in den »Portus Veneris« einlaufen, eine »Straße der Liebe« in den »Hafen der Venus«. Vorerst aber führt sie nur von Manarola nach Riomaggiore, und ihre Verlängerung, die nagelneue Straße von Riomaggiore nach La Spezia, die unterwegs nach Porto Venere abzweigt, ist noch ungetauft.

Aber man kann die aufregende Szenerie der Cinque Terre nicht verlassen, ohne in Porto Venere gewesen zu sein. Ist es ein Modell genuesischer Kunst der Fortifikation mit siebenstöckigen Wehrhäusern, riesigen Stadtmauern, Bastionen, Türmen und einem gewaltigen Kastell? Ist es eine vielfarbige Palette zu einem Bild mediterraner Romantik? Ist es einer unter hundert pittoresken Mittelmeerhäfen am Ausgang einer zauberhaften Bucht? Ist es ein Elysium der Muscheltaucher und Muschelesser, wie Arcachon ein Austernparadies?

Alles das ist das vielfotografierte Porto Venere und noch etwas mehr, nur ein »Hafen der Venus« ist es nicht. Die Schaumgeborenen steigen drüben in Lerici aus dem Wasser oder in der paradiesischen Bucht von Levanto.

Hierher könnte Venus nur *geflüchtet* sein.

Vielleicht vor dem dreisten Zugriff Neptuns, der sich gern um die Ecke in Lord Byrons Wasserhöhle verborgen haben soll.

Spanien

Vom Wein, der ewig lebt

»Sieh Neapel und stirb«, eine solche Zumutung konnte nur aus dem Munde eines Italieners kommen, der es gewöhnt ist, nicht nur seine Wäsche, sondern auch seine Gefühle auf die Straße zu hängen. Wie anders der Andalusier, der nicht nur in seinem Hause, sondern auch in seinem Herzen einen Patio pflegt, dessen Tür zur Straße er nur selten öffnet. Denken wir zum Beispiel an den jungen Sevillaner, der sich vor Gericht hartnäckig weigerte, seinen Geburtsort zu nennen. Als es dem Richter schließlich doch gelungen war, ihm »Sevilla« zu entlocken, und er verwundert fragte, warum der junge Mann damit so hartnäckig hinter dem Berge gehalten hätte, sagte dieser Caballero: »Ich gebe nicht gerne an!«

So sind diese Sevillaner. Sie verlangen nicht den Tod dessen, der ihre Stadt sah, sondern sie denken nur: »Wer Sevilla nicht sah, hat das Wunder nicht gesehen.«

Quien no ha visto Sevilla, no ha visto maravilla.

Ein Kastilier soll dieses Lob zuerst ausgesprochen haben (sagen die Leute aus Sevilla).

Andalusische Mixturen

Ich kann die junge Dame nicht vergessen, die unter den Orangebäumen im maurischen Garten Sevillas ihren hellblauen Blick zur zweitgrößten Kirche der Christenheit erhob und kopfschüttelnd den Stilmischmasch der Kathedrale beklagte.

Wie arm ist doch eine so stilreine Seele!

Alle Wunder Andalusiens sind Geheimnisse der Mischung: aus Abend- und Morgenland, aus gotischen und greco-romanischen, aus arabischen Künsten und solchen der Renaissance, aus Inquisition und Toleranz, aus zauberhaften Gärten und verschwiegenen Gassen (durch die einst Miguel de Manara huschte, den die Welt Don Juan nannte), aus Liebe und dem Bewußtsein der Todesnähe, aus traurigen

Weinbergen (sie sind noch trauriger als die im Douro-Tal) und heiteren Bodegas, aus den Schätzen der Cortez und Pizarro, die für Spanien die Welt eroberten, und der Grabesstille am Cap Trafalgar.

Die riesigen gotischen Säulen der Kathedrale von Sevilla, neben denen der Mensch zum Wurm wird, tragen das Gewölbe, das alle Geheimnisse der Geschichte im mystischen Halbdunkel morgenländischer Monasterien verbirgt und behütet.

Im Patio de las Doncellas des Alcazar von Sevilla, wo der große Kalif Abdar-Rahman, der mehr Frauen hatte als Ibn Saud, seine Favoritinnen tanzen ließ, übte Peter I. die schöne andalusische Sitte, den Leib sündiger Weiber mit Honig zu beschmieren, um damit bereitgehaltene Bienenschwärme zu füttern. In Rufweite davon träumte Karl V. im Garten der Kalifen seinen Liebestraum mit der jungen Isabella von Portugal und ließ sogar von einheimischen, maurischen und deutschen Künstlern einen Flügel der Burg neu errichten, um dort nicht nur seine eigene, sondern auch die Hochzeit der morgen- und abendländischen Künste zu feiern.

Warum sollten in diesem Lande gottgewollter Verschmelzungen nicht auch die Weine Hochzeit feiern, die gewaltige, füllige Don Pedro Ximénez zum Beispiel mit der feinen, zartgliedrigen Dame Palomino? Der jüngere Wein aus den Criaderas mit dem älteren aus den Soleras? Warum eigentlich nicht?

Im Los Cisnes-Hotel von Jerez de la Frontera erschienen jeden Abend gegen 9 Uhr die Twens von Jerez. Sie füllten die Bar mit ihrer Freude, ihren Sorgen, ihren Plänen, sie plauderten in der Halle und flirteten im Garten unter dem Duft der Datura und der Bougainvilleas.

Die jungen Mädchen unter ihnen sind wie ein Blütenstrauß. Ranke Berberinnen sind darunter, weiche, fast maurische Gesichter, Köpfe in strahlender Blondheit, triumphierende Vandalinnen, dunkle Blumen aus Andalusien mit Augen, die wie schwarze Diamanten blitzen, alle sehr gut gekleidet, wohlerzogen und von einer unerschöpflichen Gesprächigkeit. Nachdem die aufregenden Tagesläufe von Jerez ausgetauscht wurden, wird es um 22.30 Uhr plötzlich still. Da und dort halten noch ein paar junge Männer ihren Amontillada in der Hand, die Mädchen sind verschwunden. Wie auf einen Wink.

I'm sorry. Aber sie kommen wieder. Morgen. Übermorgen. Alle Tage.

Dazwischen träumen sie von ihrer eigenen Hochzeit in dem großen Brautgemach, das Andalusien heißt.

Die Hochzeit der Weine

So nennt ein Slogan die unentwegten Bemühungen der Kellermeister in den Sherry-Bodegas, durch geschickte Verschnitte alter und junger, herber und süßer Weine immer wieder Farbe und Charakter eines der vielen Sherry-Typen zu treffen.

Überall wo Engländer dominierenden Einfluß auf die Weinbereitung nahmen, verflog der Reiz guter und schlechter Jahrgänge, verwischte sich die Differenz zwischen kostbaren, edlen Lagen und solchen geringerer Qualität, verschnitt man den Wein kreuz und quer, ohne Rücksicht auf Lage und Jahr. So entstanden überall Mischweine mit dem Charakter von Typenweinen: in Bordeaux, im Portweingebiet des Douro-Tals und im Sherry-Gebiet zwischen Jerez und Sanlúcar. Hier entstanden Weinmischungen nach einer vorgeschriebenen Skala von Geschmacksnuancen, deren Farbe nicht als ein Geschenk des Himmels genommen, sondern auf Grund einer identifizierenden Farbskala genau hergestellt und kontrolliert wurde. Die Tatsache etwa, daß Sherry im 500-Liter-Exportfaß aus amerikanischer heller Südstaaten-Eiche auf einer einwöchigen Seereise von Andalusien nach London etwas nachzudunkeln pflegt, hat jahrzehntelang die Korrespondenzbücher zwischen spanischen Lieferanten und englischen Importeuren gefüllt.

Wie der Engländer einen bestimmten Tabak und einen bestimmten Whisky bevorzugt, so verlangte er auch von seinem Wein immer dieselbe Geschmacksnuance. Im Bordelais verhinderte allein die hartnäckig verteidigte Weinkultur der großen Weingüter jene Standardisierung und Nivellierung, die die Engländer als Großabnehmer in Porto und Jerez durchzusetzen vermochten.

Mit dieser rein merkantilen Einstellung zum Wein verloren auch die Weinlandschaften in Andalusien und am Douro Farbe, Glanz und Poesie. Dort gibt es keine malerischen Weindörfer wie in Burgund, an Rhein und Mosel, im Elsaß und in der Wachau. Einsam liegen die Weinhöfe von Jerez, weit verstreut auf den Rebenhügeln, melancholische Sammelplätze von Tagelöhnern, oder armselige Behausungen kleiner Weinbauern, die mit den großen Firmen wackelige Lieferverträge haben.

Vor kurzem gab es in Jerez 65, in Sanlúcar 15, in Puerto de Santa Maria 16 und in Cadiz 2 Sherry-Exportfirmen. Manche von ihnen haben keine Weinberge und kaufen den Most für ihr Produktionspro-

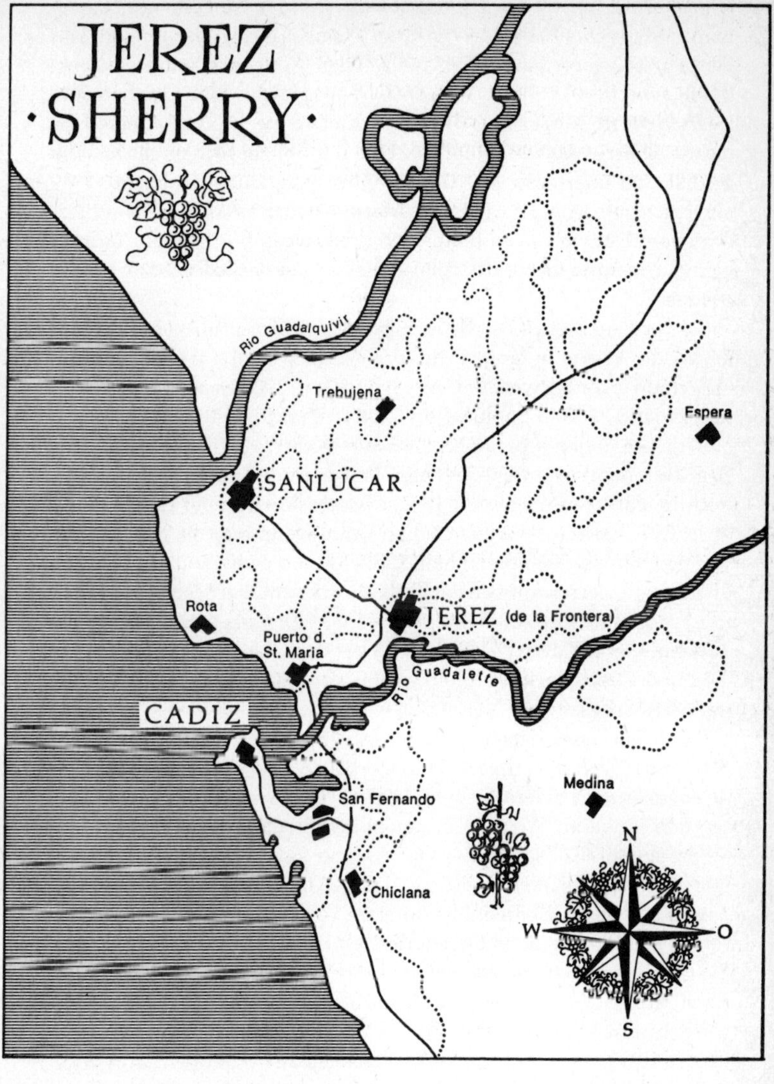
JEREZ
·SHERRY·
Rio Guadalquivir
Trebujena
Espera
SANLUCAR
Rota
JEREZ (de la Frontera)
Puerto d.
St. Maria
Rio Guadalette
CADIZ
San Fernando
Medina
Chiclana
N
W
O
S

gramm von den Bauern; viele von ihnen haben eigene Weinberge; einige Große wie Domecq, Gonzales-Byass, Zoilo Ruiz Mateos, Sandeman und Garvey haben den größten Weinbergbesitz der Region. Der Mittelwert eines guten Palomino- oder Ximénez-Weinbergs liegt heute zwischen 15 000 und 25 000 DM pro Hektar. Eine Pipe (ein 500-Liter-Exportfaß) billigsten Sherrys kostet heute 1100 DM, eine Pipe besten Sherrys 4000—5000 DM. Eine der Spitzenfirmen, die jährlich 5 Millionen Liter, also 10 000 Pipen Sherry verkauft, verbuchte 1969 einen Umsatz von 17 Millionen Mark. Das ist an sich nicht welterschütternd; am geringen Lohn- und Preisniveau Südspaniens und am noch geringeren Geschäftsrisiko gemessen, ist das jedoch eine schöne Stange Geld.

Sie verdienen es in der Bodega, hohen, oft dreischiffigen Hallen, in denen die Weine in langen drei- bis vierfach übereinanderliegenden Faßreihen ihrer Entwicklung entgegenreifen. 700 solcher Bodegas stehen in Jerez, 300 in Sanlúcar und 200 in Puerto de Santa Maria.

In diesen hohen »überirdischen« Wein-»Kellern« lagern nach unseren Begriffen dem Raum entsprechend nur geringe Mengen Wein. Es ist wichtig, daß oben immer die frische Meeresluft von der nahen Küste durch die Fensteröffnungen ziehen kann, wenn man sie nicht gerade vor der Sonne geschlossen hält. Ohne diesen genügenden Luftraum über den Fässern kann sich die Pilzblüte auf der Oberfläche des Weines (die Fässer sind nur zur Hälfte oder zu zwei Dritteln gefüllt) nicht entwickeln. Gerade dieser Flor, der sich auf der Oberfläche bildet, ist für Typ und Geschmack des Sherrys von ausschlaggebender Bedeutung und wird sorgsam vor Verletzungen bewahrt.

Die Lagerfässer haben 620 Liter Inhalt, die Transportfässer fassen 500 Liter. Die Fässer liegen in Dreier- oder Viererreihen übereinander im sogenannten Solera-System. Die oberen Fässer (Criaderas) enthalten den jüngeren Wein Wenn er in die Criaderas gefüllt ist, hat er schon eine dreijährige Entwicklung hinter sich gebracht. Von Jahr zu Jahr wird nun der Wein aus der 4. Reihe in die 3., aus der 3. Reihe in die 2. und aus der 2. Reihe in die unterste versetzt, nach der das System seinen Namen hat (denn diese untersten Fässer sind die Solera-Fässer). Sie enthalten ausnahmslos reifen und in Flaschen abfüllbaren Sherry. Beim Prozeß des Abfüllens darf kein Faß mehr als bis zur Hälfte geleert werden, um immer wieder Platz zu haben, neuen Sherry aus dem oberen Faß unter die schützende Pilzschicht zu bekommen. Jahrgangsweine gibt es also bei Sherry nicht. Dadurch schon unterscheidet er sich grundsätzlich vom Portwein. Sherrys sind allesamt Verschnitte sehr verschiedener Jahrgänge und Typen.

Sherry-Weine – so und so

Der Sherry-Wein, zu 90% aus dem Most der Palomino-Rebe gewonnen, kann sich von selbst zu einem der beiden Sherry-Typen entwickeln: Er kann eine »Fino«, er kann aber auch — vom gleichen Jahrgang und vom gleichen Weinberg und von der gleichen Rebe — zu einem »Oloroso« werden. Erst nach drei Jahren, wenn der Kellermeister die Venenzia, einen langen Fischbeinstab mit einem schmalen silbernen Schöpfgefäß, in das Faß gleiten läßt und die erste Probe abnimmt, weiß er, ob der Wein zu einem Fino oder zu einem Oloroso geworden ist.

Die Finos sind trockene Weine von heller Farbe und einem herben Geschmack (Aperitif-Weine).

Die Olorosos, wie ihr Name sagt, duft- und bukettreich, sind von einer dunkleren Farbe und von erheblich höherem Alkoholgehalt (18—20%). Die Olorosos haben auch mehr Körper, mehr Extraktstoffe und einen milderen Geschmack, ohne etwa süß zu sein. Sie sind die klassischen Sherrys. Und obwohl man heute Finos mehr liebt als früher, haben die Olorosos ihre Freunde behalten.

Jede dieser beiden Haupttypen des Sherrys hat wieder drei Nebentypen, deren Eigenheiten wir im Wein-Gotha klar herausgestellt haben.

Jede Firma hat aber in ihrem Programm auch Sherry-Süßweine. Es sind durchweg Mischungen aus der Raya-Type des Oloroso und echten Süßweinen aus den Reben Moscatel und Pedro Ximénez. Fast immer werden die Namen dieser Reben auch auf dem Etikett der Flasche angegeben. Die Weine sind dunkel, ölig und dickflüssig. Der dunkelfarbige Most entsteht dadurch, daß die geschnittenen Trauben vor der Kelterung auf einer Bastmatte elf bis zwölf Tage lang der Sonne ausgesetzt waren. Nachts werden sie während dieser Prozedur mit Strohmatten vor dem Tau abgesichert. So entstehen Moste von 400 Öchslegraden und, mit Rayas verschnitten, beliebte Dessert-Sherrys.

Ein ganzes Programm von Genüssen, das da in den großen Bodegas geduldig und zielsicher in Zusammenarbeit mit dem kleinen Laboratorium vorbereitet wird, das typischerweise neben dem Kontor jeder Sherry-Firma liegt. In diesen kleinen Labors tobt oft genug der Kampf um Nuancen der Farbskala mit englischen Importeuren. Dort wird im kleinen die Mischung erprobt, die dann im großen geliefert werden wird; denn die sechs bis vierundzwanzig Typen Weine, die jede Sherry-Firma anbietet, müssen im Geschmack Jahrzehnte hindurch gleichbleibend sein. Von jeder Sherry-Sendung wird im Sample-Room eine Flasche vier Jahre lang aufbewahrt. Jedes Jahr hat sein eigenes Etikett, auf dem Angaben über das Lieferungsdatum, den Namen des Kunden, Bestimmungsort, den Namen des Dampfers, dem der Transport anvertraut wurde, die festgestellten Alkoholprozente und die Farbe aufgezeichnet sind. Es ist typisch für den englischen Abnehmer, daß sich die meisten Reklamationen auf die Farbe beziehen.

Immer herrscht Leben in den großen Bodegas. Immer ist Besuch da, Besuch aus allen Ländern Europas. Man trinkt alle Sherry-Sorten und lobt in allen Sprachen. Ein Sherry ist immer darunter, der solches Lob verdient. Man sitzt behaglich in einer Ecke der Bodega und trinkt sich durch das ganze Programm. Der Capataz, der Kellermeister, schwenkt die Venenzia elegant wie einen Fiedelbogen und läßt von weither den goldnen Weinstrahl in dem engen kleinen Glase verschwinden. Ein Zauberer in roter Weste, ein Torero der Bodega. Auf den Fässern stehen die Autogramme bekannter Persönlichkeiten von Film, Bühne, vom Sport, aus der Politik und den Stierkampfarenen. Der Schriftzug wurde mit weißem Lack nachgezogen und für einige Jahre unsterblich gemacht. Auch die königliche Familie hat ihre Fässer. Man rührt sie so lange nicht an, bis Don Juan den Thron der Väter bestiegen haben wird.

Die Touristen reißen den Mund auf, voll des Staunens und der Bewunderung vor solcher Haltung.

In den Fässern ist tatsächlich noch Sherry enthalten.

Don Romero schwor es bei der Heiligen Jungfrau von Guadalete.

Die Könige der weißen Erde

Sie sind alle Royalisten. Nicht nur für ihr eignes Königreich, auch für das, dessen Statthalter heute General Franco ist. In ihren nüchternen Kontoren hängt König Alfons neben dem Caudillo, und in ihren Häusern hängen Velasquez, Goyas und Murillos. Sie haben Traumvillen, teils in Jerez, meist aber unter den Palmen und Blütenwundern sevillanischer Gärten, sie haben Ressorts auf den Canarias und Bahamas. Sie jagen Wildschweine in der Coto Douana und züchten Pferde und Kampfstiere für die Arenen in ihren Haciendas. Ihre Frauen sind fruchtbar wie die weiße Erde. Pedro Nolasco Gonzalez-Gordon, zweiter Marqués de Torre Soto de Briviesca, der Chef des größten Sherry-Hauses Gonzalez-Byass in Jerez, war eines unter 13 Geschwistern und hat selbst wieder 13 Kinder: 9 Söhne und 4 Töchter.

Die großen Sherry-Familien sind untereinander verwandt und verschwägert. So ist die Mutter des Marqués Pedro of Domecq, des Chefs des zweitgrößten Hauses im Lande, eine geborene Gonzalez, deren Enkeltochter Domecq sich mit einem Williams-Sohn des bedeutenden Sherry-Hauses Williams and Humbert verband. Ein Beispiel unter vielen. Die großen Familien bleiben in ihrem gesellschaftlichen Reservat.

Die persönliche Aktivität des deutschen und burgundischen Weinadels bei der Arbeit auf ihren Weingütern läßt sich mit der dem persönlichen Einsatz entgegengebrachten Reserve dieser andalusischen Granden nicht vergleichen. Mit Ausnahmen natürlich. Dafür sorgt schon die permanente englische Injektion.

Wer von Sevilla kommend nach Jerez einfährt, hat vergebens nach Weinbergen ausgeschaut. Sie verbergen sich in einem unwegsamen Gebiet nördlich der mit Schlaglöchern übersäten »Straße« von Jerez nach Sanlúcar. Niemand hat Interesse an ihrer Reparatur; denn die Leute von Jerez halten die von Sanlúcar, die den herrlichen Manzanilla-Sherry herstellen, für Wegelagerer, vor denen sie jeden Fremden warnen; und die Leute aus Sanlúcar sagen jedem, der es hören will, daß in Jerez mehr Gangster sitzen, als es in ganz Spanien zusammen gibt. Ein kleines Bähnlein mit einer Lokomotive aus dem Jahre 1892 pufft sich mühsam durch diese Einsamkeit der weißen Erde.

Dort liegen die kostbaren Weinberge des Carascal, des Macharnudo, Anima, Balbaina und der Schatz von Sanlúcar der Miraflores. Flache Hügel mit sanften Wolbungen, überzogen mit schnurgeraden grünen Zeilen auf weißem Grund: Palominos, Palominos, Palominos; Pedro Ximénez' Hecke dazwischen in satterem Grün. Auf der Kuppe trägt jeder der grünweißen Hügel ein kleines Weingut in leuchtendem Weiß. Soweit das Auge reicht, dasselbe Bild: eine Weinlandschaft in harenem Gewande und voller Melancholie. Eine Weinsteppe. Aber Domecqs tüchtige Werbung sagt den Engländern: »The most marvellous and aristocratic vineyards in the world.«

Es stimmt weder das eine noch das andere. Es sind keineswegs die teuersten, bestimmt aber die reizlosesten und die am wenigsten sehenswerten Weinberge der Welt. Es sind nichts als gut gepflegte Weinfelder in einer baumlosen Kultursteppe auf Kalk. Domecqs Weinschloß El Majuelo im Macharnudo-Distrikt ist nichts anderes als die einzige Schwalbe, die noch keinen Sommer macht.

Mindestens ebenso viele Rebstöcke wie auf dem wertvollen Kreideboden stehen auf dem sandigen Lehmboden an der Küste entlang zwischen den Mündungen des Guadalquivir und des Guadalete. Ihre Ernten sind reichlich, aber ihre Moste sind von geringerem Wert. Hier gleicht die Landschaft oft genug der ungarischen Pußta mit ihren flachen, schilfbedachten, weiß gekalkten Häusern, ihren Viehherden und Ziehbrunnen, über denen die US-Düsenmaschinen des riesigen amerikanischen Luft- und Flottenstützpunktes Rota die sanfte Luft zerreißen.

Aber zweimal im Jahre jauchzt auch Jerez auf. In der Woche nach Ostern und zur Vendimia, dem großen Weinfest im September. Dann füllt sich der riesige Festplatz unter den hohen Palmen und Eukalyptusbäumen an der Avenida, die nach Sevilla führt, mit der Farbenpracht Andalusiens. Die Caballeros mit Huelva-Hüten führen ihre Damen in den mit kostbaren Volants übersäten andalusischen Trachten zum Festplatz, Militärkapellen konzertieren, Zigeuner tanzen, stehlen und schauen in die Zukunft, kostbare Pferde wechseln ihren Besitzer, und die gastfreundlichen Zelte der Sherry-Firmen verschwinden unter einem Himmel von Lampions. Jeden Tag findet ein Stierkampf statt, und am Abend sieht man am Lagerfeuer den bacchantischen Flamencos der Zigeunerinnen zu. Überall wird getanzt, geflirtet und gelacht. Die Bars sind überfüllt. Sherry und andalusischer Witz gehen leicht über die Lippen.

Das ist der Augenblick, wo auch die Könige der weißen Erde unter ihr Volk treten. Alle Familien haben ihre eigenen komfortablen Zelte und empfangen ihre Freunde und — Feinde.

Auch die aus Sanlúcar de Barrameda.

Die große Freude ist über die Menschen gekommen, die dazu verurteilt sind, in den eintönigsten Weinfeldern der Welt zu arbeiten.

Es ist wie ein erlösender Aufschrei, der aus den Tiefen der Galeere kommt.

Portugal

Douro-Trip zum Portwein

Wie herrlich duften die Wälder der Serra do Marão! Die überreifen Brombeeren glühen in der Sonne, die Erika wirkt Teppiche von königlicher Pracht, wilder Jasmin betäubt die Sinne, und die Dächer der Koniferen versprühen Würze und Licht. Es ist der Ruch, mit dem der Westwind durch die Täler des Douro streicht und über die tausend Weinberge, die dort auf gemauerten Treppen grünen und, von unten gesehen, geradewegs in den Himmel zu führen scheinen. Es ist der paradiesische Ruch, der im Bukett eines alten guten Portweins das ewige Leben gefunden hat.

Wie glühen die Berge auf den Höhen von Castedo im Abendschein! Tief unten wühlt sich der sommerlich träge Douro sein nächtliches Bett, aber oben leuchten die Höhen des Rio Torto und des kleinen Tales von Roncão, wo die teuersten Weinberge des ganzen Portweingebietes stehen, in flammender Brunst. Magister Sampeiro aus Vila Real war es, der uns dieses rubinrote Wunder zeigte. Wir fanden es wieder, als uns Antonio Veiga, sein Amtsbruder aus Castedo, einen Port von 1904 aus der Quinta de Fragateiro bei Pinhão in die Gläser füllte. Es war ein edler, fast heller »Light Tawny«, wie die Engländer sagen, ein Port in der letzten Stufe der Faßreife, aber auf seinem Goldgrund tanzte ein Rubin beim Schwenken des Glases und strahlte, als ginge von ihm die ganze Glut dieses edlen Weines aus, in dem das Feuer der sinkenden Sonne sich leuchtend bewahrte.

Wie weit schweifen die Träume am Cabo da Roca! Es ist die Nasenspitze Europas, unseres Kontinents westlichster Punkt, wo »jener Geist des Glaubens und des Abenteuers lebt, der Portugals Karavellen in neue Welten führte«, wie das künstlerische Diplom mit amtlichem Siegel besagt, das jeder erhält, dessen Fuß dort auf den steilen Klippen über dem Atlantik stand. Wie weit fliegen die Gedanken am Cabo da Roca, wie schnell verlieren sie sich in den Ungewißheiten der fernen Himmel, die seither die Portugiesen so reizten. Aber der Zauber dieses

Ortes, in dem man den Fuß auf sehr festem Boden hat und doch über dem Ozean schwebt wie ein Vogel, läßt die Pläne der Männer groß und weiträumig werden und gräbt ein schmerzliches Fernweh in die Herzen der Frauen.

Etwas ist auch im Portwein von dem Schlag der weiten Herzen, von dem Geist der großen Räume; denn er ist immer die milde Droge der Männer gewesen, die die Meere befuhren, der erfahrenen Kapitäne, der friedlichen und unfriedlichen Weltumsegler, der Kolonisatoren, und nicht nur Admiral Nelson allein zeichnete mit einem ins Portweinglas getauchten Finger historisch gewordene Pläne auf den Tisch.

Pro Kopf trinken außer den Belgiern die Norweger, die Iren, die Dänen, die Engländer und die Holländer den meisten Portwein, alles Seefahrer, alles unternehmende Völker, die immer in ihrer Geschichte vom Fernweh gezeichnet waren. Heute nehmen Großbritannien und die Beneluxstaaten über die Hälfte des jährlichen portugiesischen Portwein-Exports ab und die Bundesrepublik mit Frankreich zusammen das dritte Viertel. Vom letzten Viertel beanspruchen die Skandinavier allein fast die Hälfte für sich. Portugal selbst verbrauchte 1970 nicht 10 Prozent der gesamten Erzeugung; denn der Port ist ein viel zu sicherer Devisenbringer für ein Land mit passiver Handelsbilanz. Die Portugiesen haben ja die rote burgunderhafte Fülle der Dão- und Colares-Weine und die herbe Fruchtigkeit der Vinho Verdes aus Minho, dem frischen Norden Portugals, auf ihren Tischen.

Bonjour, tristesse!

Im lieblichen Amarante — ehemals eine Judenzuflucht wie Beilstein an der Mosel — waren wir in die alte Portweinstraße nach Mesão Frio abgebogen, waren die 1000 Meter hohen Marão-Berge hinaufgeklettert, wo im Winter Portugals Skiläufer weite baumlose Hänge und manchmal auch etwas Schnee finden, und wollten nicht glauben, daß mit dem Abstieg ins Douro-Tal nicht nur die verheißenden grünen Striche der Autokarte, sondern auch alle touristische Freude ein Ende finden würden. Die Straßen bleiben gut, aber sie ziehen leer und glanzlos durch ein armseliges Land. Schwarz und grau steigen nun leere Schieferhänge zum gnadenlos blauen Himmel, dessen Farbe sich nur selten in der trägen Brühe spiegelt, die Douro heißt. Da und dort tragen die oft kühn gemauerten Terrassen der Weinberge ein freundliches Grün,

Ein mit Weinbergterrassen geschmücktes romantisches Tal der Insel Madeira nahe der Nordküste.

Hautvillers über den Weinbergen der Champagne, wo im 18. Jahrhundert der Klosterkellermeister Dom Pérignon den ersten Schaumwein produzierte.

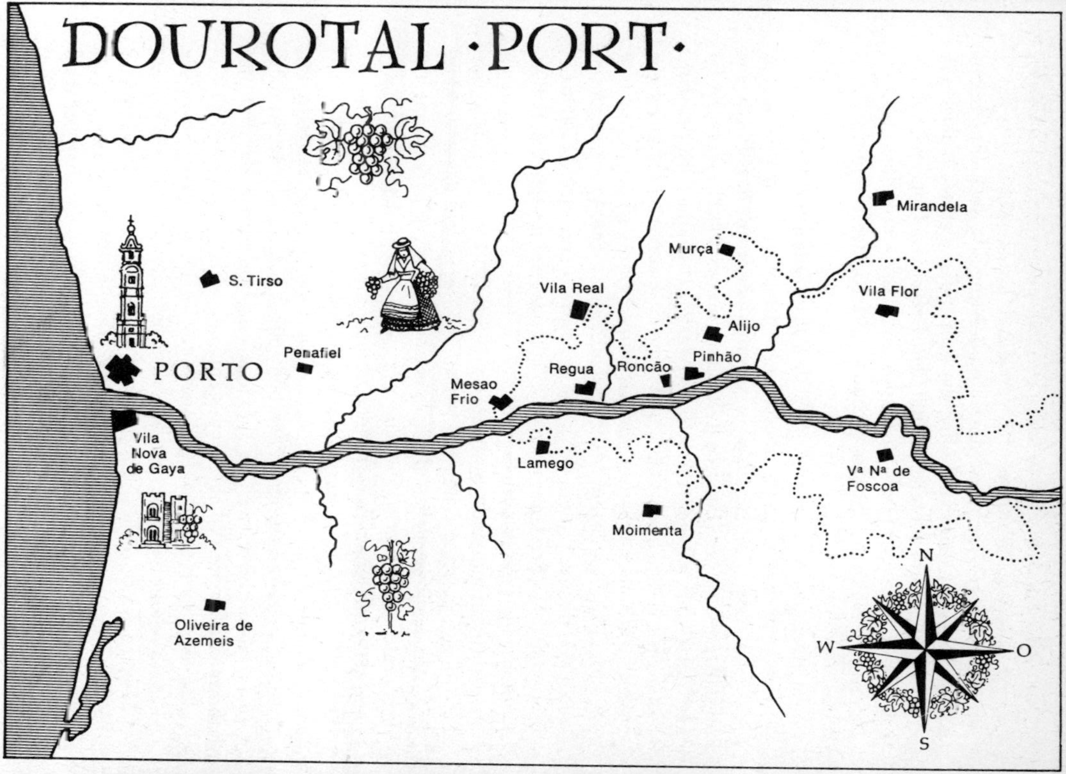
DOUROTAL · PORT ·
Mirandela
Murça
Vila Flor
S. Tirso
Vila Real
Alijo
Penafiel
Pinhão
PORTO
Regua
Roncão
Mesao
Frio
Vila
Nova
de Gaya
Lamego
Vª Nª de
Foscoa
Moimenta
Oliveira de
Azemeis
N
W
O
S

stehen ein paar Olivenbäume in silbrigem Glanz und versprühen im Frühjahr einige Pfirsich- und Aprikosenbäume rosiges Licht.

Nur selten, wie bei Pinhão oder im ertragreichen Tal des Rio Torto, erblickt das Auge zusammenhängende Rebflächen wie in den deutschen Schiefergebirgen der Mosel und des Rheines, aber ohne deren heitere farbige Dörfer und ohne die grünenden dichten Wälder auf ihren Bergkronen. Verglichen mit den Rebgärten Ungarns, Österreichs, der Pfalz, des Elsaß, Burgunds und des heiteren Beaujolais ist Douro eine Schmollstube des Bacchus, das freudloseste Weinland Europas.

Wir standen am finsteren Cachão da Valeira, auf den Höhen der einsamen Serra do Roboredo; aber auch in den freundlicheren Hängen von Tua und Pinhão, den berühmten Zentren des Portweinumschlags, verlor die Landschaft nicht ihr melancholisches Gesicht. Es gibt dort keine Weindörfer wie Bernkastel, Bacharach, Rüdesheim, Riquewihr, Dürnstein, Tokaj und Nuit-St-Georges, höchstens ein paar melancholische Häuser, die wie müde Hühner in der Sonne faul um einen Bahnhof liegen. Manchmal grüßt eine Quinta mit sauberen hellen Wänden und rotem Dach von der Höhe, denn auch die Weingüter sind hier aus den jämmerlichen Talgründen auf die Berge geflohen, wo immer ein leises Lüftchen mit den langen Blättern der wenigen Eukalyptusbäume spielt und den würzigen Duft einiger Pinien wie Parfüm zerstäubt. Von hier oben sieht man wenigstens das schüchterne Grün der Rebzeilen und die Tupfen der jungen Olivenbäume aus dem Grau des kambrischen Schiefers aufsteigen, und sogar die kahle Öde der granitenen Felsschründe verliert ihren Schrecken. Aber es bleibt noch immer ein merkwürdiges Weinland, dieses Douro-Gebiet! Eine Landschaft in Moll, traurig wie die Fados, die die Studenten in Coimbra singen, wenn ihre Mädchen spüren, daß sie Mutter werden. Voller Melancholie, wie die Gesänge der Tagelöhner, die dort mit nackten Füßen den Most herausstampfen.

Wo sind die romantischen Burgen des Rheins und der Donau, die seligen Weinschlösser Burgunds und die lieblichen, verrückten kleinen Châteaux des Bordelais? Da und dort ein Dorf auf der Höhe, sauber, aber von erschütternder Armseligkeit, und in den Quintas im Spätsommer oft nicht genug Wasser, um den Durst zu stillen. Nur Schweiß dringt in den Boden, der Schweiß jahrhundertelangen Fleißes zäher Portugiesen düngt den edlen Wein, der hier verwundert jedes Jahr aufs neue das gnadenlose Licht dieser Welt erblickt und mit seinen zarten

Blättern alles scheu aufhebt wie ein Bettler das Brot. Er spürt, daß die Menschen ihn nur im Tagelohn pflegen, daß sie nicht mit ihm, durch ihn, für ihn leben wie an der Donau, am Rhein, an der Rhône, der Mosel und der Garonne. Und darum reift er auch nicht in den Kellern des Tales, in dem er wächst; darum flieht er sofort der Sonne nach, die ihn reifte, nach Westen, nach Porto, in die kühle Geborgenheit der Schwalbennester von Vila Nova de Gaia. Er schwimmt auf alten phönizischen Barken dorthin, und er schwimmt von da weiter nach England und Skandinavien, nach Antwerpen und Bremen, zu Männern, die die Meere befahren, Männern mit dem weiten hellen Blick und den großzügigen Gedanken. Immer sucht und findet er Männer, in denen das Fernweh bohrt. Ihnen bringt er die Kühnheit des Magalhães und den Wagemut des Vasco da Gama. Ihnen holt er auch über fremden Meeren die Sterne herunter in die Kajütenträume. So wurde er der Wein der fernen Himmel, der Wein aus den grauen, traurigen, weltfernen Tälern des Douro, der Portwein seines Zeichens.

Im Garten der Pousada do Barrão de Forrester musizieren die Grillen und Zikaden, flackert das Windlicht im sanften Wehen des Sommerabends, und viele Gläser Portwein stehen auf dem Tisch. Unsere portugiesischen Freunde, der geistliche Magister Sampeiro und der Kammerpräsident von Alijó, wollen sich immer wieder in politische Seitengassen verkrümeln, aber wir halten sie herzhaft auf der Gesprächsstraße des Portweins. Sie kennen die Sorgen der Portweinbauern, der großen und kleinen Quintas (Weingüter), die Qualitäten der Weinberge und die guten Jahrgänge der echten »Vintages«, wie sie meist nur einzelne Quintas herstellen, aber nicht in den Handel bringen dürfen. Ja, die staatliche Aufsicht ist so streng, daß ein Kneipwirt, der gleichzeitig einen Weinberg hat, einen eigenen Portwein wohl herstellen, aber nicht ausschenken darf. Nur die »Pousadas« haben da eine Sondergenehmigung. Es sind wohlgepflegte und stilvoll eingerichtete staatliche Gasthäuser, in denen es zumeist an nichts fehlt außer an Zimmern. Aber so stark war in jenen Tagen der Ansturm in das Herz des berühmtesten Portweingebietes der Douro-Region nicht, als daß Senhora Rufino mit ihrem Faktotum Laura nicht allen Gästen eine gute Herbergsmutter hätte sein können.

So rückte sie heraus mit einer Flasche »Don Carlos«, einem Tawny der Quinta do Sibio in Roncão aus dem Jahre 1868, was etwa einer Marcobrunner oder Schloß Johannisberger Trockenbeerenauslese von 1945 oder einem Château Lafite aus Bordeaux von 1929, also zu heidnischen Zeiten etwa einem Menschenopfer entsprach. Die Flasche trug nur ein handschriftliches Etikett, aber das gewichtige portugiesische Staatssiegel in Schwarz, und Laura nahm die Bouteille zitternd aus der Vitrine. In ihren Augen, mit denen sie ratsuchend vom Kammerpräsidenten zu dem geistlichen Herrn hinüberwechselte, flackerte das Bewußtsein einer Tempelschändung.

Ich befreite sie aus ihrer Seelensauna durch einen entschlossenen Zugriff und kaufte die Flasche. 110 Escudos, etwa 15 Mark, sind für einen Port im Lande selbst ein Preis zum Hutabnehmen.

»Portwein«, sagte der alte Antonio da Silva, »Portwein ist das ganze Menschengeschlecht auf Flaschen gezogen. Portwein-Charaktere gibt es soviel wie Menschenwesen, Portweinfarben gibt es soviel wie Menschenrassen, und ein guter Port wird auch so alt wie ein Mensch.«

Kostbares Gut

Zur Zeit der Ernte, wenn die Sonne die öden Schluchten und Weinterrassen des Douro und seiner Nebenflüsse ausgeglüht hat, verpflichten die »Rogadores« dieser Firmen zu ihren wenigen Stammkräften ganze Bataillone portugiesischer und spanischer Saisonarbeiter und -arbeiterinnen, die das an sich öde und einsame Douro-Gebiet mit lärmender Arbeits- und Lebenslust erfüllen. Mit Gitarre und Ziehharmonika steigen sie singend in die mit Trauben gefüllten Steintröge und zerstampfen mit nackten Füßen das kostbare Rebgut.

Die Winzer bereiten natürlich auch ihren eigenen Portwein, den sie später aber nicht verkaufen oder auf ihrem eigenen Grund und Boden ausschenken dürfen. Fast alle haben ihre Vertragsfirmen und bringen schon den jungen Wein zu staatlich festgesetzten Maximal- und Minimalpreisen nach Vila Nova de Gaia. Im Januar, Februar und März rollen die typischen schlanken Portweinfässer per Eisenbahn oder auf den eigenartigen flachen »Rabelos«, Flußbarken, denen die zahlreichen Untiefen und Stromschnellen des Douro-Flusses nichts anhaben können, nach Porto.

In Vila Nova de Gaia sind die Zauberkünstler am Werk, die die Weine der verschiedensten Lagen und Jahrgänge zu einer ganz bestimmten Type mischen, deren Charakter die Firma möglichst unverwechselbar bewahren will. Der Wein wird noch verschiedene Male aus Riesenfässern, die bis zu 1000 Hektoliter fassen, umgefüllt, homogenisiert und erneut mit Brandy versetzt.

Aber der Gourmet fragt mit Recht: Was ist ein Tawny, ein Ruby, ein Vintage? Was ist überhaupt Portwein? Ein Gattungsname? Ein Name für den portugiesischen Wein überhaupt?

Portwein ist, um es nüchtern zu sagen, ein alkoholreicher Wein, der wie der Champagner als Cuvée (Mischung aus verschiedenen Rebarten, Weinbergen und Jahrgängen) ausschließlich im Douro-Gebiet hergestellt wird. Seinen Namen trägt er nach Porto, der zweitgrößten Stadt Portugals, in deren südlichem Vorort Vila Nova de Gaia er eingelagert und entwickelt wird.

Es gibt keinen Wein in der Welt, dessen Herstellung, dessen Verbrauch und dessen Export von staatlichen Behörden strenger überwacht und besiegelt wird als der Portwein. Das ist ein großes Wort, aber es trifft zu.

Es war der Marquis de Pombal, dessen Standbild heute hoch über Lissabons Prachtstraße, der Avenida da Liberdade, steht, der die armen und schwer arbeitenden Douro-Winzer 1756 — ein Jahr nach dem furchtbaren Lissabonner Erdbeben — aus den gewinnsüchtigen Händen der portugiesischen und englischen Weinhändler befreite und die »Allgemeine Gesellschaft des Weinbaus des hohen Douro« gründete. Dem Verfall dieser Gesellschaft nach Ausbruch der Französischen Revolution folgte ihre Wiedererrichtung 1838 und ihre Liquidierung 1865. Nach langem Hin und Her errichtete Präsident Salazar 1932 ein staatlich beaufsichtigtes Syndikat aller Portwein erzeugenden und mit Portwein handelnden Firmen; das »Haus des Douro« in Régua und ein »Staatliches Portwein-Institut« in Porto wurden mit vermittelnden und propagandistischen Aufgaben betraut. Dieses Institut, eine einzigartige Einrichtung, hat als Hoheitsträger außerdem die Aufgabe, die Portwein-Niederlagen aller Firmen, die in Vila Nova de Gaia wie Schwalbennester an der Felswand kleben, unter strenger Kontrolle zu halten und alle Weine zu verkosten, welche die Niederlagen verlassen. Außerdem sind alle Portwein-Exporteure im »Grémio dos Exportadores de Vinho do Porto« zusammengeschlossen.

Weißer und roter Port

Es gibt keinen Portwein, der aus einem anderen Bezirk als den Douro-Tälern kommen oder gar auf einem anderen Wege als über die Rampen einer der über 60 Exportfirmen von Porto das Land verlassen könnte. Genau wie beim Champagner tragen die Portwein-Flaschen nicht den Namen des Weinbergs, der Rebsorte und des Jahrgangs, sondern den Namen der Firma, die in jahrelanger Lagerung und Mischung den Portwein kultiviert hat.

Der rote Wein — übrigens der beste und teuerste — wird nach jahrelanger Lagerung heller, der weiße Wein nach jahrelanger Lagerung dunkler. So kann es vorkommen, daß man einen alten, edlen Light-Tawny mit einem in Ehren gebräunten White Port verwechselt — aber nur wenn man ihn von weitem betrachtet. Bukett und Geschmack sind so unterschiedlich, daß sie auch der Nichtkenner sofort auseinanderhalten kann. Damit sind wir gleich mitten in der Probierstube der zahlreichen Portwein-Sorten. Es ist sehr leicht, sich hier einen Überblick zu verschaffen, wenn man von Beginn an darauf achtet, daß es weiße (White Port) und rote (Full, Ruby und Tawny) Portweine gibt. Alle diese Weine, weiße wie rote, können — streng nach der portugiesischen Unterscheidung — sehr trocken, trocken, halbtrocken, halbsüß, süß und sehr süß sein. Meist sind aber die White Ports die sehr trockenen und trockenen Weine, die man als köstlichen und erfrischenden Aperitif nimmt, während die roten das Feld der halbtrockenen, halbsüßen und Süßweine beherrschen und zumeist als Dessertweine oder zu einsamen Meditationen, zur Aufrichtung gebrochener Herzen und zum männlich kühnen Pläneschmieden serviert werden.

In Jahren ganz hervorragender Güte der im Douro erzeugten Weine werden diese von gewissen Häusern rein für sich, streng getrennt von anderen Jahrgängen, gehalten. Das ist dann der sogenannte Jahrgangswein, derjenige, den die Engländer »Vintage« nennen. Soll der Jahrgangswein unter Abschluß von Luft reifen, wie es in England üblich ist, so nimmt man hierfür allgemein einen zuckerreichen Wein, der nach nur zwei Jahren des Faßlagerns auf Flaschen gefüllt wird. Man erhält so die schweren, zuckerreichen, tief dunkelroten Portweine, die berühmten Vintage-Portweine, die besonders auf dem englischen Markt so beliebt sind und stets ihre Jahrgangsbezeichnung tragen.

Die »Vintages« sind meist süß, halbsüß, schwer, körperreich und von dunklem Rubin. In Portugal selbst wurden 1963 Vintages vom Jahre 1922 bis zum Jahre 1947 in den Preislagen von DM 5,– bis 20,– angeboten. Die Jahrgangsbezeichnung hat allerdings beim Portwein nicht die Prägnanz wie bei deutschen oder französischen Weinen. Sie richtet sich meist nach dem Jahrgang, der den Hauptanteil der Mischung darstellt. Die Art der Portweinbereitung, die der des Champagners so ähnelt, seiner Mischung und Dosage, seinem Vertrieb durch lizenzierte Firmen unter dem Firmennamen, lassen den Weinberg weniger bedeutsam erscheinen. Doch soll unseren Lesern trotzdem nicht verschwiegen werden, wo sich die teuersten und besten Port-Weinberge befinden.

Wein aus vielen Rebsorten

Es sind dies das kleine Tal von Roncão bei Pinhão, kalireiche kambrische Schieferlagen, am mittleren Douro und die kalkarmen steilen Terrassenweinberge des Rio Torto, eines südlichen Nebenflusses des Douro. Überhaupt ist das ganze Gebiet um den kleinen Ort Pinhão bis hinauf nach Cheires das kostbarste Rebgebiet des Portweins, wo nicht etwa nur eine oder einige, sondern viele Rebsorten kultiviert werden, die alle auf reblaussichere amerikanische Stöcke aufgepfropft wurden. Es gibt 15 rote und 6 weiße anerkannte Traubensorten, und diese große Mannigfaltigkeit ist eines der Hauptmerkmale des Weinbaues in der Douro-Gegend, herrschen doch sonst in den meisten Weingegenden nur drei oder zwei Rebsorten vor. Diese große Sortenzahl ist typisch für den Portwein-Anbau. Aber die Namen der Reben, unter denen jüngst die »Tinta Francisca« sich neben der Alvarelhão und der Touriga als besonders geeignet für den Douro-Schiefer erwies, interessieren den Verbraucher nicht wie hierzulande. Sie gehen ein in die geheimen Rezepte der Zauberer von Vila Nova de Gaia, wo diese sie in der dunklen Kühle der Portwein-Keller bewahren, wie einen Schwur, der das Licht scheut.

Sie sind keine Persönlichkeiten wie der Riesling am Rhein und der Pinot im Burgund; alle die Carvalhas, Mouriscos, Malvasier, Bastardos und Rabigatos sind nur Kinder, namenlose Kinder, die sich still und ein wenig weltvergessen an der Hand nehmen und einen Reigen tanzen, der »Vinho do Porto« heißt.

Der angegorene Most dieser Traubenmischung wird mit Weingeist versetzt, um die Hefen abzutöten. Man lagert dann den neuen Wein zwei Jahre lang in sogenannten »Estufos«, mit sonnendurchlässigen Glasdächern versehenen Hallen, in denen die ungemütliche Temperatur von 40—60° C die Bukettstoffe zu einer schnellen Entfaltung bringt.

An unserem Tisch im Garten der Pousada von Alijo ist es still geworden. Das Windlicht ist fast heruntergebrannt, und selbst die irren Nachtschmetterlinge haben mit ihren Kamikaze-Flügen aufgehört. Nur von Castedo herüber tönt noch die Musik, zu der dort unter den Augen des Hochehrwürdigen Herrn Antonio Veiga die Burschen und Mädchen auf dem Katzenkopfpflaster des Dorfplatzes tanzen. Es ist ein lustiger Mambo, und der Dorfschmied hat seinen alten Lautsprecher zu voller Stärke aufgedreht. Aber ich bin sicher, daß kein helles Gekicher dazwischen dringt, kein Jauchzer lauter Fröhlichkeit; denn die Portugiesen werfen ihre Gefühle nicht auf den Markt wie die Levantiner und Sizilianer. Mit gemessenem Ernst und beinahe gleichgültig setzen sie ihre Tanzschritte auf das mittelalterliche Pflaster von Castedo, und kein Tropfen einheimischen Portweins entzündet ihre heimlichen Feuer. Der steht in Batterien von kleinen Bouteillen auf dem Tisch der Fremden, liegt im Keller des Herrn Pfarrers und in den Glasvitrinen der Pousada.

Er ist auch für sie der Wein der fernen Himmel.

Madeira

Atlantische Romanze

Die Verzauberung

Die Abende von Madeira kommen schnell, sanft und leise wie die Tritte von Katzen. Sie haben nicht mehr die langen Dämmerstunden des Nordens und noch nicht den brutalen Vorhangfall der Tropen.

Auf der Terrasse unsrer Quinta, über einem Steilabfall der Ostküste, können wir die feurigen Wolken nicht sehen, die abends wie teure Baldachine über den Bergen hängen, wir sehen nur den rosa Teppich, der drüben im stillen Wasser bis zur Deserta grande reicht, der größten der drei »Verlassenen«. Es sind Inseln, auf denen es nur seltene Riesenspinnen, Kaninchen und ein paar Vögel gibt.

Der Kreuzfahrten-Dampfer vom Dienst streicht lautlos und sehr weiß daran vorbei, und die tapferen Schlittenfahrer von Monte nach Funchal sitzen hinter seinen Lichtschnüren beim Dinner.

Wir tragen wie jeden Abend die bequemen Korb-Liegestühle hinaus, die 5 km bergwärts im schönen Camacha geflochten wurden, dekantieren eine oder zwei Flaschen eines uralten Bual-Soleras in die kostbaren böhmischen Karaffen des Hauses, hören, lüstern fast, das Gluckern in die Gläser und warten, wer diesmal zuerst den zarten Kelch vor der Nase schwenkt, um diesen erregend fremden, dionysischen Duft zu genießen, mit dem sich die Damen des viktorianischen Zeitalters und der Belle époque zu parfümieren pflegten. In diesem »Bual« ist der ganze Zauber dieser Inselabende mitten im Atlantik eingefangen: der seidige Glanz der stillen, tiefen Wasser, der herbe Ruch des Meeres, über dem wir zu schweben scheinen und der süße Duft des immer frucht- und blütenschweren Landes, das uns trägt.

In Rufweite unter uns steht Vasco, der Fischer, in seinem Boot und spießt Makrelen an die großen Angelhaken seiner Nylonschnur, die — 800 m lang — zusammengerollt vor ihm liegt. Er weiß, wo die Espadas stehen, die schwarzen Schwertfische, Räuber der Tiefsee mit riesigen Augen und Zähnen, die nichts wieder hergeben, was sie einmal gefaßt haben. Morgen wird er sie ins »Gallo« bringen und Meister Bachmeiers Herz wird unter dem modernen taillierten Gardinenhemd hüpfen, als habe der Contracta-Bus lauter junge Mädchen vor seinem Pavillon-Restaurant abgeladen. Denn die Espadas sind die Delikatesse für die Fremden und ein tägliches Brot für die Madeirenser.

Man hat Madeira die Insel der alten Leute genannt. Die jungen Menschen an den Swimming-pools von Reids Hotel, vom Savoy, Porto Moniz und Porto Santo sind kein Gegenbeweis, und »alt« ist heutzutage ein diffuser Begriff. Natürlich ist es kein Club Méditerranée, kein Marbella, Acapulco und kein Saint Tropez. Es fehlen der Sandstrand, die Wellenreiter, die Wasserskifahrer, der Jet-set, die Playboys und ihre Volksausgabe, die Papagallis. Der Generationendurchschnitt aber ist nicht älter als in Sorrent, auf Capri, in Monte Carlo, Montreux, im Tessin und auf Hawaii.

Es ist wohl so, daß der ältere Mensch, der ein Leben lang mit mehr oder weniger Erfolg seine Zeit zu Geld gemacht hat, eines Tages die Türen zu den »Paradiesen« sucht, die es auf dieser Welt noch geben soll. Es mag sein, daß ihn die Turbulenz einer Umbruchepoche mit ihrem aufdringlichen Geschrei von der fehlenden »heilen Welt«, die es nie gegeben hat und nie geben wird, skeptisch stimmt.

Es ist wohl so, daß in jedem Menschen ein Gedanke an Weltflucht verborgen ist und früher oder später, dann und wann, flüchtig oder beständig, krankhaft oder auf ganz natürliche Weise einmal aufbricht und er das »ganz Andere«, das Vielgeträumte, wahrhaben, daß er einmal »high« sein will, ohne Hasch und LSD, ganz einfach mit der Caravelle oder der Boeing 747.

Wir sind ins Gespräch gekommen, über uns stehen still die Sterne.

Vasco, der Fischer, sucht stumm die Tiefen der Wasser, in denen sich kein Stern mehr spiegelt, in denen die Piraten der Tiefsee hausen, das eklige Sackmaul, der Maulstachler mit den Leuchtschnüren und der große schwarze Espada.

Zwischen Himmelshöhen und Meerestiefen schwingt unser Gespräch in dieser samtenen atlantischen Nacht.

Es ist nicht mehr als ein zartes Vibrieren hilfloser und schon erstorbener Schallwellen im unendlichen nächtlichen Raum, der weit in unsere Herzen reicht.

Drüben senken sich die fernen Sterne der Milchstraße über die von Gott und aller Welt verlassene Deserta grande, als wollten sie sie aufnehmen und heimbringen wie ein verlorenes Kind.

Die Entdeckung

Aus 9000 m Flughöhe erscheint Madeira wie ein im Meere treibender toter Maulwurf mit dem vorgestreckten Rüssel von Sao Lourenco, aber die Boeing 727 sinkt schnell, und nun wird das Schreckliche offenbar: auf dieser Insel befindet sich kein ebener Fleck. Sie ist alles andere als eine schwimmende »Blume im Ozean« (Hughes) oder gar »das achte Weltwunder« (Spencer), eher ein teuflisch zerklüftetes Waldgebirge mit kahlen Spitzen und mehr oder weniger steilen Abstürzen in die Tiefen des Atlantik.

Aber schon erkennt man eine dicht am Körper gehaltene offene Hand, in der eine Streichholzschachtel ruht: die Piste des neuen Aeroporto Madeira, ein künstlich aufgeschüttetes, kilometerlanges Stück Navigations-Examen für die Flugkapitäne der TAP, die Epigonen des Johan Goncalves Zarco, der 1419 Madeira entdeckte und nebenan in der schönen Bucht von Machico an Land ging.

Alle sind sie in Machico an Land gegangen und alle kamen sie von der Nachbarinsel Porto Santo: der sagenhafte Engländer Robert Machyn, nach dem der kleine pittoreske Fischerort der Ostküste benannt wurde, mit seiner ständigen Begleiterin Anna Dorset, Johan Goncalves Zarco mit seinem Freunde Tristan Teixeira bis zu unserem Flugkapitän Jao Ornelas da Silva, der bis vor wenigen Jahren ebenfalls auf Porto Santo landen mußte, weil es auf Madeira noch keinen Flugplatz gab.

Immer hatte das unscheinbare Eiland Porto Santo etwas, was auf Madeira nicht zu finden war: für die Seefahrer des Mittelalters war es das frische Fleisch der Ziegen, die sich dort vermehrt hatten wie die Kaninchen, für die ersten Flugtouristen war es ein Flughafen und heute ist es ein langer, langer, fast menschenleerer feinsandiger Badestrand, den die Götter dem Paradies Madeira wohl verweigerten, weil nichts vollkommen sein soll auf dieser Welt.

Madeira hat eigentlich nie aufgehört, entdeckt zu werden bis auf den heutigen Tag. Columbus war da, und auch er kam von Porto Santo mit Fässern voll gepökelten Ziegenfleisches und seiner jungen Frau, der Tochter des Gouverneurs, und Napoleon, auf dem Wege nach St. Helena, dessen Schiff »Bellerophon« einige Tage auf der Reede von Funchal lag. Der große Korse war berauscht von der Schönheit der Insel und nörgelte: »Ich würde glücklicher sterben, wenn England mir *diese* Insel zum Exil gegeben hätte.« Elisabeth von Österreich, schön, introvertiert, unglücklich und ruhelos, fand Madeira »zum Sterben zu schön«. Das tat prompt Kaiser Karl, der letzte Habsburger auf Österreich-Ungarns Throns, der in Monte über Funchal, wo es die schönsten und verschwiegensten Villen gibt, sein glückloses Leben beendete.

Auch andere von einem dramatischen Leben Gezeichnete und Angeschlagene trieb es in diesen »Blumengarten im Ozean«. Winston Churchill kam immer wieder in Reids Hotel und stellte seine Staffelei im benachbarten Camera de Lobos auf. Pilsudski, Polens großer Marschall, fühlte sich hier »ins Paradies verbannt«, und dem ruhelosen Gustav Gründgens ging es ebenso. Er kam immer wieder nach Madeira, arbeitete in einer jener kleinen, putzigen Schilfhütten, die es zu Tausenden auf der Insel gibt, fuhr mit einem klapprigen Vehikel vehement durch die Zehntausende von Kurven, aus denen hierzulande die Straßen bestehen und fand Madeira »sehr gepflegt, klimatisch mild, anders als Italien« und ganz einfach »wunderbar«.

Vor ihm und nach ihm haben andere Madeira entdeckt von James Cook, dem Weitgereisten, bis zur deutschen Contracta, die östlich von Funchal, unterhalb des Dörfchens Canico, an der Küste ihre lieblich anzuschauenden Bungalows verkauft.

Nur die »Kreuzfahrer« entdecken es nie. Nach dem Frühstück an Bord ihrer schönen, weißen Schiffe bummeln sie durch Funchal, fahren hinauf nach Monte, genießen das Panorama, nehmen dort den vorbereiteten Lunch und stehen an, um in den Toboggan zu steigen und die berühmte Korbschlittenfahrt auf Katzenkopfpflaster ins Tal zu absolvieren, ehe man sich im Probierraum der »Madeira Wine Association Lda.« wieder zusammenfindet, um die (nicht gerade teuersten) Madeiras zu probieren. Es reicht gerade noch zu einem Stickereiladen oder zu einem Kaffee in den nicht sehr gepflegten beiden Caféhäusern an der Avenida Arriaga, dann tutet der Dampfer.

Madeira kann abgehakt werden. Es wurde »gemacht«, nicht entdeckt.

Noch nicht einmal Funchal. Und die Capitale ist ganz gewiß das an Wundern ärmste Stück des großen Zaubergartens, der Madeira heißt.

Das ganz andere

Dem Fremden, der versonnen an der Reeling seines Kreuzfahrtschiffes lehnt, erscheint Funchal als ein riesiges Amphitheater, und dieser Eindruck bleibt, wenn der Dampfer an der Ostküste entlang wieder heimwärts fährt. Überall laufen von der mehr oder weniger steilen Küstenböschung grüne Terrassen den Berg hinan, auf denen putzige, kleine weiße Häuser mit roten Dächern weit verstreut wie eine grasende Herde erscheinen. Ganz oben auf dem 4. Rang, wo es nur noch Wälder geben mag, verbergen sich die wilden kahlen Zacken der Achtzehnhunderter meist hinter molligen Wolkenbetten.

Eigentlich ziemlich langweilig und eintönig dieses »Paradies«, denkt der Mann an der Reling und erinnert sich an die Rutschpartie mit dem komischen Holzschlitten über die Katzenköpfe von Funchal. »Wenn sie *die* nicht hätten ..., brauchten sie Madeira gar nicht erst anzulaufen.«

Seine Verdrossenheit ist verständlich. Aber von dem großen Theater »Madeira« hat er nur den Vorhang, den geschlossenen Vorhang gesehen. Denn Madeira ist ganz anders!

Es ist weder langweilig noch eintönig und bietet dem Fahrer, der den Mut hat, sich hier in ein Auto zu setzen, mehr an einem Tage an wilder und völlig überraschender Topographie, mehr an schnell wechselnden Bildern von hinreißender Schönheit, unheimlicher Naturgewalt und rustikalem Frieden, als sie ihm sonst in Jahren begegnen.

Madeiras Straßen — meist makadamisiert — bestehen nur aus Kurven, aber diese gewundenen Verlockungen führen immer in das Abenteuer des Unvermuteten. Wer ahnt, wenn er die Kurve vor dem kleinen Rasthaus von Portela nimmt, an einem Bild von unbeschreiblichem Ausmaß vorübergefahren zu sein? Ein riesiger, kubischer Felsblock, an die tausend Meter hoch, breit und tief ist hier in ein liebliches Flußtal gestürzt. Sein drohendes Profil scheint das Bild zu sprengen, das an sich schon überaus reizvoll ist mit seinen in Bananenfeldern und Zuckerrohrstauden versteckten bunten Häuschen, dem kleinen pittoresken Fischerdorf Porto da Cruz, dem sich an den »heiligen Felsen« anschmiegenden Weindorf Sao Roque do Faial, wo wir den Borracheiros begegneten, die den Most noch in Ziegenhäuten in die Kelter tragen. Der Hang stürzt steil in die Tiefe und die gegenüberliegende grüne Wand läßt keine Vergleiche mit den unserem Auge gewohnten Alpentälern zu. Wie sie von Vegetation strotzt bis obenhin, ihren Fuß in unsichtbaren schattenhaften Tiefen verbirgt und sich über den wuchtigen Schultern hinter Wolkenschleiern verbirgt, das gibt den immergrünen Wänden von Madeira eher Ähnlichkeit mit den Himalaja-Vorbergen, wie man sie von den Darjeeling-Höhen aus sieht.

Das südliche Pendant zu dieser grandiosen Szenerie des »heiligen Felsens« von Faial ist das Cap Girao über dem malerischen (Churchill hat es immer wieder gemalt) Fischernest Camera de Lobos. Es ist das zweithöchste der Welt und schiebt sich mit seiner Schokoladenseite wie ein riesiges grünes Pult an das Dorf heran, in dessen skurrilen Gassen die Frauen und Mädchen stickend und schwatzend auf den Treppen und in den Türen sitzen. Das Geschrei bettelnder Kinder, die von den Frauen offensichtlich ermuntert werden, verliert sich erst unten im Hafen, wo die schweren schwarzen Schleppnetze wie Segel auf hohen Pfählen hängen und die bunten Boote liegen, die nachts auf gute Beute hoffen.

Überall wo Wasserläufe in den Regenzeiten wie Sturzbäche von den Bergen kommen und sich ins Meer verlieren, drängen sich die hellen Häuser der Fischer zwischen steil aufragenden Felsen. Immer hat sich ein Stück »Strand« aus faustgroßen Kieseln gebildet und da und dort bilden Felszacken, die aus dem Wasser ragen, schützende Wellenbrecher oder gar eine natürliche Mole. So ist es im idyllischen Ribeira Brava, in Calheta und Ponta do Sol, halb Fischer-, halb Felsennest, aus dem die Famile von John dos Passos stammt.

In Porto Moniz, dem nördlichsten Ort der Insel, stehen die schwarzen Kapuzen der Felsen bis weit hinaus in den anbrandenden Wassern des Atlantiks. In Ufernähe hat man sie mit Betonmauern untereinander verbunden und damit den größten Swimming-pool der Insel geschaffen. Er ist sicher der natürlichste und am wenigsten frequentierte, denn wer hat schon den Mut, in der wilden, oft stürmischen Weltabgeschiedenheit von Porto Moniz wochenlang zu verweilen?

Den eiligen Touristen, der hier nur mit den Augen ein Bad genommen hat, erwartet auf dem in senkrecht zum Atlantik abfallende Felsen gesprengten Wege über Seixal nach Sao Vincente die Überraschung, unter einem Wasserfall hindurchzufahren. Auf dieser wirklich abenteuerlichen Straße, auf der die Jeunesse dorée von Madeira alljährlich ihre berüchtigte Rallye fährt, stürzen kurz hinter Seixal die sehenswerten »Aguas perdidas«, die »verlorenen Wasser«, über Kaskaden ins Meer.

Ein eindrucksvolles Schauspiel ungezügelter Naturkräfte, das die sparsam und praktisch denkenden Insulaner deshalb ärgert, weil sie diese wilden Wasser an unzugänglicher Küste nicht in ihre »Levadas«, ihre überall vorhandenen Wasserkanäle, leiten und nutzen können. Für sie sind es deshalb »verlorene Wasser«, Perdidas. Für sie ist es ein

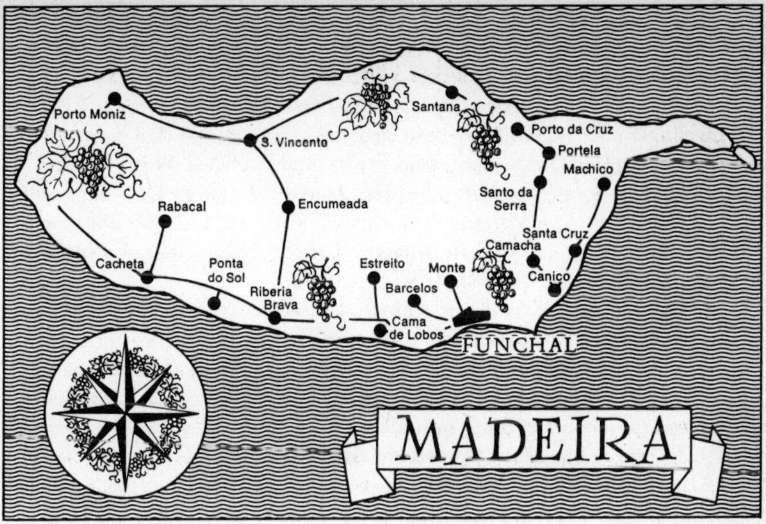

Verlust, für den Touristen eine Augenweide, und wenn an einem trüben Tage Wolkenfetzen die Szene verschleiern und die Brandung des Atlantik unter der Straße tobt — ein Spuk.

Wie schön, daß die lieblichen Terrassen von Ponta Delgada, die duftenden Orangenhaine und Weinlauben von Boaventura nicht weit sind! Welches Idyll aber ist erst Santana mit seinen vielen verborgenen Schilfhäuschen, vor deren Fenstern den Kindern Bananen und Apfelsinen in den Mund wachsen und Maos tausend Blumen blühen! Hibiskus und Bougainvillea, Geranien und betörend duftende Freesien, zänkisch aussehende Strelizien neben den hellen Friedensglocken der Datura, Rosen, die nie zu verblühen scheinen, und Hortensien, die in allen Farben des Spektrums die Straßen säumen. Hortensien sind überall. Nicht nur in den hängenden Gärten Santanas!

Es gibt außer den Küstenstraßen im Osten und Westen nur drei durchgehende Verbindungen zwischen Nord- und Südküste. Im Zentrum der immerhin 57 km langen und 22 km breiten Insel, bei der man die Verkehrsdistanzen (effektiven Straßenlängen) mindestens mit doppelter und dreifacher Luftlinie veranschlagen muß, gibt es die Straße von Sao Vincente, die in Ribeiro Brava, 31 km westlich von

Funchal, die Südküste erreicht und an den riesigen Kulturterrassen von Encumeada vorüberführt, auf denen die putzigen kleinen Palheiros liegen, strohgedeckte Hütten, in denen jeweils eine Kuh steht, das gute Stück der Familie, manchmal zärtlich umsorgt wie ein Lieblingshund, regelmäßig unter großen Mühen mit Futter versorgt, regelmäßig gemolken, immer im Freien und doch vor Wind, Wetter und greller Sonne geschützt. Ein archaisches Bild, dieser Kuh-Service in den Palheiros, ein glatter K.o. für alle klugen Köpfe, die über die Rationalisierung in der Landwirtschaft nachdenken. Aber wir leben hier in einer anderen Welt.

Das wird dem Fremdling schnell klar, wenn er auf der zweiten, schon im westlichen Teil der Insel gelegenen Nord-Süd-Verbindung von Funchal über Monte–Terreiro da Luta–Poiso nach Faial–Santana fährt und in Poiso abzweigend durch Eukalyptuswälder und immer zwischen Hortensiensäumen schließlich in die spukhafte Welt erstarrter vulkanischer Ausbrüche gerät. Der Pico Arieiro ist mit 1810 m noch nicht der höchste dieser wüst gezackten, einer Hölle entsprungenen Gesellen, die hier dicht beieinander liegen und ein unzugängliches Inferno bilden. In ihrer bestürzenden Unregelmäßigkeit mit alpinen Formationen überhaupt nicht vergleichbar, gleichen sie dunklen, mit Harken und Zähnen aufeinander losgehenden, im Kampf erstarrten Giganten.

Verdienstvoll, hier eine Straße heraufzubauen, um den Besuchern den Schlund der Hölle zu zeigen, und sie spüren zu lassen, welche majestätische Schönheit die Viertausender der Alpen bieten gegen die bizarre Wildheit des vulkanischen Chaos, das sich hier auf kleinen Flächen als das Ende der Welt präsentiert. Andererseits ist die vulkanische Herkunft zusammen mit dem milden Klima der Insel die Ursache ihrer üppigen Fruchtbarkeit, die drei Gemüseernten zuläßt, ununterbrochen Orangen, Zitronen, Melonen produziert und deren Märkte voll sind von billigen Mangos, Bananen, Avocados, kleinen, aber köstlich-aromatischen Ananas, Feigen und Papayas. Nur die Kartoffeln sind bei uns variabler und schmackhafter. Vom Wein reden wir später.

Dieses ganze Füllhorn paradiesischer Fruchtbarkeit ist auf Terrassen ausgeschüttet. Seit Zarcos Männer den subtropischen Urwald, der früher Madeira bedeckte (Madeira-Holz), in Brand gesteckt hatten, haben Generationen zäher Portugiesen diese »Kulturstufen« in jedes Tal, jeden Hang, jeden Küstenstrich geschlagen, der nur irgendwie zugänglich und bebaubar war. Und mitten in die schlan-

Ein malerisches Bild von der Weinernte im Zugang zum Herrenhaus eines Weingutes in Estreito mit den typischen Madeirenser Weinkörben (oben).

Das durch seine Qualitätsweine berühmte Dorf Camera de Lobos, wo die Weinberge weit in den Ort hineinreichen. Es war der Lieblingsaufenthalt Winston Churchills (unten rechts).

Der Innenhof des berühmten Hotel Dieu im Hospice de Beaune mit dem ältesten Krankensaal der Welt. Das Hospice de Beaune hat auch durch die alljährliche Versteigerung des Ertrages seiner Burgunder-Weingärten Weltruf erlangt.

ken Zuckerrohrstauden, die fetten Bananen und die grazilen Weinlauben haben sie ihre niedlichen stroh- oder schilfgedeckten Hütten gebaut. Heute sind weitgehend sauber getünchte weiße Häuschen mit Ziegeldächern und 3 bis 4 Zimmern daraus geworden. Selbst aus dem Schlund eines riesigen Kraters, des Curral des Freiras, grüßen die hellen rotweißen Punkte von tief unten aus einem fetten grünen Kissen heraus den Fremden, der schaudernd an dem Abgrund steht und dieses ergreifende Bild vor Augen hat.

Das Wasser

Legen Sie ein Taschentuch plan auf den Tisch und heben Sie es dann in der Mitte an einem oder zwei Punkten einige Zentimeter an, dann haben sie die Topographie der meist (nicht nur) vulkanisch entstandenen Inseln des Atlantik veranschaulicht. Von den höchsten Punkten dieses Reliefs stürzen Bäche und Flüsse nach allen Himmelsrichtungen dem Ozean zu. In Madeira sind es 28 Ribeiras, deren Mündungen, tief ausgesägt, die Steilküste durchbrechen und ihr kostbares Süßwasser mit Vehemenz in den Atlantik ergießen würden — wenn sie nur könnten.

Der Mensch hindert sie daran. Er fängt sie schon oben in den Bergen ab, wo sie entspringen oder als kleine Rinnsale unter den Eukalyptusbäumen und Baumfarnen dahinplätschern. Er zwingt sie aus ihrem natürlichen Bett und leitet sie ab in die »Levadas«, um seine bepflanzten Terrassen fruchtbar zu machen.

Oft sind diese Wasserleitungen als Tröge in senkrecht abfallende Felswände einbetoniert, 800 bis 1000 m über ihrem natürlichen Bett, meist laufen sie friedlich neben den blumengesäumten Straßen und Wegen einher. Der Caseiro, wie man den kleinen Pächter auf Madeira nennt, der seine Pacht an den Gutsbesitzer auch heute noch nicht in Geld, sondern in einem festgelegten Bruchteil seiner Ernte bezahlt, ist abhängig von diesem über die ganze Insel verbreiteten Bewässerungssystem, wenn der Himmel einmal seine trockenen Zeiten hat. Alle zwei Wochen hat er Anspruch auf Wasserzuteilung während einer bestimmten Zeit, auch wenn das zufällig einmal 2 Uhr nachts sein sollte. Ist er da nicht pünktlich zur Stelle, fließt das kostbare Wasser in der Levada an seinem Grundstück vorbei zum unteren Nachbar, der — man kann nie wissen — seine Schleuse schon vorsichtig geöffnet hat ...

14 Tage muß der Schläfer dann warten, bis die neue Zuteilung angerauscht kommt. So streng und keineswegs verwässert sind da die Bräuche.

Die modernen Siedlungen, auch die reizende Bungalowstadt der Contracta unterhalb Canico, und vor allem Funchal haben natürlich ihre eigenen Reservoire und modernen Wasserleitungssysteme. Das Wasser von Madeira ist gut, aber kostbar. Wenn die Urbanisierung der Insel so fortschreitet wie jetzt zwischen Funchal und dem Aeroporto Santa Cruz könnte es schon geschehen, daß man wie in Ischia das Trinkwasser vom Festland herüberholen muß. Aber woher wohl? Aus dem wasserarmen Portugal oder dem noch ärmeren Marokko? Keine Sorge, bis dahin ist es sicher viel billiger geworden, Meerwasser zu entsalzen — und der Atlantik ist groß.

Der Wein

Auch der Wein braucht ja sein Wasser. Gewiß nicht zur »Naßverbesserung«, denn Madeira ist stolz auf seinen Wein. In Mitteleuropa ist er als Aperitif oder Dessertwein nie so bekannt und beliebt geworden wie der Sherry und Port. Sein großer Markt war immer England und Amerika. Seine Geschichte ist auch viel jünger als die der klassischen europäischen Weinbaugebiete. Denn erst Mitte des 15. Jahrhunderts wurden auf Befehl Heinrichs des Seefahrers edle Malvasier-Reben von Kreta nach Madeira verbracht, etwas später folgten der Bual oder Boal aus Spanien, der Verdelho aus Italien und der Sercial angeblich vom Rhein. Alle vier sind edle Weißweinreben sehr verschiedenen Charakters.

Der Malvasier oder Malmsey, als Traube mit langen, dünnen Stielen und mittelgroßen Beeren, gibt, wie in Südeuropa, einen vollmundigen, edelsüßen Wein von großem Körper.

Der Bual oder Boal, eine runde, strohfarbige, mittelgroße Beere, ergibt einen Wein mit dem reinsten Madeira-Charakter, weniger körperreich als der Malvasier, dafür eleganter und trockener, bei einer harmonisch eingebetteten Süße.

Der Verdelho ist an seiner reifen tiefgoldenen Traube verhältnismäßig kleinbeerig, wird von allen vier zuerst geerntet und bringt einen halbtrockenen Wein ohne die Süße der Malmsey und Bual, aber mit dem, was sie auf der Insel »das typische Madeira-Bukett« nennen, und — einem etwas herben Abgang.

Der Sercial, der — wie einige Ampelologen behaupten — nichts anderes ist als der vom Rhein nach Madeira übersiedelte Riesling, hat mit diesem Stammvater jedenfalls die späte Reifezeit, die kleinen grüngoldenen Beeren an mittelgroßen Trauben und das bevorzugte Wachstum an Bergstraßen gemeinsam.

In Madeira wächst er »ganz oben« in Estreito, am höchsten von allen Weinsorten und ergibt einen bukettreichen, aber geschliffen-trockenen Wein vom Charakter der besten Fino-Sherrys. Interessanterweise ist sein Export ständig im Steigen begriffen. Besonders in den angelsächsischen Ländern ist er als Aperitif sehr beliebt.

Die Weine dieser Rebsorten werden nun teils verschnitten, teils rein und unverschnitten verkauft.

Die billigsten Verschnitte sind die von einem oder zwei dieser Rebsorten mit Tintos oder Moscatel.

Die wertvolleren Verschnitte sind die der »Großen Vier« untereinander.

Diese Verschnitte haben Firmen-, Lage- und Fantasienamen, niemals aber tragen sie die Rebbezeichnung. Einige Beispiele von Mitgliedern der Madeira Wine Association LDA: »Gloria Mundi« (Dry sec), »Saint John« (Sweet). In etwas gehobener Preislage: »Good Company« (Dry), »London Sack« (Medium Dry) und »El Rei« (Medium Dry).

Die nächste um etwa 20 Prozent höhere Preisklasse bietet die unverschnittenen Weine aus einer der Rebsorten an. Etwa:

	DM-Preis in Madeira 1971
»O. T. H. Bual« (Medium sweet)	5,–
»Duke of Clarence Malmsey« (Sweet)	6,20
»Old Sercial« (Dry)	6,20
»Penny Black Sercial« (Dry)	6,20

Die teuersten Weine der 1971er Preisliste der Madeira Wine Ass. LDA sind die nach dem spanischen Solera-System bereiteten Weine, und zwar:

	DM-Preis in Madeira 1971
»Verdelho Solera 1870« (Medium Dry)	12,–
»Malmsey Solera 1863« (Sweet)	13,40
»Bual Solera 1845« (Medium Sweet)	14,70
»Sercial Solera 1860« (Dry)	14,70

Der Solera-Typ ist — wie im spanischen Sherry-Gebiet zwischen Jerez de la Frontera und Sanlucar — immer der Wein einer Rebe, aber sehr vieler Jahrgänge untereinander.

Der jüngste Wein, der für das Solera-System vorgesehen ist, ist immer ein Wein eines ausgesuchten Jahrgangs, der schon eine dreijährige Entwicklung und sorgsame Pflege hinter sich hat. Dieser Wein wird nun in die oberste der 3 bis 4 Faßreihen gebracht, von der jedes Faß nur zu zwei Dritteln oder höchstens zur Hälfte gefüllt ist. In diesem Faß befinden sich die letzten Jahrgänge derselben Sorte und oft desselben Weinbergs. Ihm wird nun ein Drittel seines Inhalts entnommen und dem Faß der nächst unteren Reihen zugeführt usw. usw. Auch das unterste Faß — das eigentliche Solera-Faß — wird um ein Drittel geleert (diesmal in Flaschen!) und aus dem Faß der nächst höheren Reihe wieder aufgefüllt.

In dem oben erwähnten »Verdelho Solera 1870«, der jenem untersten Solera-Faß entnommen wurde, befinden sich also noch Reste des 1870er Verdelho, der der Grundwein dieser Solera war, zusammen mit Weinen aller alten Jahrgänge mit Ausnahme der zwei bis drei jüngsten, die noch nicht »unten angekommen« sind. Der angegebene Solera-Jahrgang ist also nicht eine Jahrgangsbezeichnung wie sie bei uns üblich ist, sondern nennt immer nur den Jahrgang des Grundweins, mit dem dieses jeweilige Solera-System eröffnet wurde und von dem immer noch Spuren im untersten Faß enthalten sein müssen.

Auch die Madeiras, die *nicht* nach dem Solera-System bereitet werden, sind nach der Ernte denselben Weg gegangen. Mit dem in Körben, die 60 kg Trauben fassen, abgelieferten Rebgut oder dem in Ziegenhäuten von 10 Gallonen = 45,4 Liter beigebrachten Traubenmost ist die Sorge der Weinbauern zu Ende.

Die Weinbereitung wird nun Sache der etwa 20, teilweise seit mehr als einem Jahrhundert in Madeira ansässigen, meist britischen Firmen, von denen die knappe Hälfte in der Madeira-Wine-Association zusammengeschlossen ist.

So renommierte Firmen wie Leacock & Co., Rutherford-Miles Lda., Cossart, Gordon & Co. und Blandys Madeiras Lda. bringen durch die sehr rührige Wine Association in Funchal ihre Weine auf den Weltmarkt, vor allem nach Großbritannien, USA, Kanada und Schweden.

Der portugiesische, also auch der Madeirenser Weinbauer, der unter den Gärtnern Europas wohl der mit der größten natürlichen Begabung ist, mit leidenschaftlicher Liebe, Zähigkeit und Einfühlungsvermögen zu allem, was aus dem Boden sprießt, ein Mensch, der sozusagen mit dem »grünen Finger« auf die Welt kommt, hat für die Technik der Weinbereitung kaum Interesse. Der Ehrgeiz der mitteleuropäischen und französischen Weinbauern, der erst mit dem Mosten beginnt und mit dem eigenen Faß im eigenen Keller noch nicht abklingt, ist ihnen fremd. Aus Most Wein werden zu lassen, das überläßt er den Fachleuten.

Diese bringen den Most erst einmal in Fässern, deren Öffnung nur mit einem leicht daraufgestellten Korken oder gar nur mit einem Weinblatt bedeckt ist, zur ersten Gärung.

Der so gewonnene »vinho claro« wird jetzt mit etwa 10 Prozent Branntwein »verstärkt«. Dann allerdings werden die Fässer nicht mehr, wie in früheren Zeiten, durch die Tropenhitze nach Indien und zurück transportiert, sondern in zentralgeheizte »Estufas« gerollt, die eine Anzahl von Kammern verschiedener Temperaturen um 50° C herum haben, in denen jeder Weintyp sich 6 Monate lang individuell entwickeln kann. Aus dem »vinho claro« ist damit der »vinho estufado« geworden, der jetzt in der »Estagio« sich 18 Monate von dem »Wärmeschock nach altrömischem Rezept« erholen kann, ehe es zur Hochzeit der »Vinhos Generosos« zum typisierenden Verschnitt kommt, von dem jede Marke der nicht in die Solera kommenden Madeiras ihre Charakteristik gewinnt.

Jeder neue Wein, der in das oberste Faß der Solera gefüllt wird, hat eine mindestens dreijährige Entwicklung hinter sich, ist also alles andere als ein »Heuriger«.

Die ähnlich den spanischen Sherrys stabilisierten Madeiras können uralt, viel älter als die auf ganz andere Weise kultivierten und behandelten Weine unserer Breiten werden. Viele von ihnen sind hundertjährig noch das Entzücken ihrer Freunde gewesen, aber man kann sagen, daß die meisten von ihnen mit 20 bis 30 Jahren den langen Höhepunkt ihrer Entwicklung erreicht haben, von den irisierenden Altersrealitäten der Solera-Typen abgesehen.

Angesichts der Tatsache, daß die Qualitäten des Rebgutes, ganz wie bei uns, in den einzelnen Distrikten sehr unterschiedlich ausfallen und daß quantitativ der Anfall hochwertigster Sercials, Verdelhos, Buals und Malvasier gering ist (das Gebiet der Grand Crus beginnt auf dem Längengrad von Funchal und zieht sich an der Südküste nach Westen über die Edelweinberge von Camera de Lobos–Estreito und Campanario bis Ribeira Brava), halten sich die Preise für gute Madeiras in vernünftigen Grenzen. Die Preise der wohlfeileren Sorten verhalten sich zu den Solera-Typen etwa wie 1 und 1,5 zu 3. Die teuersten Madeiras (auf dem Markt) sind die Bual- und Sercial-Soleras, deren Preise 12 bis 15 Prozent über denen der Malmseys und Verdelhos liegen.

Unter den vielen blauen Trauben der Negra Moles, Bastardos und schwarzen Macatos, die einem überall auf der Insel in den Mund hängen, sind es die weißen »Großen Vier«, die die Escudos rollen lassen.

Ihre Geschichte der letzten dreihundert Jahre ist dramatisch und aufregend genug. John dos Passos, ein Enkelkind Madeiras, hätte die Quellen zur Verfügung gehabt, einen spannenden Roman darüber zu schreiben.

Er blieb leider ungeschrieben — bis heute.

Das Fest

Morgen ist »Romaria« in unserem Dorf Canico. Eines der sechs großen Heiligtümer der Insel hat Namenstag. Die Kirche der »Senhora do Livramento« hängt voller Blütenschnüre, die die Engel selbst an der hohen Stuckdecke befestigt haben mögen. Blumen- und Lampengirlanden ziehen sich quer durchs Kirchenschiff. Fleißige Hände schmükken die Wege der Prozession, und Tausende von Glühbirnen an kilometerlangen Schnüren hängen wie Leuchtketten über den Straßen und dem Festplatz. Eine Ville lumière wird Canico morgen sein, wenn die Sicherungen nicht wieder durchbrennen wie jedes Jahr. Die Carbidlampe eines vorsichtigen Händlers erhellt die schon am Vorabend bewegte Szene, und auf der andern Seite der rote Rebholzglost, über dem die »Espetadas« brotzeln, die Mahlzeit der Pilger und Wallfahrer seit mehr als zwei Jahrhunderten. Auf eine Weidenrute gezogene Fleischstückchen, frisch vom Rost und hurtig von der Rute heruntergegessen, dazu eine Flasche mitgebrachten eigenen Tinto und der Widerschein der Röstfeuer in den dunklen, immer etwas traurigen Augen der jungen Frauen ... Gelobt sei die »Senhora do Livramento aus Canico«. Und dazu die süßen Schätze der Barracas: Madeira-Kuchen, süßes Gebäck, süße Früchte des Landes, süßer Wein, süße bunte Zuckerwürfel, süße Lippen ...

Einmal im Jahr ist alles süß, was sonst meist bitter, hart und ernst ist.

Die ersten Romeiros sind gerade angekommen, Tanz- und Musikgruppen, die eine melancholische, eintönige Musik machen, ein wenig orientalisch, wie vom nahen Marokko drüben herübergeweht. Kleine Frauenfäuste auf Tambourins schlagen den Rhythmus, und im Nu ist alles von Neugierigen umstellt, als gäbe es mehr zu sehen als hilflose, viel zu traurige Folklore.

Unsere Schaschlik-Esser und Tinto-Trinker haben sich eine der kleinen Estampas an den Hut gesteckt, farbige Bildnisse der Senhora do Livramento, und sich mit ihren Bräuten unter die noch unbesetzte Estrade der Festkapelle verzogen, wo es letztes Jahr so gemütlich war ...

Sie schlafen sicher wärmer und besser als die unter Bäumen, auf Kirchentreppen oder dem Fußboden in einer Kammer der Verwandten.

Morgen ist das Fest.

Und die Feste waren noch immer die schönsten, die mit einer Nacht beginnen oder in einer Nacht enden.

La belle France

Champagne

Toast auf zwei Witwen

Das, was wir immer in Frankreich so anziehend fanden, an den Gärten, den Landhäusern und Herbergen, jene charmante Verwahrlosung, jene Nachlässigkeit in der Pflege der Requisiten zugunsten des Lebens selbst und seiner hier geheiligten Güter: eines guten Essens, eines guten Weines und eines guten Wortes, das, was uns immer wieder zur Einsicht brachte, daß die Deutschen die Dinge so oft höher bewerten als die Menschen, alles das auch, was als Spinnweben an alten Weinflaschen, als Schimmel am Käse, als Rost am Gartentor und als Kitsch an alten Blümchentapeten hängt, das alles findet man *nicht* in dieser Herberge zwischen Reims und Epernay. Es ist ein hochmodernes weiß getünchtes Landschloß, das Meisterwerk eines Architekten, es blitzt aus allen Fensterscheiben, Türklinken und Besteckkörben, und unser Wirt könnte ein leibhaftiger Bourbone sein.

Das Haus heißt »Royal Champagne«, führt einen Sous-Lieutenant der Chasseurs im Offiziersrock von 1788 im Wirtshausschild, war früher eine alte Postrelaisstation und schien voller illustrer Geschichten zu sein. Bei näherem Zusehen hatten aber weder die Pompadour mit ihrem italienischen Kapellmeister noch Goethe nach der Kanonade von Valmy hier geschlafen. Nur Louis Nicolas, der Marschall Davoust, Herzog von Auerstaedt und Fürst von Eckmühl haben als junge Leutnants kurz vor Ausbruch der Französischen Revolution mit einigen ihrer Jäger hier einen Potée Champenoise (in der Brühe geschmorte zarte Hühnchen nach Winzerart) gegessen und den neuartigen Schaumwein Dom Pérignons aus dem benachbarten Hautvillers dazu getrunken. Die Geschichte hat wirklich nicht mehr als ein paar Roßäpfel hier hinterlassen; denn die Schlösser und Villen der Champagner-Aristokratie von Reims und Epernay lagen zu nahe, um die Großen der Welt in diesem Gasthof mehr als die Pferde wechseln zu lassen. Schade um dieses schönstgelegene Hotel der Champagne, auf dessen Terrasse ich nun die Geheimnisse des Champagners zu enträtseln suche, der der chiffrierteste, der gepflegteste, aber auch der geschändetste alle Weine ist.

Ich bin in Reims durch die Kreidegruben der alten Römer gegangen, eine 20 Kilometer lange Unterwelt domartiger Katakomben, die die Witwe Pommery als ideale Weinlager von stets gleichbleibender Temperatur entdeckte, ich habe mit Kellermeistern über die Geheimnisse der Cuvées und der Liqueurs d'Expédition gesprochen, ich habe am Tisch von Champagner-Fürsten gesessen und die besten Bruts miteinander vergleichen können, ich probierte den Lieblingssekt Eisenhowers und den der englischen Königin, ich war in Avize, Ay und Verzenay, wo die kostbarsten Champagnerweine reifen, die auf den Auktionen in der Hors Classe rangieren, während die Weine von Mesnil und Oger nur 90 Prozent und die der zweiten Kategorie, zu denen solche bekannten Lagen wie Hautvillers, Rilly la Montagne und Vertus gehören, nur 80 Prozent der Preise erzielen. Aber wer kennt diese Weinberge schon, wer gebraucht ihre Namen? Die Sektkellereien, die ihren Most kaufen, wenn er ihnen nicht schon gehört. Sonst niemand. In der Champagner-Offerte zählt der Weinberg nichts, die Kellerei alles. Sie mischt die Weine der verschiedensten Lagen nach ureigensten Rezepten, sie bestimmen die Dosage, jenen Schuß mit Kandis gesüßten alten Weines, dessen Menge den Sekt in die Kategorien sehr trocken, trocken oder halbtrocken einordnet. Natürlich ist auch einmal ein Jahrgangs-Champagner darunter, wie ihn manche deutsche und französische Kellereien auflegen und zu angehobenen Preisen auch absetzen. Aber sonst wird Sekt wie Seife verkauft. Der Name der Firma entscheidet im ersten Gang der Wahl, das Parfüm im zweiten. Hinter die Geheimnisse der französischen Champagner und der deutschen Sekte zu kommen, hieß für mich, erst einmal an die Quellen zu marschieren; denn der Champagner würde hier entspringen, wenn er ein Fluß wäre.

In meinem Fenster spiegelt sich der alte Turm der Abtei von Hautvillers, in deren alten Gewölben der perlende Champagner vom Bruder Kellermeister, dem Mönch Dom Pérignon, seinerzeit zuerst kultiviert wurde. Das Dörfchen liegt faul ausgestreckt auf sonniger Höhe hoch über der ebenso müde schleichenden Marne, und zu seinen Füßen breitet sich eine großartige Mulde von Weinbergen bis weit über Champillon hinaus, fast hinüber bis Epernay. Mein Balkon im Royal Champagne ist wie eine Loge in dieser Schampus-Revue! Drüben leuchtet die helle Fassade des Château de Boursault aus dem dunklen Grün der Marnewälder, der Abendsegen der Witwe Clicquot und ihrer deutschen Buchhalter Keßler aus Heilbronn und Wehrle aus Hattenheim, der sich später Werlé nannte.

Da drüben hinter dem hellen Geglitzer des Orangerie-Bassins empfing Jean Remy Moët, der Erzvater des weltbekannten Hauses Moët et Chandon, 1814 den großen Korsen selbst, um mit den edelsten Kreszenzen, vor allem mit dem 1811er Jahrgangs-Champagner, die Schrecken von Elba zu verscheuchen, und wenn man sich ein Stückchen über die Brüstung beugt, könnte man wohl den beschwörend erhobenen Zeigefinger Papst Urbans II. erkennen, dessen riesiges Standbild drohend über dem Marnetale steht. Dieser Heilige Vater trank den Wein seiner Heimat noch rot und nicht schäumend. Der Champagner war damals nichts anderes als ein etwas säuerlich ausgefallener Burgunder, und Papst Urban scheint mit unmißverständlicher Geste seinen Landsleuten heute noch Vorwürfe darüber zu machen.

Die Dom-Pérignon-Saga

Das ist lange her, daß Dom Pérignon drüben in der Benediktiner-Abtei Hautvillers Kellermeister war. Der Mönch Dom Pérignon lebte — auf das Jahr genau — mit Ludwig XIV. von 1638 bis 1715, hat aber keineswegs als erster die Bläschen in den Wein gezaubert, wie die Postkartengeschichten sagen, sondern ganz andere Verdienste.

Dieser Kellermeister war ein Weinkenner von hohen Graden und ein genialer Mixer dazu. Er mischte die Weine verschiedener Lagen und Jahrgänge; denn die klösterlichen Weinberge brachten nur das, was wir heute bestenfalls und bei guter Laune als zweitklassig bezeichnen würden. So war er der erste, der mit Cuvées (Mischungen) arbeitete, die weithin berühmt waren und schon damals, auch ohne Bläschen, hoch bezahlt wurden. Er mischte die weißen Könige von Avize und Cramant mit den braven Bürgern von Hautvillers und Champillon, die aus der Pinot-noir- mit solchen aus der Pinot-blanc-Rebe, der berühmten Dame Chardonnay, er dosierte vorsichtig Weine mit hohen Säuregraden, die in der Champagne häufig sind, in edle Weine kostbarer Jahrgänge und zeigte den Champagner Weinbauern, was sie aus ihren Weinen machen könnten, wenn nur der richtige Meister der Harmonien die richtigen Kompositionen herausbrachte. Der später blinde Mönch komponierte mit Zunge und Nase Kreszenzen, die den Sonnenkönig zu lauten Lobpreisungen hinrissen und Dom Pérignon und den Namen seiner Abtei berühmter machten, als es heute eine der großen Champagner-Marken ist.

Als der Leibarzt Ludwigs XIV., Fagon, diesem anriet, die Weine von Hautvillers zu lassen und lieber die von Beaune zu trinken, ging es abwärts mit der Gesundheit des Königs. Zwei Jahre später war er tot.

Dom Pérignons Experimente mit den Weinmischungen der Champagne, denen er dann und wann Zucker zusetzte, führten zu Kohlensäurebildung und jagten den ölgetränkten Hanfpropfen in die Luft, was einerseits die »Entdeckung« des Schaumweines mit sich brachte, den man aber erst hundert Jahre später einigermaßen kultiviert zu bereiten wußte, und andererseits den nimmermüden Laboranten Dom Pérignon bewog, mit dem spanischen Korken Versuche zu machen, von dem ihm spanische Benediktinerbrüder Wunderdinge zu berichten wußten. So kam es, daß man Dom Pérignon schließlich ein Denkmal setzte und ihm mehr in die Mönchssandalen schob, als er darin hatte.

Der reiche Weinhändler Jean-Remy Moët aus Epernay hat schließlich, als die Revolution die Klostergüter enteignete, die Abtei Hautvillers und ihre Weingärten mit einem finanziellen Handstreich erobert, und seither verwaltet die eifersüchtige Firma Moët et Chandon das Erbe Dom Pérignons, dessen Denkmal in ihrem Hofe steht. Heute prangt der Name des begabten Mönchs auf einem der kostbarsten Champagner der Welt, der als einziger auf den letzten großen Staatsbanketts im Elysée gereicht wurde, die zu Ehren der Königin von England und des Präsidenten der Vereinigten Staaten gegeben wurden. Man trank damals einen 53er Elsässer Riesling, einen Bordeaux (Château Haut-Brion 1945), einen Burgunder (Chambertin 1945) und als Champagner den »Dom Pérignon« von Moët et Chandon von 1949.

So endete Dom Pérignon, einer der meist applaudierten »Schaumschläger«, an denen die Geschichte des Weines so reich ist, in Bronze und Papier, auf einem Denkmal und einem Champagner-Etikett. Beides findet man ganz nahe beieinander in Epernay, in der Avenue de Champagne Numero 20.

Toast auf zwei Witwen

Erst hundert Jahre nach seinen Lebzeiten ist jedoch aus dem Champagner das geworden, was uns heute beim Sektfrühstück oder bei besonders feierlichen Anlässen erfreut. Erst mußte ein Mann namens François kommen, der die riesigen Verluste eindämmte, die dadurch entstanden, daß ein gutes Drittel der Flaschen früher kurzerhand explodierte. Wer wußte schon, daß im Innern der Sektflasche, die man oft so leichtsinnig ohne Serviertüchlein in die Hand nimmt, ein Druck herrscht, der mehr als doppelt so hoch ist wie der in einem Autoreifen? 4 atü Kohlensäure drücken dabei ins Freie und lassen den Wein wild aufschäumen. François gab der Champagner-Herstellung den wissenschaftlichen Ernst und die immer gleichbleibende Methode durch die Erfindung des Gleukoönometers, der den genauen Zuckergehalt des Mostes beim Abfüllen in die Flasche mißt. Solange man das im wahrsten Sinne des Wortes »frei nach Schnauze« machen mußte, kam bei zuviel Zucker die Flasche schließlich zum Platzen, und bei zuwenig Zucker blieb der Champagner eine melancholische Brühe.

Dazu kam das von Prof. Chaptal eingeführte Verfahren der Mostzuckerung (Chaptalisation), das viele »saure« Jahrgänge rettete und dem Champagner immer das richtige Quantum Alkohol und Kohlensäure garantierte.

Dank der stärkeren Flaschen, der gesicherten Korkverschlüsse und François' exakten Methoden wurde der Sekthandel, der früher eine halsbrecherische Passion einiger reicher Weinhändler wie Lanson, Moët und der Witwe Cliquot gewesen war, schnell zu einem sicheren und lukrativen Geschäft, dessen Erträgnisse man heute an den Palästen der Champagner-Aristokratie abschätzen kann.

Aber was der Champagner zuerst war und in seiner Weltgeltung schließlich endgültig wurde, scheint mir heute mit allen Honneurs vor den Verdiensten der Familien Moët, Lanson, Perrier und Heidsieck das Werk zweier Witwen, zweier sehr unternehmender, fleißiger und intelligenter Frauen des vorigen Jahrhunderts zu sein, die viel besser in unsere Zeit gepaßt hätten mit ihrem raffinierten Management, ihren wirklich schöpferischen Ideen, ihren verblüffenden Marktanalysen und modernen Verkaufsmethoden: die Veuve Clicquot und die Veuve Pommery.

Das für damalige Zeiten einzigartige Beispiel der Nicole-Barbe Clicquot-Ponsardin, der jungen Veuve Clicquot, mag auch die

Pommery beflügelt haben, denn wie die Clicquot kurz entschlossen ihrem Schwiegervater, dem vom Tod seines Sohnes völlig gebrochenen Mr. Clicquot-Muiron, das Geschäft aus der Hand nahm, zahlte die Pommery den Compagnon ihres verstorbenen Mannes, Greno, aus und machte sich zur Alleinherrscherin. Wie die Clicquot ihre Tochter Clémentine in den alten Adel Frankreichs einheiraten ließ und ihr den Grafen Louis de Chevigné als Gatten aussuchte, so wurde sie von der Pommery übertroffen, die ihre Tochter dem Prince de Polignac zur Frau gab, deren Sohn Marquis de Polignac mit seinem Sohn Prince Guy de Polignac heute die Firma repräsentieren, zu einer Zeit, in der inzwischen auch die Clicquots einen leibhaftigen Prinzen, Jean de Garaman Chimay, im Vorspann haben.

Es wäre unklug, von diesen zielbewußten, klugen und energischen Frauen anzunehmen, daß sie nur Geld gemacht und Schlösser gekauft hätten. Veuve Clicquot ist mit der flackernden, tropfenden Kerze des Nachts allein durch ihre Keller gegangen und hat manche bittere Träne über die »verfluchte Remuage« vergossen, die manche Lieferung verzögerte oder gar nur zum Teil möglich machte. Während der Flaschengärung hat der zu diesem Zeitpunkt schon moussierende Champagner Weinsteinsäure und andere Sinkstoffe mineralischen Ursprungs abgesetzt. Dieses Sediment herauszubringen war früher ein Problem. Nicole-Barbe Clicquots deutscher Kellermeister Müller hatte die Idee, in große Tische passende Löcher bohren zu lassen, in die sie die Flaschen mit dem Kopf nach unten hängen konnte: »sur ponte«, wie es heute noch in der Champagne heißt. Im ungewissen Licht ihrer Kerze sah sie, wie sich der Satz löste und, wenn man die Flasche leicht und schnell rüttelte, am Glas entlangrutschte. Um Platz zu sparen, wurden die von allen Kellermeistern damals belächelten durchlöcherten Tische bald in der Pultschräge angebracht, die sie heute überall da haben, wo Schaumwein noch in der alten Weise kultiviert wird. Mme. Veuve Clicquot und ihr Kellermeister hatten das Rüttelpult erfunden. Heute läßt man den so am Korken angekommenen Hefe-Bodensatz durch eine sinnreiche Vorrichtung oben am Hals einfrieren und kann ihn auf diese Weise beim Degorgieren, dem Entkorken, zuverlässig mit entfernen.

Ehe die Flasche aber nach dieser »Reinigung« nun ein zweites Mal und damit endgültig verschlossen wird, hat nach dem Degorgeur der Doseur das Wort. Er ist der jeder Firma besonders eng verbundene Medizinmann, der den Zauber der Differenzierung der verschiedenen

Süßegrade des Sektes beherrscht. Jede Sektkellerei hat in ihren Kellern eine beachtliche Zahl an kleineren Fässern mit sogenannten Dosageweinen liegen, Stillweine von reifem Alter und beachtlicher Qualität. Die Dosage ist ein streng gehütetes Fabrikationsgeheimnis der verschiedenen Firmen, von denen einige den Dosagewein mit Rohrzucker, andere dagegen mit Kandis süßen, wozu einige Champagner-Firmen noch Cognac zusetzen, weil der Cognac das Vergären des Zuckers verhindert.

Das Quantum der Dosage, das heute maschinell exakt zugefüllt wird, charakterisiert die verschiedensten Geschmacksrichtungen des Champagners, wobei man 1 Tl. ruhig für 1 cm^3 setzen kann.

Nature Brut	ohne Dosage, sehr herber Herrensekt
Brut	½ Tl. Dosage, herb
Extra Sec	1 Tl. Dosage, trocken
Sec oder Dry	3 Tl. Dosage, halbsüß
Demi Sec	4—5 Tl. Dosage, süßer Dessert-(Damen-)Sekt

Hier haben wir vor Veuve Pommery eine Verbeugung zu machen. Sie war es, die dem Champagner die große »Reichweite« gab. Bis in die 70er Jahre wurde Champagner meist nur zum Nachtisch serviert; denn man trank ihn damals nur süß oder halbtrocken, nach »russischem Geschmack«, der, wie der Engländer Saintsbury sagte, nur für Wilde und Kinder genießbar war.

Veuve Pommery wollte aber, daß man ihren Champagner zu *allen* Gängen reichen und für *jeden* Geschmack bereiten sollte. So kultivierte sie die Geschmacksrichtung »Brut« als Tischwein und den »Nature Brut« aus erlesenen Jahrgängen und Weinbergen als Spitzenchampagner überhaupt. Der Erfolg war durchschlagend und wird immer mit ihrem Namen verbunden bleiben.

Noch attraktiver war ihre Idee, die alten römischen Kreideabbaugruben unter den Hügeln vor Reims, hohe domartige Höhlen von 20 bis 50 m Höhe, als Lagerstätten und Kellereien zu erwerben, sie nivellieren zu lassen und untereinander durch Galerien zu verbinden. Heute gehen jährlich eine Viertelmillion Touristen 116 Stufen bis zu 30 m Tiefe hinunter und verlieren sich bald in dem 18 km langen unterirdischen Labyrinth — wo Millionen Flaschen der besten Sorten 4 bis 5 Jahre lang liegen müssen, um zur Vollreife ihrer höchsten Qualität zu kommen. Hier herrscht Sommer und Winter eine immer gleichblei-

Das Bild zeigt eine typische Landschaft des Beaujolais, überall mit Gamay-Weinbergen durchsetzt, die hier auf Urgesteinsböden den populärsten Tischwein Frankreichs hervorbringen.

Château Ausone mit dem teuersten Weinberg von Saint-Emilion trägt seinen Namen nach dem römischen Konsul Ausonius, der hier lebte.

Château Mouton-Rothschild, das bekannteste aller Schlösser des Bordelais, umgeben von seinen gepflegten Weingärten.

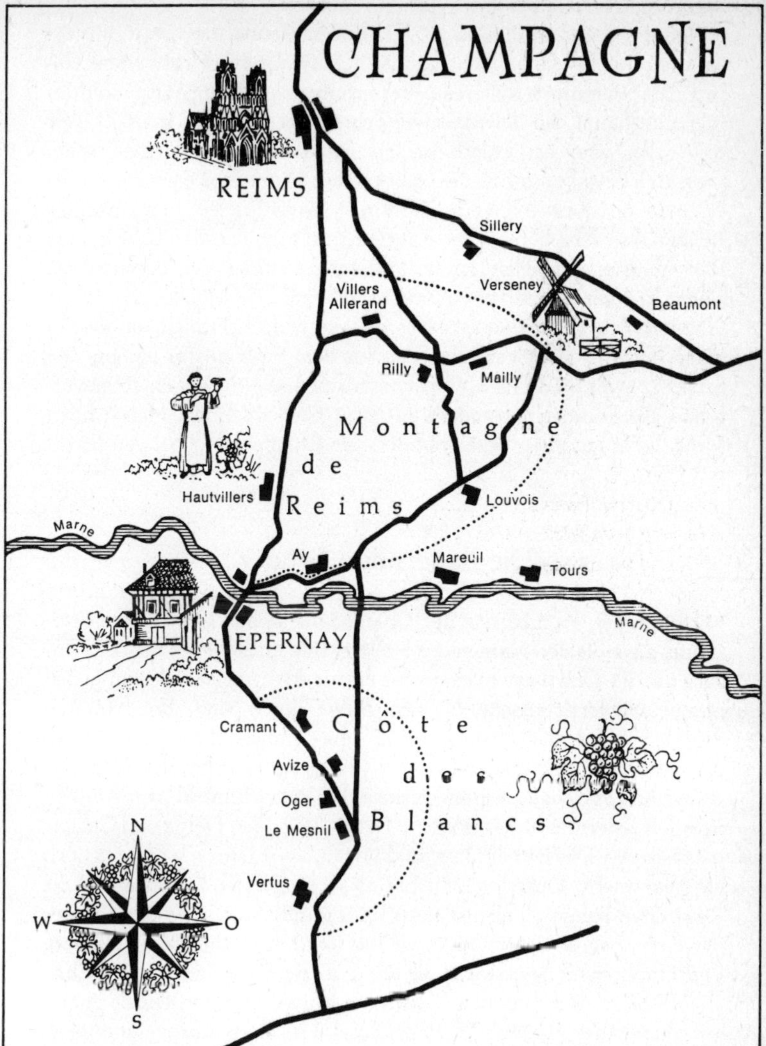
CHAMPAGNE
REIMS
Sillery
Verseney
Beaumont
Villers
Allerand
Rilly
Mailly
Montagne
de
Reims
Hautvillers
Louvois
Marne
Ay
Mareuil
Tours
EPERNAY
Marne
Cramant
Côte
Avize
des
Oger
Blancs
Le Mesnil
Vertus
N
W
O
S

bende Temperatur von etwa 10 Grad Celsius, die der Entwicklung und Lagerung des Champagners am zuträglichsten ist.

Heute stehen auf diesem Hügel am Südostausgang von Reims die wohl eindrucks-, aber nicht gerade geschmackvollen rotweißen Gebäude der Pommery-Kellereien, der größten der Champagne, wohl der Welt überhaupt. Sie stehen da wie Trutzburgen, die man in Übergröße aus Walt-Disney-Land hierhergesetzt hat, eine etwas skurrile Erinnerung an Veuve Pommery, die von sich sagen konnte: »Le vin, c'est moi!«

Veuve Clicquot und Veuve Pommery, zwei Frauen vom einsamen Format wahrhaft königlicher Kaufleute, mit schillernden Schicksalen, aber ohne pikante Histörchen, Hohepriesterinnen des Bacchus. Sie lebten in einer genußfrohen Zeit rauschender Geselligkeit, die heute unvorstellbar geworden ist, und es waren doch Frauen, unternehmend, kühn, zäh, selbständig, wie aus dem Stoff unsrer eignen Zeit gebildet, zwei moderne Unternehmerinnen, die durch ein Regieversehen des Schicksals hundert Jahre zu früh auftraten. Heute führt Mme. Bollinger die große Tradition der Champagner-Witwen fort.

Die hadernden Brüder

Mitten in den Weinbergen der Champagne stehen Grenz- und Feldsteine, die stets den Namen der Kellerei tragen, der jenes Stück Weinberg gehört. Und dabei machen wir die merkwürdige Entdeckung, daß immer wieder deutsche Namen unter ihnen sind. Bei näherem Zusehen wird die Überraschung vollkommen. Im Register des »Syndicat du Commerce des vins de Champagne« ist heute jeder vierte Name ein deutscher: Delbeck, Heidsieck, Krug, Mumm, Piper, Kunkelmann, Roederer und Taittinger in Reims, Bollinger, Deutz und Geldermann in Ay. Das ist heute so, und vor hundert Jahren waren es noch ein paar mehr. Denn — man hat es schon wieder vergessen — die Deutschen haben zu allen Zeiten kräftig mitgemischt an den Cuvées der Champagne! Schon 1807, als die Bande zwischen Württemberg und Frankreich enger waren als heute in der EWG, kam Georg Christian Keßler zu der jungen 30jährigen Witwe Clicquot, wurde zuerst ihr Buchhalter, später Teilhaber und Geschäftsführer, und blieb 16 Jahre dort, ehe er in Esslingen 1826 Deutschlands älteste Sektkellerei gründete, von deren »moussierenden Weinen« es schon

1829 hieß, daß »deren Wohlgeschmack so gut ist, daß wenn Herr Keßler fernerhin sich bemühet, solche Schaumweine aus den edlen vaterländischen Trauben zu bereiten, man der Auslandserzeugnisse wird füglich entrathen können«.

Dann lief das Gesetz der Serie. Zwischen 1836 und 1846 entstanden die namhaftesten deutschen Sektkellereien der älteren Linie, die teils Weine in der Champagne einkauften, teils aus der deutschen Riesling-Rebe einen herrlichen spritzigen Schaumwein entwickelten, mit der Folge, daß Deutschland vor 100 Jahren mit einer Erzeugung von genau 1,8 Millionen Flaschen Schaumwein jährlich hinter Frankreich an der Spitze der Schaumweinerzeuger der Welt stand.

Um diese Zeit war man auf jene vielen kleinen Listen und Tricks in der richtigen Auswahl der Flaschen und Korken, in der rechten Art sicherer Verschlüsse, in der Abstimmung der Cuvées und Dosagen gekommen. Damals war man bei der Erkenntnis angelangt, daß jede Flasche Sekt im Laufe vieler Jahre 160mal in die Hand genommen werden muß, um beim 161. Male den rechten Genuß zu verbürgen. Franzosen und Deutsche haben fast den gleichen Anteil daran und tauschten ihre Erfahrungen bereitwillig aus. Jener hessische Postmeisterssohn, der Wehrle hieß und Nicole-Barbe Clicquots erster und treuester Mitarbeiter wurde, ehe er sich in Werlé umtaufen ließ und es zum Bürgermeister von Reims brachte, war nicht der einzige in dieser deutsch-französischen Teamarbeit. Deutsche Winzersöhne kamen in die Champagne, und nicht wenige blieben dort, weil sie außer den Geheimnissen des Champagners auch die der Liebe entdeckt hatten. Sie heirateten ein oder sie machten sich selbständig; Franzosen kamen an den Rhein und taten desgleichen. Es war ein ständiges Changieren und Pulsieren von Menschen, Gütern und Ideen in jenem zweiten Drittel des vorigen Jahrhunderts, eine Art Goldgräberstimmung unter den seriösen und weniger seriösen Etikettenklebern, die da in Champagner reisten zwischen London und der Krim.

Die Franzosen sahen mit Schrecken, daß der deutsche Kuckuck in ihrem eigenen und im Nachbarnest immer größer wurde, immer mehr produzierte und exportierte, immer bessere Cuvées erstklassiger trockener Schaumweine anbot und den englischen Markt fast völlig beherrschte.

Das war zuviel!

Im deutsch-französischen Handelsvertrag von 1865 setzte man den Passus durch, daß die Verwendung französischer Bezeichnungen und

Marken auf den Etiketten deutscher Schaumweine grundsätzlich verboten war. Das sollte ein K.-o.-Sieg für den Champagner werden, aber es wurde ein Punktsieg für den deutschen Sekt.

1867 wurde ein deutscher Schaumwein auf der Pariser Weltausstellung mit dem Großen Preis prämiiert, 1870 verbrauchte man in Großbritannien mehr Sparkling Hock (Rheingau-Sekt) und Sparkling Moselle (Mosel-Sekt) als alle anderen Schaumweine, die der Weltmarkt anbot, zusammengenommen, und die Exporterfolge nach Amerika und Australien ließen nicht auf sich warten. Nur den deutschen Snobs galt es als unstandesgemäß, einheimische Weine zu trinken. Der Kampf der beiden »feindlichen Brüder« ging weiter. 1903 kam es zu einem förmlichen Champagner-Krieg, der den Quai d'Orsay und die Wilhelmstraße beschäftigte. Die Gemüter beruhigten sich, nicht aber die deutsche Ministerialbürokratie und die deutschen Parlamente, die ihren eignen Sektkellereien eine Fußangel nach der anderen legten und noch 1908 den Schaumwein als »frivoles Luxuswesen« bezeichneten.

Heute ist das alles vergessen.

1960 wurden in der Bundesrepublik Deutschland 71 Millionen Flaschen Sekt verkauft, in der Champagne dagegen nur 50 Millionen Flaschen. Da aber auch sonst in Frankreich Vin Mousseux erzeugt wird, und zwar nicht wenig (60 Millionen Flaschen), liegen die Franzosen immer noch mit insgesamt 110 Millionen Flaschen an der Spitze aller Schaumwein-Erzeuger der Welt. Der deutsche Sekt aber folgt mit respektvollem Abstand dahinter und erfreut sich mit einer wachsenden Ausfuhr einer immer größeren internationalen Vorliebe.

Wir haben unsere großen Marktanteile vor angelsächsischen Kaminfeuern noch nicht wieder zurückerobern können. Dort ruft man vorläufig noch mit dem Brander aus Goethes Faust: »Ich will Champagner-Wein, und recht moussierend soll er sein!« Und im Kübel wälzt sich in wohliger Kühle eine Flasche Piper-Heidsieck. Ein deutscher Name, aber eine französische Firma.

Doch Namen sind Schall und Rauch. Sie perlen eine Weile lang hurtig wie der Champagner im Glas und verglühen dann langsam wie ein Buchenscheit im Kamin ... Das nächste Kapitel beweist es.

»Sekt« war nicht immer »Sekt«

Es ist in den zwanziger Jahren des vorigen Jahrhunderts gewesen, als der Schauspieler Ludwig Devrient, der nur Champagner trank, mit E.T.A. Hoffmann in Berlins prominenter Weinstube von Lutter und Wegener die »Elixiere des Teufels« mischte und eines Abends nach einer Shakespeare-Aufführung, noch ganz der Falstaff, den Kellner anschrie: »Gib mir Sekt, Schurke! — Ist keine Tugend mehr auf Erden?« Der Kellner hätte ihm, nach dem damaligen Sprachgebrauch, spanischen Wein (vino secco) bringen müssen — auch Shakespeare hatte mit seinem »cup of sack« nichts anderes gemeint —, aber er wußte ja, daß Devrient ihm die Flasche Sherry an den Kopf geworfen hätte, wenn er ihm nicht seinen Veuve Clicquot gebracht hätte, den er meist nicht mit Geld, sondern mit Deklamationen bezahlte.

Von Berlin aus wurde das Wort »Sekt« für Schaumwein schnell populär, während es bis dahin nur für spanischen Wein gebraucht worden war. Vino secco im Spanischen war — ebenso wie vin sec im Französischen — nichts anderes als ein trockener herber Jerez ohne alle süßenden Zusätze. Unsere Biedermeier-Ahnen tranken Jerez-Sekt, Madeira-Sekt, Kanarien-Sekt und Palm-Sekt.

Das war nun sehr bald vorbei, und als 1865 die Franzosen darauf bestanden, daß man eben nur den in der französischen Provinz Champagne hergestellten Schaumweinen das Champagner-Etikett umhängen dürfe, trat der deutsche Sekt schnell seinen internationalen Siegeszug an, der leider im eigenen Lande durch die Champagner-Seligkeit der deutschen Junker genauso zurückgebremst wurde, wie durch die schlimmen Exportfolgen zweier Weltkriege.

Heute ist der Unterschied zwischen Champagner und Sekt kein Unterschied mehr der Qualität, sondern des Geschmacks. Die Cuvées vom Kreideboden der Champagne sind noch immer die meistgekauften und die renommiertesten in der Welt. Aber die Zahl der feinsinnigen Genießer steigt schnell, die die rassige Frische und das edle Bukett der deutschen Riesling-Sekte vorziehen — nicht nur, weil sie auch dem Magen zuträglicher sind. Dazu verwischen erhebliche Aufkäufe deutscher Sektfirmen, vor allem in den Côtes des Blancs, auch für die Liebhaber des Goût de Champagne auf elegante Weise die nur zarten Unterschiede deutscher und französischer Klasse-Cuvées. Wie die Franzosen, sind auch die großen deutschen Sektmarken dazu übergegangen, besonders gute Jahrgänge als Jahrgangs-Sekte und Cuvées aus hervorragenden Lagen als Lagen-Sekte herzustellen, die immer wieder, obwohl sie fast nie in der Werbung herausgestellt werden, kenntnisreiche Genießer finden.

Mit den jetzt im Handel auftauchenden Perlweinen, in denen keine langjährige Arbeit steckt und keine natürliche Flaschengärung sich vollzogen hat, sondern in die man einfach, wie in eine Limonade, Zucker und Kohlensäure preßte, haben die deutschen Markensekte nichts gemein. Sekt ist ein kohlensäurehaltiges, durch alkoholische Gärung hergestelltes Getränk aus Wein, das mindestens 70 Gramm Alkokhol im Liter enthält und in geschlossenen Behältnissen bei 20 Grad Celsius einen Kohlensäuredruck von mindestens drei Atmosphären (normal vier) aufweist. Ein lichter, feingäriger, natürlich perlender Wein, der alt werden kann, ohne zu altern. Talleyrand hat ihn einen »Zivilisationsträger« genannt, und Ludwig Tieck, der Romantiker, sagte von ihm, daß er in der Lage sei, »in unserem Innern alle glänzenden Kräfte, die uns mitgegeben sind, aus Betäubung und Schlummer aufzuwecken«.

Die blauen und die weißen Berge

Südlich der Straße Reims–Châlons erhebt sich sehr sanft und kaum spürbar ein Hügelzug aus den Wiesen am Aisne-Marne-Kanal, die »Montagne de Reims«. Dieser Name ist viel zu dekorativ für eine reizlose flache Höhe von 150 Metern und die langweiligen, fast abweisenden Wälder, die sie krönen. Während die Landschaft im Burgundischen und an der Etsch heiter und lieblich lächelt, in den romantischen Tälern der Wachau, des Rheins und der Mosel in uralte Träume versponnen scheint, zeigt sie in der Champagne ein gleichgültiges Gesicht.

Wenn die Weine so schmecken würden, wie die Landschaften aussehen, in denen sie wachsen, würde man mit dem Champagner und dem Haut Médoc nicht die Kehlen, sondern die Gläser spülen.

In diesem Bogen gibt es nur Weine der allerersten und ersten Kategorie, alle mit den samtblauen Trauben der berühmten Burgunderrebe Pinot noirien, die sorgsamst gelesen und sofort gekeltert werden, damit der Farbstoff den Most nicht wie bei unsern Weißherbsten rosé färben kann. Auf einer sanften Bastion steht inmitten der teuersten Weinberge der Gegend die Windmühle von Verzenay, eingegittert wie ein Museumsstück, weil sie 1814 und 1918 als

Artilleriebeobachtungsstand von einiger Bedeutung war. Die Franzosen, das konservativste Volk auf dem Kontinent, die drei Viertel ihres Lebens in der Vergangenheit zubringen, bewahren auch die kleinsten Souvenirs. Heute sind die farbigen Feldsteine wichtiger, die zwischen den Weinstöcken stehen und stolz die Namen der großen Schaumweinfirmen tragen, deren Gebiet sie umgrenzen. Wer in den Dörfern Mailly und Verzenay seine Weingärten hat, ist legitimiert für beste Cuvées. Der dort seit hundert Jahren peinlich kultivierte tertiäre Geröllboden mit reinem Kreideuntergrund gibt, wenn die Wurzeln der Rebe gut »in der Kreide stehen«, dem Champagner den unverkennbaren Geschmack und ist Gold wert. In ihren Südhängen bei Louvois und Ambonnay, wo sich ebenfalls Weinberge der »Hors Classe« befinden, wird die Landschaft etwas abwechslungsreicher und lieblicher und präsentiert schließlich wie mit einer sanften Geste das interessante Städtchen Ay, wo die berühmte Rebe »Le Gros Plant Doré d'Ay« aus der vornehmen Pinot-noir-Familie für das Herzstück der teuersten Cuvées der Champagne sorgt.

Damit aber sind wir schon in der unmittelbaren Nachbarschaft von Epernay, an den grünen Rebenhängen von Hautvillers und Champillon, wo trotz der klimatisch noch besseren Lage nur Weine der zweiten Kategorie wachsen.

Der Marne entlang nach Westen, bis dahin, wo Papst Urbans mächtiges Monument die Landschaft meilenweit beherrscht, sinkt die Qualität der Reben bis zur dritten Kategorie ab, und ihre Weine sind für gute Cuvées nicht mehr verwendbar.

Da ist die Côte des Blancs schon kostbarer, die sich genau südlich Epernay hinzieht und an der Straße nach Troyes ihre riesigen Weinberge der aufgehenden Sonne darbietet. Es ist die Pinot blanc, die berühmte Dame Chardonnay, die dort wächst und den Champagnern aus Epernay vor allem jene elegante Frische verleiht. Das in der flirrenden Sommerluft wie eine Fata Morgana über den Weingärten schwebende Cramant und das behaglich in die Rebenhänge eingebettete Avize haben Weingärten der allerersten Klasse, und auch ihre Nachbardörfer Oger und Le Mesnil gehören noch der ersten Qualitätsstufe an. In allen vier Orten sind große deutsche Sektfabriken regelmäßige Einkäufer.

Die Berge von Reims, das Tal der Marne und die »weißen Hänge« sind die großen drei Provenienzen der Champagne. Die Montagne de Reims liefert die Spitzenweine aus blauen, die Côte des Blancs aus weißen Trauben, das Marne-Tal nur Weine der zweiten und dritten Kategorie.

Aber — wir fragten es schon — wer kennt diese Weinberge überhaupt, wer gebraucht ihre Namen, die noch nie mit Andacht ausgesprochen wurden? Die Sektkellereien, die ihren Most kaufen, wenn er ihnen nicht schon gehört. Sonst niemand. Es sind namenlose Edle oder edle Namenlose, diese kostbaren Climats von Verzenay, Beaumont, Sillery und Mailly, von Ay und Louvois, von Avize und Cramant, deren kostbarer Boden noch dazu sehr unterschiedlich verteilt erscheint.

Von über 11 000 Eigentümern und Weinbergbesitzern haben
9000 nur einen Hektar Land
2000 zwischen einem und zehn Hektar und bloß
59 über zehn Hektar Rebgut.

Die Masse der kleinen und mittelgroßen Winzer sind nur die Zulieferer der 30 Champagnerkellereien in Reims, Epernay, Châlons und Ay, die jährlich Millionenwerte in ihren weiträumigen Katakomben verschwinden lassen und in Schlössern wohnen, die nicht im Monde liegen.

Der bescheidene Konfuzius und die lächelnden Engel

Royal Champagne ... Mein Windlicht flackert ... Ich muß an die Witwe Clicquot denken, die nachts durch ihre Keller ging.

Es ist ein warmes, fast zärtliches Lüftchen, das von Champillon heraufweht wie eine Schmeichelei des Herrgotts, der die Weingärten anders wertet als die Menschen. Vor mir steht ein »Brut« der alten Firma Lanson. Ihr Haus ist heute zweihundert Jahre alt. Damals beendete der große Friedrich den Siebenjährigen Krieg, und der alte Lanson begründete, wenn man von dem Textilhändler Ruinart, der gleichzeitig Champagner herstellte, absehen will, das erste Champagner-Geschäft Frankreichs. Friedrichs Bemühungen waren vergebens, aber Lansons Brut perlt in meinem Glase. Der Wirt, der wie ein Bourbone aussieht, stellt mir einen Hummer-Toast dazu hin.

Konfuzius sagte einmal, daß grober Reis als Speise, Wasser als Trank und der eigne Arm als Polster zum irdischen Glück völlig ausreichten.

Ich erhebe mein Glas auf diesen Glücklichen.

Und auf alle Witwen der Champagne.

Nimmt es in einem solchen Lande wunder, daß die Engel an den Portalen des alten Krönungsdomes von Reims das Lächeln lernten? Sie haben zuviel gehört und gesehen, was nur ein Glas Champagner in einem Menschenherzen zum Blühen bringen kann. Sie lächeln nicht nur über den kopflosen heiligen Nikasius, der zwischen ihnen steht, sondern über so viele Torheiten der Menschen zu ihren Füßen. Denn es ist nicht nötig, von den Vandalen geköpft zu werden, um kopflos zu sein.

Manchmal genügen auch ein paar Glas Champagner.

Und darüber lächeln die Engel von Reims seit 500 Jahren.

Burgund

Die goldenen Hänge

Man sitzt gut unter den alten Bäumen, die neben dem Château de Santenay stehen, das unserem Freund, dem Comte de L. gehört, zusammen mit einigen Weinbergen in Pommard, Volnay und Santenay. Das nur ist übriggeblieben vom Besitz einer Familie, der früher ein großer Teil der Côte de Beaune zu eigen war. Für sie war das Leben nicht immer so grün und golden gerahmt wie hier, wo das helle Geriesel sommerlichen Lichtes durch die lichten Fächer der Platanen Bilder von Renoir und Manet in ihren Park zaubert.

Der Bürgermeister von Santenay, der den Namen eines der teuersten Weinberge der Welt trägt und Musigny heißt, stellt eine Flasche 49er Santenay Les Gravières auf den Tisch neben eine schon halb ausgetrunkene Pommard Les Epenots desselben göttlichen Jahrgangs, und der alte Graf sagt dazu, daß man doch in dieser Welt der Maschinen nicht vergessen solle, »qu'il y a encore du soleil et des fleurs, du pain et du vin, de la joie et de l'amour ...« Seine Vorfahren haben diese Glücksgüter des Lebens sicher in umgekehrter Reihenfolge zitiert, und darum sagte er es wohl so sanft und in einer leisen Melancholie.

Eine dionysische Straße

Eigentlich wollte ich hier die erhabenen Reste von Cluny sehen, die sprechenden Steine von Autun und Clairvaux und das lupenreine »Jüngste Gericht« Rogier van der Weydens im Hospice de Beaune.

Und nun bin ich auf diese heidnische Straße geraten, auf der einst die Römer ihre Weine aus der Provence in alten Amphoren nach Norden brachten und auf der heute großen Kisten mit kostbarem Burgunder in die eleganten Restaurants von Milano und Roma rollen. Nun bin ich unter die Bacchanten der Côte d'Or gefallen, die an der »Route des

Grands Crus« allesamt in kleinen und großen Schlössern wohnen. An ihren Wänden hängen alte Waffen oder Fayencen, die ihre Großväter sammelten, in ihren hohen getäfelten Stuben sitzt man unter kostbaren Lüstern auf Stühlen des Empire und hört die Zeit aus alten Pendulen schlagen. Aber in ihren Kellern lagern die teuersten Weine der Welt, und in ihren Comptoirs führen Père et Fils die Taylorix-Karteien so sorgsam wie die Ahnen die großen Journale.

In diesem glühend-farbigen Lande scheinen nur die Hintertüren zu den kulturellen Schätzen zu führen, ich aber, der ich die große Pforte bei Dijon nahm und auf der Route Nationale 74 nach Süden fuhr, las ununterbrochen nur teure Weine auf den blauen Ortsschildern: Gevrey-Chambertin, Chambolle-Musigny, Clos Vougeot, Vosne-Romanée, Nuits-St-Georges, Aloxe-Corton, Beaune, Pommard, Volnay, Meursault, Montrachet und Santenay ...

Meine Nase genoß den paradiesischen Duft des Chambertin, die rubinrot entfaltete Blume des Musigny, und auf meiner Zunge zerging der einschmeichelnde Bajaderen-Körper eines Romanée Conti. Es war eine dionysische Straße, und ich hatte das Gefühl, als ob auch die Autos hier mit Corton oder Pommard fahren würden, so sanft war ihr Dahinrollen, so sanft wie das Auge der Gendarmen.

40 Kilometer lang und immer nur ein paar hundert Meter breit sind die Hänge der Côte d'Or, auf denen die kostbaren Pinot-Reben wachsen, die schon Karl dem Großen den Bart färbten, Napoleon die Schlacht von Waterloo verlieren ließen, weil er seine Flasche Chambertin an jenem Tage nicht greifbar hatte, und Erasmus von Rotterdam auf einen bischöflichen Angriff, daß er zur Fastenzeit einen Pommard trinke, antworten ließ: »Nur mein Herz ist katholisch, Eminenz! Mein Magen ist evangelisch.«

Victor Hugo meinte, man könne diese Weine nur kniend trinken, und der Bischof von Lyon, der sich als Meßwein einen der teuersten »Tête de Cuvées« der Côte d'Or bestellte, erklärte schlicht, daß er schließlich keine Grimassen schneiden könne, wenn er seinem Herrgott gegenübertrete.

Wie die edle Pinot-Noirien-Rebe überall in den peinlich gepflegten Climaten (so heißen hier die Weinberge) auf Draht gezogen ist, so ist auch mein Weg durch dieses Paradies wie am Schnürchen gegangen. Ich wurde wie mit Urwaldtrommeln weitergereicht, und überall sprachen wir vom Wein, vom Burgunderwein, vom Wein der Côte d'Or, vom Wein der eigenen Climats und der des Nachbarn. Für mich, der ich früher den Pommard und den Vosne-Romanée eines guten Jahrgangs oder einen Hospice de Beaune für burgundische Träume auf deutschen Weinkarten hielt, war es wie das Eindringen in eine Feengrotte, die in immer höhere und prächtigere Gewölbe führt, es war ein einziges großartiges und charmantes Kolleg über die teuersten Rotweine der Welt, über die guten, die sehr guten und die ganz einmaligen Weine von Burgund.

Wir kennen zumeist nur die billigen aber süffigen, die aus der Gamay-Rebe auf den Urgesteinsböden des Beaujolais und des Maconnais kommen. Bestimmt auch die mittleren Provenienzen der Côte de Beaune, seltener schon einige Grands Crus aus Volnay, Pommard, Beaune und Nuits-Saint-Georges. Die Côte de Nuits, diese elysischen Gefilde des Weinbaues, dieses nur zehn Kilometer lange und nicht einmal einen Kilometer breite Streifchen dionysischen Himmels auf Erden, schickt uns meist nur die Villages, die Dorfweine, die zweiten und dritten Cuvées. Wann begegnet uns schon ein Chambertin, ein Musigny, ein Grand Echézeaux, ein Romanée oder ein La Tâche?

Es ist die souveräne Spitzengruppe aller Rotweine der Welt, wenn wir einräumen, daß einige ganz wenige Bordeaux-Weine und unter den St-Emilions nur der Château Ausone in einer anderen Tonart das hohe C erreichen. Die Weine dieser Climats sind, wenn sie älter sind als zehn Jahre, gar keine Weine mehr, sondern Träume, flüssig gewordene Gnade, Lebenssäfte der Götter, die man wie Preziosen in seinem Weinkeller hütet und am besten erst zu seiner eigenen Beerdigung trinkt; denn kein Augenblick des Lebens kann so kostbar sein, daß er mit einem dieser Großen gefeiert werden müßte.

Die acht besten Têtes de Cuvées bringen nur etwa 2500 Hektoliter im Jahr, wovon der Clos Vougeot allein fast die Hälfte beisteuert. Alles versickert bei den Händlern und in den Privatkellern wie Wasser in der Wüste.

Ihr Preis liegt schon nach der Ernte um das Dreifache höher als der der populären Beaujolais, um das Doppelte der gängigsten Provenienzen von Beaune, um etwa die Hälfte höher als der eines guten Pommard desselben Jahrgangs und steigt im Quadrat der Zeit.

Sie reisen nicht gern, diese großen Vier, sie bleiben lieber in Burgund, vielleicht noch in Frankreich, wo sie am liebsten die Patina wohltemperierter Weinkeller ansetzen, im Altern erst zu voller Schönheit erblühen und ihre ganze Pracht entfalten. Sie lieben das Dunkel, die Stille und die gemessenen sanften Bewegungen. Einmal kredenzt, spie-

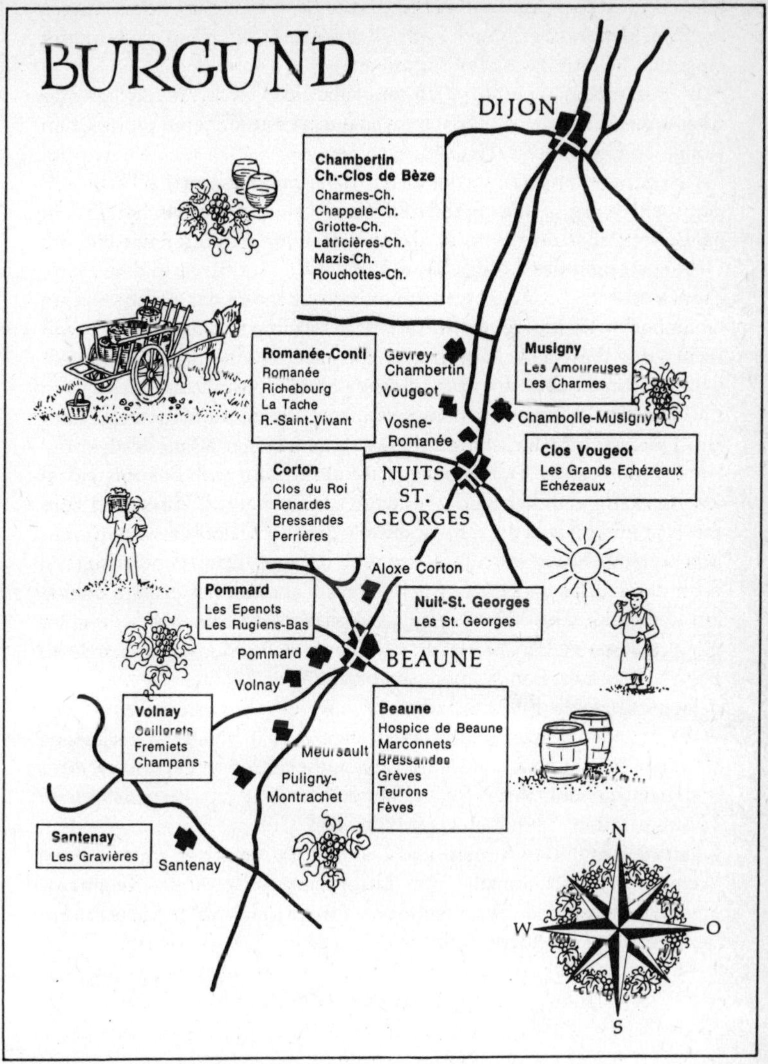
BURGUND
DIJON
Chambertin
Ch.-Clos de Bèze
Charmes-Ch.
Chappele-Ch.
Griotte-Ch.
Latricières-Ch.
Mazis-Ch.
Rouchottes-Ch.
Romanée-Conti
Romanée
Richebourg
La Tache
R.-Saint-Vivant
Gevrey
Chambertin
Vougeot
Vosne-
Romanée
Musigny
Les Amoureuses
Les Charmes
Chambolle-Musigny
Clos Vougeot
Les Grands Echézeaux
Echézeaux
Corton
Clos du Roi
Renardes
Bressandes
Perrières
NUITS
ST.
GEORGES
Aloxe Corton
Pommard
Les Epenots
Les Rugiens-Bas
Nuit-St. Georges
Les St. Georges
Pommard
BEAUNE
Volnay
Volnay
Caillerets
Fremiets
Champans
Meursault
Puligny-
Montrachet
Beaune
Hospice de Beaune
Marconnets
Bressandes
Grèves
Teurons
Fèves
Santenay
Les Gravières
Santenay
N
W
O
S

gelt sich ihr dunkler Rubin am liebsten beim milden Schimmer festlicher Kerzen in keusch verengten Burgundergläsern, die ihr hinreißendes Parfüm, den zauberischen Duft ihrer Blume ein paar rauschhafte Augenblicke lang zu halten vermögen.

In Vosne-Romanée hörte ich im Halbdunkel eines Weinkellers vier Meinungen über die vier Spitzenweine dieses gesegneten Dorfes, den Romanée-Conti (der nach einer nach dem Kriege notwendig gewordenen Regeneration jetzt wieder da ist), den Romanée, den La Tâche und den Richebourg — alles Spitzenweine von einer orientalischen Pracht im Bukett, aber doch von so differenziertem Charakter wie die vier Lieblingsfrauen des Königs Saud. Dabei ist dieser Streit in dem Dörfchen Vosne fast müßig, wenn man bedenkt, daß der weltberühmte Chambertin-Weinberg mehreren Besitzern gehört, die ganz gewiß nicht alle dieselben Mittel und dasselbe Können besitzen, dem Chambertin die Ehre anzutun, die ihm gebührt. Ähnlich verhält es sich mit dem Clos Vougeot, jenem berühmten, völlig ummauerten Weinberg, in dessen 51 Hektar sich heute nicht weniger als 65 Besitzer teilen. Wenn man das Dorf Vougeot auf der Straße nach Beaune verlassen hat, kann man sich das Vergnügen gönnen, fast 20 Türen und Tore mit Firmenschildern zu zählen, die alle die alte Mauer des Clos durchbrochen haben und oft nur zu ein paar Reben führen, den geringeren noch dazu; denn die besten wachsen oben am und hinter dem Schloß am Hang. Ein Clos Vougeot *kann* ein Klassewein sein, aber er *muß* es nicht. Allzu viele Köche haben hier den Brei verdorben und sind im Begriff, einen großen Namen zu verwischen.

Heute ist es die Bruderschaft der Chevaliers du Tastevin, eine Gilde wohlhabender Winzer und Weinhändler, die alljährlich das verlassene Château de Vougeot mit dem Feuerzauber ihrer roten Roben, ihrer Ritterschläge und ihrer Reden bei Kerzenlicht mit gespenstischem Leben erfüllen. Stendhal erzählt ja, daß Colonel Brisson vor dem Château, das mitten in dem von Zisterziensermönchen ummauerten Weinberg liegt, einmal eine Ehrenkompanie seines Regiments aufmarschieren und das Gewehr präsentieren ließ. Militärische Ehrenbezeigungen vor einem Wein!

Teuerste Weinberge zieren die Dorfnamen

Nach diesen erlesenen Climats, die ebenso der glücklichen Hand des Menschen bedürfen wie des göttlichen Segens, um die Spitzenweine hervorzubringen, die man unter diesen Namen erwartet, rangieren die »Grands Crus«, zu denen auch immer ein beachtlicher Teil der besten Weinberge jedes dieser Dörfer gehört.

Die billigsten Weine der Côte de Nuits sind immer die mit dem vollen Dorfnamen ohne Zusatz eines Lagenamens oder der Bezeichnung »I. cru«, also die Gevrey-Chambertins, die Chambolle-Musignys, der Vosne-Romanée und der Nuits-St-Georges. Es sind Villages, Dorfweine zweiter und dritter Güte. Die burgundischen Dörfer Gevrey, Chambolle, Gilly, Vosne, Nuits und Aloxe erwarben sich nämlich im Lauf der Jahre das Recht, jeweils den Namen ihres besten Weinbergs anzuhängen, und heißen nun Gevrey-Chambertin, Chambolle-Musigny, Flagey-Echézeaux, Vosne-Romanée, Aloxe-Corton und Nuits-St-Georges. Gilly-les-Vougeots hat den alten Dorfnamen überhaupt abgelegt und nennt sich nur noch schlicht und anspruchsvoll Vougeot. Das nutzt zwar dem Export auch der minderen Sorten, die meist unmittelbar an der Route Nationale 74 wachsen, aber Nichtkennern dieser Terminologie vignoble läuft ohne Grund das Wasser im Munde zusammen: im Gevrey-Chambertin ist kein Tropfen des edlen Chambertin, im Vosne-Romanée keine Spur des königlichen Romanée und in dem bei uns so beliebten Nuits-St-Georges kein Schuß des berühmten St-Georges. Diese berühmten Lagen stehen stets allein auf dem Etikett, also »Chambertin«, »Musigny«, »Romanée-Conti«, »Grands Echézeaux«, »Corton« oder »St-Georges«.

Das wußte niemand besser als der unglückliche, an einem Magenleiden erkrankte Bürgermeister von Nuits-St-Georges, dem der Arzt den Weingenuß streng verboten hatte. Der gebrochene Maire, der uns beim Mittagessen im Restaurant nur zusehen durfte, hatte Himbeerwasser vor sich hinstellen lassen, weil er wußte, daß seine Leute ihn nicht wieder wählen würden, wenn ihr Bürgermeister etwas anderes trinken sollte als Wein. Eine halbe Stunde später, nach einer Führung durch das alte sehenswerte Hospiz, ließ Maire Noirot, im ehrwürdigen Capitre auf hohem gotischem Stuhl sitzend, seelenruhig den kostbaren St-Georges des großen Jahrganges 1947 in seinen bauchigen Burgunderkelch rinnen und sagte mit Würde: »Das hier ist kein Wein, das ist Medizin!«

Wir badeten unsere Zungen in diesem Nektar, und allmählich wurden die spitzen schelmischen Lichter in den dunklen Augen des Maire ganz weich, so weich wie der samtene Wein in unseren Gläsern und der leise Gesang in unserem Blut, so weich wie die sommerliche Luft draußen vor dem Fenster, die die burgundischen Herzöge, diese Wikinger zu Pferde, immer wieder zu Abenteurern gemacht hat.

Die Côte de Beaune

Gleich hinter Nuits-St-Georges verlieren sich die Hügel der Côte de Nuits, an deren unteren sanften Hängen die Aristokraten unter den roten Weinen Burgunds wachsen, in der Ebene, durch die die Route Nationale jetzt schnell Beaune zustrebt.

Als erste berühmte Weinberge der bürgerlichen Hälfte der Côte d'Or, wie man die Côte de Beaune nennen möchte, schieben sich die schnurgeraden Pinot-Zeilen des Corton von Aloxe vorbei.

Dann hat uns das mediävale Kleinod Beaune, mit seinen lieblichen Boulevards, seinen alten Gassen, Türmen und Bastionen, seinem berühmten Hôtel-Dieu, dem uralten Hospiz, das 42 Hektar der besten Lagen besitzt und dessen Weine jedes Jahr am dritten Sonntag des Novembers festlich versteigert werden. Die berühmten Weine dieses Hospice de Beaune sind 29 Cuvées, die ausnahmsweise nicht den Namen des Weinberges, sondern den des Spenders tragen. In guten Jahren bringen sie dem Hospiz fast 200 000 DM, die der Armen- und Krankenpflege dieser Herberge Gottes zugute kommen. Am Abend desselben Tages feiern deshalb die Chevaliers du Tastevin bei einem Diner mit Kerzenlicht in den Kellern des Hospizes die leeren Taschen mit vollen Pokalen.

Diese Bruderschaft der Weinkloster, die »Confrérie des Chevaliers du Tastevin«, erst 1934 gegründet, ist einer jener bacchantischen Orden, wie sie mittlerweile in fast allen französischen Weingebieten ins Leben gerufen wurden. Jedes Jahr, um den dritten Sonntag im November, kommen sie mit ihren feierlichen Roben im Rittersaal des Château de Vougeot zusammen, um dort ein feierliches »Chapitre« abzuhalten. Die Herren, unter deren würdigen purpurnen Talaren meist das nüchterne Herz wohlhabender Hoteliers, Weingutsbesitzer und Weingroßhändler schlägt, haben auch prominente Schriftsteller, Künstler und Politiker durch Ritterschlag mit einem alten Rebstock in ihren Orden aufgenommen. Mit der dem Franzosen eigenen Liebe zur zeremoniellen Repräsentation und zum ausgefeilten Ritus nennen sie den dritten Samstag im November, wenn der neue Jahrgang wohlverwahrt in ihren alten Kellern liegt, »die erste Gloriose«. Am darauffolgenden Sonntag zieht die ganze rote Würde des Ordens in das ein halbes Jahrtausend alte Hospice de Beaune, um dort »die zweite Gloriose« zu feiern, die Versteigerung der Weine des Hospizes, das auf der Côte de Beaune einige kostbare Weinberge besitzt. Man kostet die edlen Provenienzen aus den althergebrachten silbernen burgundischen Flachbechern, die jeder der Chevaliers an seidenem Band um den Hals hängen hat. »Die dritte Gloriose« findet regelmäßig in Meursault, dem Zentrum der wenigen großen burgundischen Weißweine, statt. Erst hier lockern sich die strengen Zügel der Zeremonie, aber auch da ist Mäßigung und Verständigkeit im Umgang mit dem burgundischen Nektar die Ordensregel: »Trinken ist nichts, kosten ist alles.« (Wenigstens solange man das Ordenskleid trägt.)

Schwer genug ist die Enthaltsamkeit und die Mäßigung in diesem Lande.

In Beaune liegt mehr kostbarer Wein in den Kellern als in irgendeinem anderen Ort der Welt, Bordeaux ausgenommen. Der ganze burgundische Weinhandel stellt in Beaune die Ohren, die Uhren und die Beine. »Urbis et orbis honos« heißt die Devise dieser stolzen Drehscheibe Burgunds und ihre alte Aristokratie vignoble rechnet in den Währungen aller Länder.

Und sie rechnet nicht schlecht.

Meistgenanntes Dorf auf den Weinkarten der Welt bleibt aber Pommard, obgleich höchstens die Epenots und die Rugions, gut behandelt und lange genug gelagert, an die ersten Cuvées, nicht aber an die Spitzenweine des noblen Nordens herankommen. Aber die Pommards hatten immer eine gute Presse — zum Verdruß ihrer Nachbarn aus Volnay, die vor Gott und allen Heiligen einen Eid darauf ablegen, den besseren Wein zu bauen.

Ich möchte ihnen den Eid abnehmen, vor allem für ihre Climats Angles, Caillerets und Fremiets, die so köstlich aussehen und schmekken, als wären die Geister des Musigny im Glas.

»Der Pommard hat Kraft, der Volnay Temperament. Der Pommard hat Statur, der Volnay Eleganz«, das sagte gestern der Comte de L. zu diesem Problem. Er sprach es aus wie ein Dogma, und ich fand es gut so. Nicht nur, weil ich jetzt gerade unter seinen Bäumen sitze, um meine Notizen zu ordnen, sondern weil ich weiß, daß der Graf diese Welt lange genug durch das Burgunderglas betrachtet hat, um weise zu sein.

Diese gesegneten Höhen über der Saône sind wie ein weiter Mutterschoß gewesen, in dem die germanische Unruhe der Burgunder heimfand und ihr teutonischer Stolz zu Kreuze kroch. Aus diesem Boden sind die Ideen von Clairvaux, Cluny und Taizé gesprossen, ein Aufrütteln der Seelen, das fortwirkt bis in unsere Tage.

Und diese Erde trägt seit tausend Jahren den unvergänglichen Purpur Burgunds, den Wein der Côte d'Or.

Die weißen Könige

Aber es sind da auch goldene Schätze: der Grand Chablis etwa, den man so gerne trinkt zu Austern und anderem feinen Meeresgetier, oder die drei großen Weinberge des reizenden Meursault: Aux Perrières, Les Charmes und Les Genevières. Die drei Meursaults mit dem Paradoxon ihrer sanften Herbe, mit ihrem klaren, sauberen Nußgeschmack und dem innig bewahrten Aroma reifer Trauben.

Aber erst in den südlichen Nachbardörfern Puligny-Montrachet und Chassagne-Montrachet wartet der weiße Burgunder-König auf uns: der Montrachet selbst. Die beiden Dörfer Puligny und Chassagne haben ihrem Namen — nach großem Vorbild der Côte-d'Or-Dörfer — den Namen dieses fürstlichen Weinberges angehängt, auf dem die Pinot Blanc, die weiße Burgunder-Rebe, Weine bringt, die man auf zwei Scheunen in meterhohen Lettern als »les plus grands vins blanc du monde« deutlich vorstellt. Niemand zweifelt daran, daß der Montrachet genauso sicher der beste weiße Burgunder ist wie der Château d'Yquem der beste weiße Bordeaux. Das ist ganz unbestritten. Ehe er allerdings der beste Weißwein der Welt genannt werden könnte, müßte er sich mit mindestens 16 Auslesen des Rheins und der Mosel messen, und das ist König Riesling gegenüber eine schwere, wohl kaum lösbare Aufgabe. Hier würde eine frische, rustikale Schönheit einem Ballet der Sylphiden gegenübertreten.

Nun aber halte ich ein Glas des guten Santenay Les Gravières gegen die wütende Sonne, die drüben die Trauben kocht.

Von der Platane, unter der ich sitze, fällt dabei das erste gelbe sommermüde Blatt auf die ungeharkten, vernachlässigten, verträumten Wege. Es fällt zuerst in einem quirlenden Tanz, dann gleitet es ein Stück segelnd dahin, um schließlich schnell und lautlos zu sinken. Es sieht zuletzt wie ein Kopfschütteln aus, wie ein stummer Protest gegen das Unausbleibliche alles Sterbens.

Aber es fällt auf den Boden Burgunds, auf dem die Reben wachsen, deren Wein nicht in den Kopf und nicht in die Beine, sondern mitten ins Herz geht, dahin, wo die Liebe wohnt, die Güte und das Fühlen mit anderen. Wo die guten Dinge aller Menschen beieinander sind.

Darum trinke ich diesen alten Santenay auf die Ewigkeit aller Zauber Burgunds.

Beaujolais

Bildnis des Beaujolais

Burgund, diese dionysische Welt zwischen Dijon und Lyon, hat die Noblesse im Kopf (die Weine der Côte de Nuits), den Bürgersinn in der Brust (die Cuvées der Côte de Beaune) und die Volkstümlichkeit in den Beinen (den Beaujolais).

An den Weinen gemessen, mag das seine Richtigkeit haben, mit der Schönheit der Landschaft hat Gott seinen Segen offenbar in umgekehrter Folge verteilt; denn das Beaujolais ist einer der vielen heimlichen Gärten Frankreichs, von den Franzosen kaum mehr beachtet als von den Fremden.

Die Nachtzüge Paris-Lyon-Méditeranée hetzen hindurch wie die Automobile, deren Fahrer schon hinter Tournus, wo die flachen Dächer beginnen, von den Palmen der Côte d'Azur träumen.

Die Silberpappeln der Route Nationale im behäbigen Tal der Saône stehen dazu wie eine Kette von Gendarmen, die kein Ausbrechen dulden und ohnehin die Sicht versperren auf den Mantel des Bacchus, der in großartigem Faltenwurf über dem Beaujolais liegt.

Gleich südlich Mâcon, der klassischen Stadt des Weinhandels und der Ruderer, und dem wie eine Gralsburg aus der Ebene herausbrechenden Felsen von Solutré, wo über den Knochen prähistorischer Menschen der Pouilly-Fuissé wächst, ein herbfrischer, moselhafter Weißwein, der gewiß nicht nach den Kinnbacken der Aurignacien-Menschen schmeckt ... — gleich südlich dieser Linie zeigt die Landschaft einen dramatischen Bruch: die Kreideböden der Côte d'Or und ihrer südlichen Mercurey-Ausläufer verlieren sich, Urgestein, Granit und Glimmerschiefer brechen heraus, die edle, schwarze Pinot-Rebe verschwindet, die kernigere Gamay hängt jetzt an den Stöcken, und die hellen Hügel, die zwischen Dijon und Mâcon wie aufgereiht an der Straße standen, scheinen plötzlich in den Tumult einer Versammlung geraten zu sein. Regellos liegen sie zu Hauf über dem Land. Der Mont Saint Rigaud und der Fut d'Avenas, die großartige Bergterrasse von Chirouble, stehen wie Herzöge unter den tausend runden Hügelköpfen des Beaujolais. Hinter alten Baumgruppen ruhen Schlösser auf ihren Scheiteln wie Kronen, Schlösser in der Patina des ancien régime oder kleine romanische Kirchen, Gotteskinder von Cluny.

Und überall läuft Rebland die Hügel hinab, verliert sich in Talgründen neben fetten, feuchten Weiden, taucht drüben hinter wildem Gehölz wieder auf, säumt Wege und Stege, die wie besessen von soviel Schönheit und Lebensglück ohne Ziel im Zickzack durch diese Landschaft eilen, in trunkenem Auf und Ab.

Der Wein klettert bis in die Anger der Dörfer, er schließt die Friedhöfe ein, rennt an uralten Mauern wieder hügelan, blumenübersäten Bergwiesen entgegen, und das alles unter einem schmeichelnden, schon südlichen Himmel und unter Menschen, für die das Leben keine Probleme kennt außer dem Segen des Himmels für ihre Arbeit am Weinstock. Millionen von Rinnsalen der »Gamay noir a jus blanc« fließen dann jährlich in Abertausende von Fässern — ein Meer von Beaujolais-Villages, Beaujolais-Supérieur, Beaujolais-Réserve, von Beaujolais, Beaujolais, Beaujolais.

Die Dörfer und kleinen Städte, oft nur einen Straßenzug breit, drängen sich in die schattigen Gründe, wie das gespenstige Beaujeu, dessen Grafen von ihrem Adlernest Pierre Aigue sich Ware von den Straßen und Weiber aus den Dörfern holten und in dessen Gassen man heute noch bei Mondschein das Gruseln lernen kann.

Im Hospice de Beaujeu heilte man einst Menschen, die von der Wut befallen waren (wahrscheinlich über die Untaten der Grafen von Pierre Aigue), mit einem Omelette aux herbes, dessen Kräuterrezept leider verlorengegangen ist.

Nein, das dustere Beaujeu konnte nicht die Hauptstadt des heiteren Beaujolais bleiben!

Heute ist es Villefranche sur Saône, ein Prachtstück von einer Stadt mit südlich-heiterem Handel und Wandel, einem Mannsvolk von flimmernder Geschwätzigkeit und vielen hübschen Frauenzimmern, die nur vom Beaujolais und der Liebe zu leben scheinen, und nichts erinnert mehr daran, daß im Mittelalter die Männer dort das verfassungsgemäße Recht hatten, ihre Frauen zu verprügeln.

Die Weinstraße des Beaujolais, an der die Dörfer liegen, die als einzige noch das Recht haben, ihren Namen auf die Etiketten der bauchigen Burgunderflaschen zu kleben, hat wie die der vornehmeren Côte d'Or ihren Schwerpunkt im Norden.

Schon 8 km südlich von Mâcon, wenn man im Dörfchen Crèches von der Route Nationale 6 nach Westen abzweigt, wächst der *St. Amour*, ein Wein, leicht und weich wie die jungen Winzerinnen aus dem Hôtel des Vierges, aber ohne deren Charme. Männlicher, voller, aber auch härter sind die Weine von *Juliénas*, wo man — als eine neue Kirche erbaut worden war — die alte Kirche dem Bacchus weihte, Pressen und Weinfässer dort unterbrachte, heitere Fresken aus dem Leben der Winzer und Winzerinnen an die Wände malte, und da, wo früher der Altar stand, heute Weine und Eintrittskarten verkauft.

Die Fremden, deren Autos auf dem Dorfplatz halten, genießen diese Blasphemie mit einem leichten Schauder, sehen verdutzt auf die bacchantischen Bilder der offiziellen Etiketten des »Cellier de la vieille Eglise« und kaufen, probieren, kaufen, probieren. Die alte Kirche macht sich bezahlt. Mit dem Bacchus-Opfergeld der alten erhält und schmückt man die christliche neue.

Nicht nur in Clochemerle, auch in Juliénas ist alles möglich. Die Weine des benachbarten *Chenas* vermögen selbst Kenner von denen aus Juliénas kaum zu unterscheiden, aber die Leute von Chenas ärgert das nicht. Ihre Portefeuilles füllten sich mit Goldstücken, nicht, weil sie den besseren Wein, sondern weil sie die besten Fässer produzierten. In Chenas wohnen die Faßbinder, die Küfer des Beaujolais, aber ihr Gewerbe blättert ab wie ein Baum im Herbst, seit die Großhändler dazu übergegangen sind, Betontanks und Klimaanlagen für die Konsumweine installieren zu lassen.

Was war das für eine Überraschung, als Mr. Pasquier sen. uns durch seinen verträumten Park führte, um uns den Stolz seiner Familie, das Schloß von Montfort zu zeigen! Man träumte sich zierliche Rokokodamen herbei, die im heiteren Gespräch an der Brüstung stehen und über die Hügel der Côte de Brouilly mit den Augen kutschieren. Mr. Pasquier sen. verwandelte sich selbst in den Marquis de Montfort mit seidenen Strümpfen aus Lyon, Schnallenschuhen, einem Habit aus Samt und Jabots mit Manschetten aus Valenciennes. Gleich würde er uns die etwas verstaubte, aber immer wieder eindrucksvolle Pracht seiner Väter zeigen. Der alte Schlüssel knarrte, die Tür flog auf und der rotgoldene Rokokosaal unserer Träume davon. Wir standen stumm vor Staunen und leicht fröstelnd im Innern eines Schlosses, das man restlos ausgehöhlt, der Etagen und Zimmer beraubt und bis unter das Dach mit Wein gefüllt hatte. Links und rechts türmten sich riesige Tanks aus Beton mit modernen Kontroll- und Abfüllvorrichtungen und Laufstegen vom Parterre bis zu den Mansarden, in denen früher die Domestiken wohnten. Wieder im Freien, mochte man annehmen, von einem Spuk genarrt worden zu sein, aber das Château stand wie immer hinter den alten Bäumen, die Fensterläden waren geschlossen, einer hing in leichter Schräge herab, sicher hatte sich seine Halterung gelöst.

Vor dem Château de Montfort blühten die Rosen, auf den Kieswegen zündete der Löwenzahn seine kleinen Laternen an und die Raben schrien unter dem Turm. Das Schloß lag da und träumte, den Bauch voll guter Jahrgänge des Beaujolais, es träumte selig wie ein Mensch, der trunken zwischen den Blumen liegt.

Die Ratio der Burgunder kommt geradewegs von Rabelais. Sie ist scharf und provozierend, aber zuletzt nie ohne Charme. Es gibt so viele zweckentfremdete Menschen, warum sollte nicht ein Schloß zweckentfremdet sein?

Und eine Windmühle, die ohne Flügel, nur noch als Symbol über dem Hügel steht, auf dem einst Julius Cäsar die Eroberung Galliens für einen Tag unterbrach?

Der *Moulin-à-vent*, der in weitem Bogen ringsum wächst, ist unbestritten der Spitzenwein des Beaujolais. Die Gamay-Rebe zieht aus dem manganhaltigen Granitboden dieses vielgelobten Hügels soviel Körper und Fülle, soviel Samt und Seide, daß man schon bei einem Vierjährigen eines guten Jahrgangs meinen könnte, einen Noblen von der Côte d'Or vor sich zu haben. Die Winzer von Romanèche-Thorins und Chenas distanzieren aber nicht nur die breiten Moulin-à-vent-Lagen vom übrigen Beaujolais, sondern sie bieten mit den Climats Clos de Rochegrès, Clos de Jaques, Clos de Carquetin auch besonders kostbare Moulin-à-vent-Burgunder an. Die Moulin-à-vent des Hospices de Romanèche-Thorins werden vom dortigen Hospiz nach dem großen Beispiel von Beaune selbst auf Flaschen gefüllt und sind Weine guter Lagen von immer verläßlicher Güte.

Die Weinberge des Dörfchens *Fleurie* grenzen an die südlichen Lagen des Moulin à vent und man darf ihren Weinen und denen aus *Morgon* mit einigem Respektabstand den zweiten Rang in der besten Gesellschaft des Beaujolais nicht streitig machen. Der Fleurie hat nicht den typisch burgundischen »Körper« des Moulin-à-vent, aber dafür mangelt es ihm nicht an Feinheit und Geschmeidigkeit, die er allen Weinen des Beaujolais voraus hat. Sein südlicher Nachbar, der Morgon, ist wieder schwerer, voller Wucht und Würde, einer der

Edelsten des Beaujolais, der beim Altern »morgonne« wird, ein Attribut, das die stolzen Winzer aus Morgon für jene tiefe Granatfarbe setzen, die sie wie einen persönlichen Besitz eifersüchtig nur ihren eigenen Weinen zuschreiben.

Sie kredenzen sie gern in einem Keller, den man voller Stolz den Fremden zeigt. Er ist sehenswert: eine einzige unterirdische Orgie von Kitsch und Schund, die man wahrscheinlich nur im Dämmer der Volltrunkenheit ertragen kann. Denn durch den Rubin eines dreißigjährigen Morgon gesehen, wird jede Grimasse zu einem schönen Antlitz und der reißerische Keller von Morgon zu einem Paradies.

Sie trinken aber den Wein nicht nur, die Leute vom Beaujolais, sie träumen davon, sie spielen, täuschen, handeln damit, sie lieben ihn und sehen durch ihn hindurch, sie speien ihn aus, loben und tadeln ihn, sie begießen mit ihm ihre Freude und ihren Schmerz, peitschen mit ihm ihre Liebe und ihren Haß. Sie leben mit ihm. Sie haben ihn im Blut und er pulst durch ihr Herz, erhellt den Kopf und vernebelt den Verstand. Der Wein ist ihr Schicksal.

Er gibt ihnen zugleich in der stillen Zufriedenheit mit dem bunten, aber kleinen Horizont von Beaujolais den unternehmerischen, wenn auch etwas ungelenken Schwung zum Griff in die Welt, eine durch und durch charmante Abart der Donquichotterie, er gibt ihnen die Gabe, die Dinge beim Namen zu nennen, was nicht immer ersprießlich ist auf dieser Welt, aber dazu ein savoir vivre, dessen Art und Richtung man am besten mit Voltaires Feststellung anzeigen kann, daß alles, was der Körper absondert, auch die Seele erleichtere und daß — wie de Vigny findet — alle Tragödien nichts weiter sind als pompöse Nichtigkeiten.

Als Gabriel Chevallier seinen vielgelesenen, frivolen Roman »Clochemerle« geschrieben hatte, jenes reizende Cinerama des Beaujolais und seiner liebenswerten Menschenschwächen, konnte er sich dort nicht mehr sehen lassen. Eine Gemeinde beschuldigte die andere, daß diese skandalösen Geschichten sich nur dort zugetragen haben könnten. Die vornehmen Winzer in Beaune bekamen verkniffene Gesichter, wenn man sie nach dem Urbild fragte. Dann begann man zu suchen. Bald kamen nur Orte in Frage, die auf halber Höhe an einem Südhang lagen, und schließlich blieb die ganze Geschichte an Vaux hängen, einem Dörfchen ganz am Rande des Beaujolais, in dessen »unwegsamem Südosten«.

Die Reaktion der Leute von Vaux war sensationell.

Sie errichteten — wie im Roman — unverzüglich jene Bedürfnisanstalt, durch die im Dörfchen des ehrgeizigen Bürgermeisters Piéchut die Kettenreaktion von 764 Romanseiten in zwei Bänden ausgebrochen war, mauerten daneben einen Weinkeller für Touristen aus, nannten ihn stolz »Cave de Clochemerle«, richteten ihn geschmackvoll ein, ließen von einem Heraldiker ein Wappen entwerfen, das neben einer Amsel eine Glocke trug (Clochemerle = Amselglocke) und verkauften ihren billigen Beaujolais-Villages mit dem Zusatz Cave de Clochemerle, Vaux en Beaujolais. Heute halten die Omnibusse amerikanischer, französischer und englischer Reisegesellschaften zwischen der Kirche, dem Weinkeller und der historisch gewordenen Bedürfnisanstalt, und wenn ihre Insassen bergaufwärts das Haus der lebensfrohen Adèle Torbayon oder das des geduldigen Pfarrers Ponosse suchen, müssen sie eine Straße überschreiten, die »Rue de Chevallier« heißt. Gabriel Chevallier, der in Dijon wohnt, kommt gern nach Vaux herüber, dessen Bürgermeister keck den Stein aufnahm, den man verächtlich nach seinem Dorf geworfen hatte, und da er den Witz seines großen Vorbilds Piéchut besaß, wurde in seiner Hand ein Edelstein daraus und aus dem belächelten Clochemerle eine touristische Attraktion.

Inzwischen hat der Beaujolais seinen Siegeszug über die ganze Welt angetreten. Auch in Deutschland ist er der meistgetrunkene Burgunder.

Mag es an seinem reizenden Namen liegen, an seinem niedrigen Preis oder an der Tatsache, daß er schon nach 12 Monaten alle seine guten Eigenschaften beisammen hat, wie nur ganz wenige Weine? Der Beaujolais »paßt zu jedem Essen«, man soll ihn trinken, ehe er das schulpflichtige Alter erreicht, denn er ist kein Grandseigneur wie die vornehmen Weine der Côte d'Or, er ist ein Wein der Jugend, gut für die Alten, um das Herz zu verjüngen, gut für die Jungen, um die Weisheit zu spüren. Es ist der Wein, der unter dem südlichsten Himmel Burgunds wächst, in einem heiteren Lande von Saft und Kraft, gepflegt von Menschen wild-froher Natürlichkeit. So ist immer der Duft des Frühlings in ihm, die Würze der Wiesenblumen und das Jubilieren der Vögel.

Fast scheint es, als ob der Beaujolais im Mai gekeltert würde statt im Oktober.

Zwei Ernten könnte man ihm wünschen. In Paris war im vergangenen Jahre die Nachfrage doppelt so hoch wie das Angebot.

Aber das ist in Paris öfter und mit vielen Dingen der Fall.

Auch den Wein trinken die Pariser schneller, als er wachsen kann.

Bordeaux

Rotes Gold aus tausend Schlössern

»Trinken wir doch einen Bordeaux!« Das sagt man so leicht in festlichen Stunden. Der Finger liegt dabei auf einer bestimmten Stelle der Weinkarte und auf einer bestimmten Stelle der Karte von Frankreich. Er liegt auf dem eleganten, liebenswürdigen, heiteren und fleißigen Bordeaux, dem geschäftigen Häusermeer inmitten einer Million stiller Rebgärten, die dort ihre hellen und dunklen Trauben unter einem seidigen, königsblauen Himmel reifen lassen.

Aber in welchem Land wächst dieser edle Wein!

Das Médoc

Das Médoc kann der Herrgott nur im Zorn erschaffen haben. Am Sandstrand des Atlantik ein paar sogenannte Seebäder von abschreckender Primitivität, dahinter ein Dünengürtel von heimtückischer Unruhe, meilenweite Kiefernwälder von erschütternder Eintönigkeit, dazwischen die menschenleere Heide des Landes und die in der Mittagshitze wirbelnde Fliegenbrut über den Sümpfen. La belle France auf der Rückseite.

Die beiden Dünenseen von Hourtin und Lacanau haben ein paar hübsche Winkel und bringen mit ihren lustigen Seglern eine beschwingte Melodie in diesen traurigen Hinterhof des Tourismus. Erst im östlichen Drittel hebt sich das Land sanft und unmerkbar in den heiteren Frieden uralter Dörfer. Felder schieben sich ins Bild und unter grünen Wolken breiter Laubbäume schöne, verlotterte, gepflegte, romantische, armselige und prunkvolle Herrensitze: die Châteaux des Médoc!

Ein Flieger in der Luft kann sicher ganze Sternbilder aus ihnen zusammenstellen mit Sternen erster, zweiter und dritter Größe. Ihre Himmel sind die Weingärten, die großen und kleinen Weingärten voller Cabernet, Merlot, Verdot und Malbec, Weingärten, die sich fugenlos aneinanderreihen, so weit das Auge reicht. Weingärten, deren Namen die Welt kennt, und solche ohne Rang, die irgendeinen Bourgeois in die alte Kelter liefern oder einen billigen Artisan. Aber alle bilden sie in ihrer kultivierten Akkuratesse, ihrer gepflegten Sauberkeit und Fülle einen merkwürdigen Gegensatz zu den verblaßten Dächern und dem meist vernachlässigten Gemäuer der alten Dörfer um die berühmten Weinorte St-Estèphe, Pauillac und St-Julien.

Hinter den letzten Dörfern nahe der Gironde ist er schon wieder da, der unheimliche, oft weglose Sumpf, das Maquis. In der Einsamkeit des alten Forts Médoc, an dessen Wänden die OAS ihre Initialen hinterließ, rollen in Vollmondnächten die Köpfe enthaupteter Girondisten über die morsche Stiege. Drüben schwappt braun und brackig das faule Wasser der Gironde an das modernde Ufer, und ganz sicher wohnen hier die Erlkönige, die nachts wie heisere Eulen schreien.

Die »Châteaux«

Auch in Deutschland gibt es Château-Weine, etwa Schloß Johannisberg und Schloß Vollrads im Rheingau, Schloß Fürstenberg bei Bacharach (Mittelrhein), Schloß Staufenberg in Baden und viele andere. Aber im Bordeaux-Gebiet sind weit über neun Zehntel aller Herkunftsbezeichnungen die Namen von Schlössern, unbekümmert darum, ob es sich dabei um wirkliche Schlösser wie das neuklassische Margaux, das mittelalterliche d'Yquem, das uralte Ausone, eine herrschaftliche Villa wie das Château Mouton-Rothschild handelt, oder aber nur um ein modernes Zweifamilienhaus wie das Château Petrus. Ein ramponiertes Gutshaus darf sich ebenso Château nennen wie ein kleiner Bungalow, den sich ein Winzer in seine Weingärten gesetzt hat.

Früher verkaufte der weitaus größte Teil der Château-Besitzer seinen Wein in Fässern an die Weinhändler, vor allem an große englische und hanseatische Importhäuser, die ihrerseits durch ausgleichende Cuvées bestrebt waren, diese jahrgangsweise schwankenden Weine in derselben Geschmacksrichtung und auf derselben Qualitätshöhe zu halten. Als 1869 der Château Lafite, weil es ein sehr guter Jahrgang war, komplett im Schloß auf Flaschen abgezogen worden war, nahmen das viele andere Châteaux als Beispiel und verkauften vor allem ihre besten Jahrgänge nicht mehr in Fässern, sondern in

Flaschen mit dem bekannten Vermerk: »Mise en bouteilles au Château«. Mr. Blondin, der Maître de Chai von Mouton-Rothschild, erzählte uns, daß es in seinem Hause noch nie anders gewesen sei: Château Mouton-Rothschild habe seither *nur* numerierte Schloßabzüge verkauft. Heute geht der weitaus größere Teil der klassifizierten Bordeaux-Weine als »Schloß-Abfüllung« auf den Markt, was in jedem Falle eine zuverlässige Herkunftsgarantie ist, eine Art Markenbezeichnung, nicht aber unbedingt ein Qualitätszeugnis. Das ist erst gegeben durch den *Namen* des Schlosses und den auf dem Etikett angegebenen *Jahrgang*. Und auch da hat — wie überall in der Weinwelt — der Teufel noch nicht alle seine Finger aus dem Spiel gezogen.

Ein Weinlabyrinth

Christus war noch gar nicht geboren, da fand Crassus mit seinen römischen Legionären hier schon riesige Weingärten vor, und für die Rebstöcke, die er aus der Toscana und aus Sizilien mitbrachte, mußte er mit Gewalt einige günstige Lagen roden lassen. Heute wächst hier Wein in einer zusammenhängenden Fläche wie nirgends sonst auf der Welt, und das Departement Gironde gießt davon jährlich 350 Millionen Liter aller Qualitätsstufen in die Weinkeller der Welt. Es sind dabei Weine aus zwanzig einzelnen Regionen, von denen uns nur die fünf interessieren, die zu den Edelweingebieten Europas gehören. Es sind das:

1. *Haut Médoc* am Westufer der Gironde, ohne die Nordspitze der Halbinsel (Rotweine)
2. *Graves*, nördlich, westlich und südlich Bordeaux auf dem Westufer der Garonne (Rot- und Weißweine)
3. *Sauternes*, südlich des Gebietes Graves, ebenfalls auf dem Westufer der Garonne (Weißeine)
4. *Saint-Emilion*, östlich Bordeaux, auf dem Nordufer der Dordogne (Rotweine)
5. *Pomerol*, nordöstlich der Stadt Libourne, Saint-Emilion benachbart (Rotweine).

In allen zwanzig Regionen, selbstverständlich auch in unseren ausgewählten fünf Edelweingebieten, hat sich die den Franzosen eigene Ratio in einer sehr strengen Klassifizierung niedergeschlagen, die 1855 aufgestellt wurde und erst in diesen Jahren kleinere Korrekturen nötig macht.

Diese Klassifizierung unterscheidet

1. die Crus Classés (untergliedert wieder in 1. bis 5. Crus), die Spitzenweine
2. die Crus Exceptionnels, eine gehobene Qualitätsstufe
3. die Crus Bourgeois Supérieurs, gute Tischweine
4. die Crus Bourgeois, mittlere Tischweine
5. die Crus Artisans, billigere Schankweine
6. die Crus Paysans (Villages), der Rest.

Es ist wichtig, den Freund der Bordeaux-Weine mit der ungeheuren horizontalen (geographischen) und vertikalen (qualitativen) Ausdehnung des ganzen Labyrinthes dieser Weinwelt bekannt zu machen, das man wirklich nur mit einem Ariadne-Faden in der Hand begehen kann. Alles, was wir hier behandeln und erwähnen, sind nur Gewächse der fünf anerkannt besten Regionen, unter deren Weinen uns auch wiederum nur die Crus Classés interessieren, vornehmlich alle Premiers Crus und die unmittelbar hinter diesen wenigen Spitzenlagen qualitativ auf Luke dahinterstehenden großen Lagen. Anders würde man hier in einem Meer von Angeboten ertrinken, einem Meer von roten und weißen, sehr guten, guten, erfreulichen und billigeren Weinen, einem ganzen Strauß von Geschmacksrichtungen für alle Zungen mit edelharmonischen, halbtrockenen und mit ihrer Säure kokettierenden Rebensäften. Weine, die mehr als ein halbes Jahrhundert alt werden können, und Weine, die man frisch in den ersten sechs Jahre trinken sollte. An der Gironde wächst alles, was Wein heißt und Wein sein kann, es fließt in die Fässer und Bouteillen anders als im mittleren Europa und in Burgund, und es gibt auch seine Visitenkarte — wie wir sahen — auf dem Etikett etwas anders ab.

Das Altern

Die edelsten Kreszenzen, denen unsere Aufmerksamkeit gilt, werden vorzüglich aus Cabernet-Franc, Cabernet-Sauvignon hergestellt, denen entweder Merlot, Malbec, Verdot oder alle drei bzw. zwei von ihnen beigemischt sind. Unsere Befragung bei den Kellermeistern der Châteaux der Premier-Cru-Klasse ergab, daß sie zumeist ihre Weine

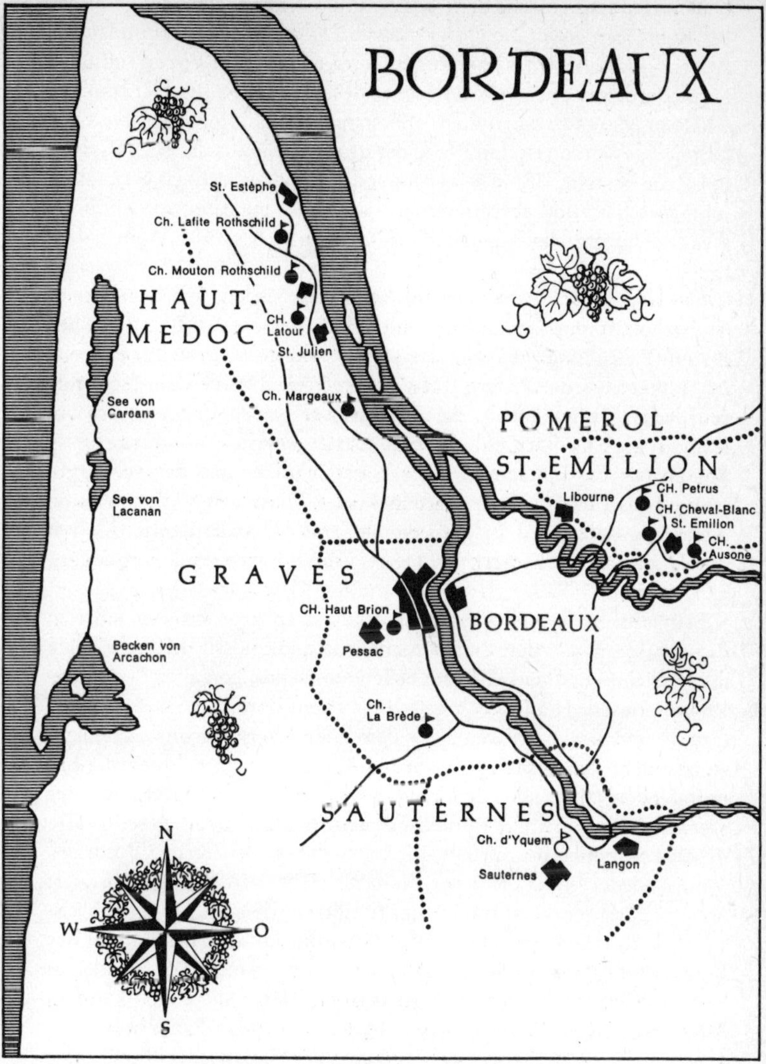

BORDEAUX
St. Estèphe
Ch. Lafite Rothschild
Ch. Mouton Rothschild
HAUT-MEDOC
CH. Latour
St. Julien
Ch. Margeaux
See von Carcans
See von Lacanan
Becken von Arcachon
POMEROL
ST. EMILION
Libourne
CH. Petrus
CH. Cheval-Blanc
St. Emilion
CH. Ausone
GRAVES
CH. Haut Brion
Pessac
BORDEAUX
Ch. La Brède
SAUTERNES
Ch. d'Yquem
Sauternes
Langon
N
W
O
S

aus zwei Drittel bis höchstens drei Viertel aus Cabernet-Beeren aufbauen. Der sehr verschiedene Säure- und Glyzeringehalt der gemischten Rebsorten ergibt die Differenzen im Körper, im Bukett und in der Alterungsfähigkeit des Weines. So wird es keinem Kenner einfallen, einen Bordeaux etwa von der Klasse des Mouton-Rothschild oder des Château Margaux zu trinken, ehe er nicht mindestens acht bis zehn Jahre alt geworden ist. Ein Wein, der größtenteils aus der edlen Cabernet-Rebe besteht, läßt in seiner Jugend jegliche Lieblichkeit vermissen, schmeckt hart und abweisend, entfaltet aber im Alter von zehn bis zwanzig Jahren alle Tugenden, die ein wirklich großer Wein haben muß.

Das hat der Bordeaux, ob er nun aus dem Médoc, dem Graves oder St-Emilion stammt, allen Rotweinen der Welt voraus. Er ist von der ersten Faßfüllung ab auf langsames Altern eingestellt. Er reift langsamer als jeder andere Rotwein der Welt. Das bewirkt nicht nur sein hoher Tanningehalt, die Eigenart der beiden Cabernet-Sorten, sondern auch die Sorgfalt, mit der nur reife, volle und absolut gesunde Beeren für die Spitzenweine gekeltert werden, und der verbürgte Vorzug, daß diesem Rebensaft in keiner Phase seiner Entwicklung etwas zugesetzt wird. Er wird niemals mit Alkohol aufgefüllt, selten durch Zucker verbessert, er bleibt grundsätzlich und konsequent naturrein.

Seit Jahrhunderten verbringt er die ersten zwei bis vier Jahre in Eichenfässern, seit den Zeiten Richelieus und Ludwig XIV., die beide die medizinischen, ja selbst die heilenden Wirkungen alter Bordeaux-Weine priesen. Heute noch gelten die roten Bordeaux als »Milch der Greise« und als die Rotweine, die dem alten Menschen am zuträglichsten sind. So ließ es sich auch Konrad Adenauer nicht nehmen, die ihm mundenden Jahrgänge des Château Margaux mit dem Kellermeister Pierre Grangeron an Ort und Stelle auszuwählen, denn dieser Maître de chai ist einer der selbstkritischsten Kellermeister des Bordelais. Immer wieder findet er Fässer, die er nicht für würdig hält, das Etikett »Château Margaux« zu tragen, das für ihn ein Zeugnis für das lieblichste Bukett, den kräftigsten Körper und die zarteste Distinktion der Blume ist. Er muß — wie er sagt — sich nicht vorstellen können, daß es auf der Welt einen Wein von kostbarerer Harmonie geben kann — dann erst holt er seine Etiketten abgezählt aus dem Panzerschrank.

Seit mehr als 100 Jahren gehören zwei der Handvoll weltberühmter Weinberge des Médoc den Rothschilds: Das Château Lafite und das

Château Mouton. Das Château Margaux ist inzwischen in die Hände des renommierten Weinhauses Ginestet in Bordeaux übergegangen, und die Châteaux Latour und Haut Brion kamen nach dem Kriege in amerikanischen Besitz.

Die Graves

Château Haut Brion in Pessac, unmittelbar vor den Toren von Bordeaux, liegt bereits nicht mehr im Médoc, sondern in der Weinlandschaft der Graves, ein Name, der nichts weiter bedeutet als »Kieselsteine«, aber im Kopf eines Mitteleuropäers sich sofort mit dem Begriff Weißwein assoziiert. Dabei wachsen im Graves viel mehr und bessere Rot- als Weißweine. Die Spitzenkreszenz des Château Haut Brion wurde sogar den berühmten Rotweinen des Haut Médoc offiziell zugeordnet, obwohl der Weinberg in Pessac, dem westlichsten Vorort von Bordeaux, also mitten in der Region von Graves liegt.

Eine heitere, leuchtende Wald- und Gartenlandschaft tut sich da auf, und es ist, als ob der königliche Glanz der Metropole Bordeaux weit ins Land hinaus strahlte, wo der Wein zwischen Blumengärten wächst und zwischen hellen einladenden Häusern, wo er in launigem Übermut überall da auftritt, wo man ihn am wenigsten vermutet. Welche Sonne, welch lieblicher Glanz überall an den Ufern der kühlen, frischen Gironde, die von den Pyrenäen herunterquirlt wie im Übermut!

Die kostbarsten Weingärten liegen gleich im Südwesten und Süden von Bordeaux, in Pessac, Leognan und Martillac, in Griffweite der Feinschmecker sozusagen. Aber wirklich kostbar sind nur einige der roten Graves, die den besten Lagen des Haut Médoc nicht nachstehen. Obwohl die Bodenbeschaffenheit der Graves mit quarzithaltigen Decken über Lehm und Tonschichten, denen oft Kalk und eisenhaltiger Sand beigemischt ist, der des Médoc ähnelt, gehören die Graves nicht zu den unbedingt besten, aber fast immer guten Weinen Frankreichs.

Das war nicht immer so. Im 15. Jahrhundert erließ die Stadt Bordeaux ein Edikt, wonach allen Gastwirten untersagt wurde, die übrigen Weißweine des Bordelais für Graves auszugeben. 250 Jahre später setzte die Jurade von Bordeaux die Graves an die Spitze der damals anerkannten siebzehn großen Weinbaugebiete. Und noch

Napoleon I. zog den Graves allen anderen Bordeaux-Weinen vor. Von den weißen Graves kann man sagen, daß sie die vielseitigsten Weißweine Frankreichs sind; denn es gibt ebensoviel trockene, den weißen Burgundern ähnliche Graves wie liebliche, geschmeidige süße Kreszenzen, die vor allem in guten Jahren aus überreifen Trauben, sozusagen als Beerenauslese geerntet werden.

Aber zurück zu den großen Roten des Bordelais! Über die Brücke von Langon, hinauf nach Cadillac, am reizvollen Ostufer der Garonne vorbei nach St-Emilion!

St-Emilion und Pomerol

Wir standen in den Kellern von Château Ausone und blinzelten in den klaren Rubin einer Flasche, die Jean Dubois-Challon mit einer Leiter aus der hintersten Ecke der Weinbibliothek heruntergeholt hatte. Er hielt sie sehr ruhig und behutsam gegen das Kerzenlicht, als hätte sie soeben ein Archäologe antiker Erde entrissen. Nur die Hand des Regisseurs (so heißen die Verwalter der Weingüter des Bordelais) zitterte dabei, und so hüpfte die Flamme wie eine goldene Ballerina durch das klare Höllenrot dieses Château Ausone, St-Emilion von 1838. Dann spielte der gestreckte Arm des kleinen Gascogners mit dem Kerzenlicht über ein ganzes Jahrhundert aufregender Geschichte, und Jean Dubois-Challon, heute »Erster Jurat« der Jurade de St-Emilion, sagte fast scheu und mit verhaltenem Stolz einige Zahlen vor sich hin: dix-huit cent quarante-huit, dix-huit cent soixante-quatre, 1866, 1873, 1878, 1899 ...

Wir sahen die weißen Jahrgangsziffern auf den kleinen schwarzen Tafeln, und es war still in den Gewölben des Ausonius wie in einem Mysterienspiel. So alt und geheimnisvoll ist alles hier. In diesem Gemäuer hat nicht nur der englische König Richard Löwenherz gezecht, ehe ihm im Frühjahr 1199 ein Lanzenreiter des Grafen von Limoges die geschwollene Leber durchstieß. Hier stand lange zuvor, um 360, die Villa des römischen Konsuls Decimus Magnus Ausonius, eines Weltmannes und Poeten seiner Zeit, der nicht nur eine Weinreise an die Mosel machte und sie poetisch besang (Mosella), sondern unter den Arkaden seiner heiteren Villa bei einer Magnum-Amphore »Château Ausone« von 363 die Schönheit seiner suebischen Geliebten Bissula in

Verse kleidete, ehe die Vandalen und Sueben fünfzig Jahre später sein Haus zur Ruine machten.

Aber es gibt nebenan viel ältere Zeugnisse der erhabenen Geschichte dieser Erde, auf der zwei Buben, die 1940 einen entlaufenen Hund suchten, in einer Höhle in einem Seitental der Dordogne die Tiere von Lascaux entdeckten, die bisher ältesten Wandgemälde der Menschheit aus der älteren Steinzeit.

Ist es ein Wunder, daß man in der Nähe auch die Skelette des noch älteren Cro-Magnon-Menschen aus der Erde zog? Das heutige Château Ausone duckt sich hinter einem hohen Erdwall, geschützt von uralten Bäumen, über diese bemoosten Gemäuer, und die Bauarbeiter sind still am Werk, um es ein wenig zu vergrößern. Sie tun es fast heimlich, und sie werden den kleinen Anbau sicher mit uralten Ziegeln bedecken, um die Patina dieser patriarchalischen Landschaft sorglich zu bewahren.

Zu Abend essen wir auf dem Dach einer Kirche, es ist ein saftiges Entrecôte Maître de chai von einem jungen Ochsen, über Rebholz geröstet mit Steinpilzen aus dem Waldstück da drüben und einer Sauce Emilionaise, wie sie dem Küchenchef des Hotels de Plaisance alle Ehre macht. Eine Flasche Château Figeac von 1955 (!) sprüht flüssigen Rubin in drei Gläser.

Neben dem riesigen Glockenturm, der als Wahrzeichen von St-Emilion hoch aufgereckt wie der Finger Gottes aus dem Rebenmeer ragt, parken jetzt noch einige Autos mehr auf dem Dach dieser merkwürdigsten Kirche, die ich je sah. Benediktiner schlugen sie um die Wende des 11. zum 12. Jahrhundert mit einem Mittel- und zwei Seitenschiffen 40 m lang, 20 m breit und 16 m hoch in den nackten Fels — eine nicht nur von der Technik, sondern auch von der mönchischen Mentalität her erstaunliche Arbeit. Im gespenstischen Dämmerlicht unter den rohen Rundbogen wähnt man sich wirklich eher in der Halle des Bergkönigs als in einem Gotteshaus, das es ja auch nicht mehr ist. Ein altes Mütterchen, das nebenan ein Souvenirgeschäft betreibt, führt heute die kleinen Trupps von Neugierigen durch die hohen Gewölbe, in denen einst fleißige Mönche bei flackerndem Fackellicht umherhuschten, hämmerten und klopften, um in frühchristlich-atavistischer Verstrickung vor dem Sonnenglast dieser bacchantischen Welt und dem höllischen Feuer ihrer Weine in diesen Katakomben-Dom zu flüchten.

Und die St-Emilions haben Feuer! Vom ersten Jahre an tragen sie einen intensiv leuchtenden, oft samtigen Purpur ohne bläuliche Akzente und ohne Altersbräunung. Es ist immer ein körperreicher Wein mit einem unvergleichlichen, nur ihm eignen Bukett. In den von vielen Kennern heute bevorzugten Weinen des benachbarten Pomerol scheinen sich die Lieblichkeit edler Burgunder mit den herberen Tugenden des distinguiertesten Bordeaux zu umarmen.

Etwas distanziert und durch einen Hügelschwung sanft angehoben über der Gemeinde Pomerol liegt das äußerlich anspruchslose, aber blitzsaubere Château Petrus, der einzige Prémier grand cru classé des Gebietes, berühmt geworden durch die hochedlen Weine dieser Lage, die leicht, von großem Bukett, mit einem ganz typischen Duft von Trüffeln ausgezeichnet sind. Der Boden dieses kostbaren Weingartens enthält in seinem sandig-tonigen Untergrund viel Eisen und andere mineralische Substanzen.

Als vor Jahren die Wirtschaftsgebäude des Weingutes renoviert worden waren, nahm der französische Milliardär Marcel Dassault an, die Erben von Mme. Edmond Loubat würden den Weinberg verkaufen, und bot ihnen die kokette Summe von 5 Millionen Nouveaux Francs für die 7 ha dieses großen Gewächses. Aber selbst dieses großartige Angebot konnte die Erben von Mme. Loubat nicht umstimmen. Sie behielten das Kleinod von Pomerol in ihrer Hand.

Vor 100 Jahren waren die Weine von St-Emilion und Pomerol in Vergessenheit geraten. Sie wurden 1855 noch nicht einmal mit klassifiziert. Aber die ständige, schnell steigende Beliebtheit gerade dieser Version der großen roten Bordeaux hat das Institut National veranlaßt, 100 Jahre später, am 16. Juni 1955, eine Klassifizierung vorzunehmen. Hüter dieser Klassifizierung und ihres Qualitätsniveaus ist die Ratsherrschaft (Jurade) von St-Emilion, die von Johann ohne Land 1199 gegründet worden war und heute mit Stolz ihre roten Talare als älteste Weinbrüderschaft Frankreichs trägt. Ihr Festbankett im Kloster der Kollegialkirche, die Schwüre ihrer Novizen im Fackelschein, die Freude an spektakulärer Robe und Würde des Zeremoniells sind mehr als bacchantischer Kult. Sie sind ein in liturgischer Strenge gefaßter Ausdruck der Verehrung einer Gottesgabe.

Hier weiß man, daß sie alle an einem Weinstock hängen, die heidnischen und die christlichen Trauben, die heidnischen und christlichen Gleichnisse und Symbole. Hier weiß man, daß Allvater Gott im Wein die Wahrheit verbarg, daß er im Wein das Leben der Menschen symbolisierte, ihre Stärken und Schwächen, ihre Tugenden und Laster. Der römische Konsul Ausonius wußte das, der hier über diese alten Steine ging, Montesquieu wußte das, der drüben im Château La Brède wohnte und sann, und Jean Dubois-Challon weiß es.

Der »Erste Jurat« fragt beim Abschied nach dem besten Platz im Wagen und legt dann eine Flasche Château Ausone 1947 mit der Anmut eines aquitanischen Ritters auf den Schoß einer heiteren jungen Frau.

Sauternes

Der Flirt mit dem Pilzkopf

Südlich Bordeaux und der Region Graves dehnt sich am linken Ufer der Garonne eine liebliche, von Wäldern durchsetzte Hügellandschaft aus, die seit Jahrhunderten die kostbarsten und überall in der Welt beliebtesten Weißweine Frankreichs erzeugt.

Barsac, Preignac, Fargues, Bommes und Sauternes heißen die kleinen Weinlandschaften, nicht größer als deutsche Landkreise, aber in ein Meer von Reben eingetaucht, über dem die Dächer einsamer Schlösser und weltferner Dörfer wie die Rümpfe von Schiffen erscheinen.

Das Dorf

Sauternes selbst, das der Region den weltberühmten Namen gab, ist ein in einer anmutigen, flachen Senke verstecktes kleines Dörfchen. Unter den alten Bäumen des Kirchplatzes degustieren heute, an einem Sonntagabend, Männlein und Weiblein auf primitiven Holzbänken die edelsten Châteaux, den einheimischen Guiraud, den rassig-charmanten, fast spitzbübischen Château Filhot, den sie dort den kleinen d'Yquem nennen, weil er der Schwester des Marquis de Lur-Saluces gehört, den Lamothe und den Lafon ... — bei einem Preis, der uns erblassen läßt, weil er noch nicht einmal ein Fünftel dessen erreicht, was man in einem guten Pariser Restaurant für diese 1er und 2ème Crus bezahlt.

Schnell vergißt man die Welt auf diesem Dorfplatz, man hört nur noch die silbernen Hörner des Märchenzwerges Oberon, die drüben im Bois verwehen, vor dem die Kühe im fetten Grase liegen. Aus der kleinen Kirche tönt eine heitere Orgel. Dabei blitzen in den Sauternes-Träumen Vergleiche zwischen Henze und Karl Maria von Weber auf, zwischen »König Hirsch« und »Oberon«. Schließlich wollen plötzlich alle Melodien diese so abseitige Erde verlassen. Wie bunte, glitzernde Schnüre nachts fahrender Züge steigen sie in den dunklen Himmel und ziehen davon, um irgendwo eine andere, dankbarere Welt zu suchen.

Der Wein

Ein guter Sauternes eines guten Jahres ist immer ein großer, festlicher Wein, ein amouröser Zauberer, ein goldenes Gewitter, aus dem die Geistesblitze sprühen. Erfahrene Männer kredenzen ihrer Dame Sauternes, einen Coutet aus Barsac oder einen der beiden Rabauds aus Bommes. Das Herz schlägt Alarm, auch wenn es nicht gleich der König der Könige, ein hochnobler Château d'Yquem 1945 ist, bei dem auch die Begum ins Träumen geriet. Immerhin zahlte Großfürst Konstantin von Rußland einmal 20 000 Goldfranken für ein Faß d'Yquem 1847!

Man sagt, daß ein Sauternes der Tugend Flügel verleihe (damit sie schneller davonfliegen könne, eifern die Spötter). Aber man sollte den Sauternes bei uns nicht schlicht als »Weiberwein« bezeichnen, wie es noch immer geschieht. Man macht es sich auch viel zu leicht, ihn etwa wie einen Marsala als Südwein oder Süßwein abzustempeln. So kann nur jemand reden, der sich noch nie die Mühe gemacht hat, einem guten Sauternes wirklich zu begegnen, ihn also bewußt zu genießen. Unter der grandiosen Fülle seiner Extraktstoffe und seiner balsamischen Süße verbirgt sich ein zarter, aber im Abgang sofort spürbarer Säureschleier, der immer wieder die Überraschung auch der deutschen Riesling-Beerenauslesen ist.

Dieser Wein von erotisierendem Reiz gewinnt seinen Charme aus der Eigenart zweier Reben: der aromatischen, aber einfacheren Sauvignon (in Österreich: Muskat-Sylvaner) und der edlen Semillon. Immer ist auch ein kleiner Prozentsatz der unverwüstlichen Muskatellerrebe dabei und der Pilz Botrytis cinerea. Sowohl die Sauvignon als auch die Semillon sind anfällig für die durch ihn hervorgerufene Edelfäule. Sie reifen meist zu gleicher Zeit, und der immer verläßliche Ertrag der Semillon gleicht die in der Menge eher unterschiedlichen Ernten der Sauvignon aus. Jeder gute Sauternes ist heute ein mit Sauvignon (20—30 Prozent) und Muskateller (5—10 Prozent) verschnittener, meist zusammen gekelterter Semillon.

Tante Sofie und Tante Emilie

Ja, die alte Tante Sauvignon — nennen wir sie kurz Sofie — die alte Tante Sofie hat's in sich. Jedes Jahr dasselbe Bild: der Frühling kommt, die Vögel tirilieren, Tante Sofie weiß von nichts. Kaum daß sie ausschlägt, und das spät genug, denkt sie gar nicht ans Wachsen. Alle anderen Reben: die Semillon, die Muskateller, die Cabernet Sauvignon, die Malbec, grünen und blühen schon, da wacht die Semillon auf. Sie überholt eine nach der andern in einer Vegetation, die man schon eher als eine grüne Raserei bezeichnen möchte, blüht in Windeseile, entfaltet ihre Blätter und hält sie so dachziegelartig übereinander, als wolle sie schon die unreifen Beeren vor allzuviel Sonne schützen, daß jeder Laie einen Sauvignon-Weinstock unter anderen herauskennen kann. Keiner gebärdet sich wie sie, und sie läßt viel zuviel Schößlinge sprießen. Man sieht es ihr an, daß sie vor Kraft und Vitalität gar nicht anders kann, als sich so wild zu gebärden. (Ins Ohr: Sie ist sicher nicht aus bestem Hause, die Tante Sofie.) Man sagt, sie sei mit dem Sylvaner verwandt, diesem leichtfüßigen österreichischen Hascherl-Fänger. Dort in Österreich ist sie noch heute wohlgelitten im Anbau und kommt vor allem aus der Steiermark als »Muskat-Sylvaner« in den Handel.

Meist wird sie nur als Verschnittwein gebraucht, nur in zwei kleinen abseitigen Weingebieten an der jungen Loire und einer ihrer Nebenflüsse, der Cher (nordöstlich und westlich von Bourges), steht heute noch die Sauvignon im reinen Satz, bei Reuilly und Quincy, wohin die Benediktiner der Abtei von Beauvoir die Rebe brachten und in dem romantisch über der jungen Loire gelegenen Städtchen Sancerre. Hier berichtet man mit Stolz, daß schon im 12. Jahrhundert der Troubadour Henri d'Andely, der am Tisch des Königs Philipp-August »Die Schlacht der Weine« inszenierte, den Sancerre mit obsiegen ließ, und zählt heute die Nouveaux Francs, die in die Kasse des »Syndicat viticole« rollen, seit der Sancerre der Modewein des Paris der 60er Jahre wurde, seit das Elysée einen Château de Sancerre zum Dessert servieren läßt und man fleißig das Gerücht nährt, daß der Sauvignon von Sancerre einer der sehr wenigen Lieblingsweine des Präsidenten Charles de Gaulle war (»Parmi les bons vins avoir le meilleur«).

Das hat also die Tante Sofie getan, die alte Tante Sauvignon, die im Wachstum so eigenwillig umeinanderschießt, wie es der General jahrelang in der Politik getan hat

Die Semillon war nie so königstreu wie »Tante Sofie«, »diese hergelaufene Habsburgerin« (würde sie sagen, wenn sie sprechen könnte). Als tapfere Girondistin legte sie zur Zeit der Französischen Revolution den frommen Namen »Saint Emilion« ab und nannte sich schlicht »Semillon« — Tante Emilie.

Ihren Adelstitel verdankt sie ihrem unvergleichlichen Wein, der — auch ohne Edelfäule — in reifem Zustand gekeltert, ein körperreicher, alkoholischer (12 bis 14 Prozent), dabei milder, goldgelber Wein von einem sehr distinguierten Bukett, »nicht halb so aufdringlich ist wie das Parfüm dieser sogenannten Dame Sauvignon« (würde sie sagen, wenn sie sprechen könnte).

Aber die Genießer im Sauternais hatten nun einmal beschlossen, sie mit der Sauvignon zusammen in die Kelter zu bringen.

Dabei kann man nicht sagen, daß Tante Emilie trotz ihres alten Adels nicht bis in die sehr kräftigen Wurzeln hinunter gesund wäre. Gewiß sind ihre jungen Blätter etwas empfindlich, aber nicht lange, dann sprüht sie vor Kraft. Weder Oidium noch Mehltau und Black-Rot können ihr etwas anhaben. Nur einem gegenüber ist sie willenlos: es ist der Vagabund Botrytis cinerea, den sie in jedem Jahr erwartet wie einen Geliebten.

Flirt mit dem Pilzkopf

Der Mensch, der ja die Kuppelei nicht lassen kann, hat sie rechtzeitig entlaubt. Da hängt sie nun, entblößt vom grünen Kleid mit ihren prallen, reifen Trauben und ihren dichten, dicken Beeren, krachend, golden, halb durchsichtig und fein geädert, ein Fressen für den Vagabunden Botrytis.

An einem nebligen Morgen ist es soweit. Dieser Pilzkopf kommt immer mit den Nebeln, die vom Meere herüberwallen oder vom Fluß aufsteigen. Er sitzt auf den Myriaden Tautröpfchen und dann auf Myriaden Beeren, die nach ihm zu lechzen scheinen.

Ihre Haut glüht auf in einem sanften Erröten, bald aber fällt sie zusammen unter seinem Zugriff, er hat seine Würzelchen (Haustorien) tief in ihr süßes Fleisch versenkt, er perforiert ihre Haut, das Wasser verdunstet durch die kleinen Öffnungen und zurück bleibt die wertvollste Mostkonzentration, die es gibt. Der Ertrag ist allerdings um 50—60 Prozent Gewicht gesunken.

Dann beendet der geschickte Scherenschnitt der Mädchen aus Bommes, Fargues, Preignac oder Sauternes diese tödliche Umarmung und trennt die edelfaulen Beeren von der Traube, mit deren restlichen Beeren der Casanova Botrytis erst flirtet.

Tante Emilies beste Stücke und Tante Sofies beste Stücke treffen sich mit einem Schuß Muskateller in der Kelter wieder.

»Bagage« denkt Tante Emilie, aber man weiß es ja: im Tode sind alle gleich.

Dieser sehr sorgfältigen und schwierigen Erntearbeit folgte bis vor nicht allzulanger Zeit eine nicht weniger umständliche Kellereibemühung. Es wurde der Sauternes, ehe er auf die berühmten hellen Bouteillen gefüllt wurde, in seinem drei- bis vierjährigen Eichenfaßlager jährlich viermal abgezogen.

Die moderne Kellereitechnik arbeitet heute auch dort rationeller und erreicht mindestens dasselbe, wenn nicht ein noch besseres Ergebnis.

Auch Tante Emilie ist dieser Meinung.

»Was waren das für Zeiten«, spinnt sie, »als der Großfürst Nikolaj Wassilijewitsch Prokopskij beim Marquis de Lur-Saluces für den Zaren einkaufte und in Paris die Ballerina Anita Petrowna Golowin in 20 Flaschen Château d'Yquem baden ließ. Auch in meinen Säften hat diese Tanzmamsell gebadet! In 1875er!

Der Marquis hat das nie erfahren. Die Zeiten sind schlechter, aber die Menschen sind besser geworden.«

So sprach Tante Emilie und spann dabei versonnen einen Gedankenfaden bis zu ihrer nächsten Entlaubung für den Pilzkopf Botrytis.

Der Solitär: d'Yquem

Nördlich des Dorfes Sauternes, ein wenig abseits von der Route Nationale, umgeben von riesigen Weinfeldern, liegt Château d'Yquem, ein herrlicher, wahrhaft fürstlicher Besitz. In der Welt des Weines ein Name, der in allen Zungen der Menschheit mit Ehrfurcht ausgesprochen wird.

Es kam 1785 von der Familie de Sauvage d'Yquem durch Heirat an das fürstliche Geschlecht der Lur-Saluces, die seit mehr als einem Jahrhundert dort 148 Hektar Land, davon 90 Hektar mit edelsten Reben, kultivieren. Heute führt Marquis Bertrand de Lur-Saluces diesen Betrieb, ein Mann, der in den französischen Weinbau-Organisationen höchstes Ansehen genießt und durch sorgfältigste Rebkultur und Kellereiwirtschaft den unerhörten Ruf dieses Weines auf alter Höhe hält.

Wer in der Zeit der Weinlese durch die Felder des Sauternais streicht, kommt selten in Versuchung, eine der köstlichen Trauben zu stehlen, deren Farben sich mehr und mehr aus Grün über Rot zu Braun und zu Granat verfälschen. Es ist alles andere als das erfreuliche Bild, das in anderen Weingärten Europas Auge und Zunge reizt. Verwelkt, verdorben, enthalten die Beeren nichts als ein Rest Konfitüre unter der zerrissenen unansehnlichen — um nicht zu sagen widerwärtigen — Haut.

Der Tatsache, daß durch die perforierte Haut alles Wasser aus der Beere verdunstet ist, verdankt der Wein von Sauternes seinen Reichtum an Likör sowie sein eigenartiges Aroma. Zur natürlichen Konzentration des Traubensaftes fügt sich eine wichtige chemische Erschließung von Glyzerin, Dextrose und Pektin, ohne die anderen Substanzen und Oxydationen zu nennen, die die Botrytis durch ihren Befall hervorbringt. All dies sind Elemente, aus denen der Sauternes seine Lieblichkeit und seine imponierende, langlebige Fülle zieht.

Die Keller von Château d'Yquem sind berühmt für die Modernität ihrer Einrichtung und auch für die fast kultische Sorgfalt, mit der der Wein behandelt wird. Alles Material, das zur Weinbereitung gebraucht wird, ist aus Holz, um jeden Kontakt von Most oder Wein mit Eisen oder Kupfer zu verhindern, was seine Klarheit gefährden könnte. Die wenigen unerläßlichen Geräte aus Eisen sind sehr sorgfältig emailliert. Selbst der kleinste Nagel an den Keltern ist emailliert.

Nichts wird hier dem Zufall überlassen, alles ist sorgfältiges, peinliches Werk, um die Perfektion der Flasche zu sichern, die leicht eine Hundertjährige werden kann, ebenso schön wie in ihrer zarten Jugend, aber um wie vieles feiner, eleganter und begehrenswerter.

Von klarer Ambrafarbe zu Beginn, erhält der Wein im Alter eine bemerkenswerte Altgoldfärbung. Zudem entwickelt sich aus der außerordentlichen Süße, die ihm von Geburt zu eigen ist, beim Altern eine Blume, Feinheit und Glanz, wie man sie sonst nirgendwo antrifft.

Dieser Wein stand auf allen großen Tafeln der Welt.

Im Gästebuch von Château d'Yquem stehen zuhauf die Namen großer Staatsmänner, Wissenschaftler und Künstler, die in diesem schönen Fleck Erde als Gäste des Marquis die berühmtesten Jahrgänge genossen haben.

Der Château d'Yquem wird aus 25 Prozent Sauvignon, die dem Wein das fruchtige Bukett und die Alterungsfähigkeit verleiht, und 75 Prozent der edlen Semillon-Rebe gekeltert, die den Körper des Weines aufbaut.

Semillon- und Sauvignon-Beeren werden in Château d'Yquem zusammen gekeltert. Man macht oft drei Auslesen der edelfaulen Beeren, von denen die erste la tête, die zweite le tronc (der Rumpf) und die dritte la queue (der Schwanz) heißt.

Rund
um die Alpen

Tessin

Helvetiens mediterraner Traum

Ist das Tessin wirklich die leuchtende, duftende, südliche Blume in der Hand der arbeitenden Mutter Helvetia? Ist es wirklich die verborgene Liebeslaube in einem warmen Gartenwinkel des sonst so kühlen, selbstsicheren, wohlbestallten schweizerischen Hauses? Ein Schlupfwinkel des alemannischen Pan?

Ja und Nein.

Ist es ein armes Land? Ja und Nein. Ist es ein schönes Land? Ja und Nein. Wohnen zu viele Ausländer hier? Ja und Nein. Das Tessin ist ein Land des Ja und Nein. In seiner Geschichte sagte es Ja und Nein zu den Herren aus Mailand und zu den Herren aus Uri.

Das Tessin lebt von den Gegensätzen. Aus deren Spannungen schöpft es seine Anziehungskraft.

Wo in Europa gibt es noch lebendes Mittelalter und fortschrittlichste Neuzeit, bittere Armut und sattes Behagen, arkadische Stille und betriebsamen Lärm so nahe beieinander? Wo in aller Welt gibt es unter Friedenspalmen so viele Advokaten wie im Sottocenerie? In einem Kanton, der »Liberi e Svizzeri« im Panier führt, muß heute noch jeder Gast (wie in einem Ostblockland) seinen Paß an der Rezeption abgeben; denn der Herr Rezeptor nimmt, laut gestrenger Anweisung der kantonalen Fremdenpolizei, den Eintrag in den roten Anmeldezettel persönlich vor. Es ist nichts mit der kleinen Mignon in den Doppelbetten von Paradiso. Die Myrten stehen still, der Lorbeer hoch, die Zitronen blühen. Aber Goethe war immer groß in leeren Versprechungen. Seine Biographen sagen ihm das nach.

Ein armes Land?

Die Armut verbirgt sich vor den Augen derer, die auf den drei großen Pässen nach Süden fahren. Wer bei dem Dörfchen San Bernardino aus dem neuen Straßentunnel herausrollt, wer, den Spuren heimkehrender römischer Legionen folgend, den stillen Lukmanier benutzt, wer in Airolo das Licht des Südens erblickt und dort seinen Wagen vom Huckepack-Zug herunterrollen läßt, ja selbst wer über den Simplon kommend, durch das Centovalli den Lago Maggiore erreicht, sie alle fahren durch längst geweckte, lebensnahe Dörfer auf uralten Verkehrswegen südwärts, genießen die warme Sonne, die guten Straßen, die ersten schlanken Campaniles und eitlen Zypressen. Wenn da und dort im Misox oder auf dem Gotthard-Südhang eisgraues Alter in rohen Mauern noch sichtbar wird, bleibt es doch immer, überblendet von südlichem Licht, liebenswertes romantisches Requisit.

Die Täler der großen Völkerwanderungen nordischer Urlauber sind nicht mehr arm wie zu Zeiten der vier- und sechsspännigen Gotthard-Postkutschen. Die Weltferne eines immer mehr sich entvölkernden Tessins ist weiter westlich zu suchen: im oberen Maggia- und Verzascatale und ihren Seitenarmen, in dem bitterarmen Val Onsernone, das nur ein Dutzend Kilometer von der mondänen Pracht der eleganten Strandhotels von Locarno-Muralto und Minusio entfernt ist, an den einsamen Wassern der Rovana und Bavona, den Tälern Lavizzara und Calancasca. Schließlich, ganz abseitig, nach einer wahren Himmelfahrt, im Schmuggelnest Indemini, Häuser, die schon standen als Christoph Kolumbus Amerika entdeckte, im Tessiner Urstil mit verwitterten Holzlauben unter dem Dach.

Aber auch die Verlorenheit solcher Tal- und Dorfschaften des entlegenen Tessins wird überspielt von weißen, gelben und zartrosa Farbtupfen der Häuserwände, einer Legion Fresken an Kirchen, Vogteien, alter Patrizier und einfachen Bauernhäusern. Überall recken sich schlanke, oft kunstvolle Glockentürme wie Arme Ertrinkender aus diesem zügellosen grünen Gewoge der Zweitausender, in dem die steingrauen Bergnester hilflos an den Abgründen hängen. Wer näher hinzutritt, sieht, daß unter den verwitterten Giebeln eine pittoreske südliche Welt behaglich atmet. Wind spielt mit Weinranken auf langen Pergolen, wettergebräunte rohe Holzbauten, verputzte und unverputzte Steinhäuser scheinen unter den schweren Natursteindächern die Ewigkeit zu erwarten. Putzige Steige winden sich zu engen Gäßchen hinauf und Torbögen überspannen diesen Schlupf, der vielleicht zu einem blühenden Hortensienbusch oder in ein zauberhaftes Terrassengärtchen führt, über dessen zerbröckelnde Mauer die Eidechsen huschen. Torbögen öffnen sich da und dort zu Arkadenhöfen, in denen Hunde träumen und Oleander blüht. Eine Madonna verweilt in einer Nische, zu ihren Füßen welken Wiesenblumen. Auf der kleinen Piazza stehen zwei Tische vor der einzigen Osteria, neben deren Firmenschild sich ein barockes Medaillon behauptet, in dem ein Adler eine Ziege zu reißen scheint. Die Häuser drängen sich wie Theaterkulissen um diese Bühne, die ein alter Mann mit einer Kiepe betritt und auf der es jetzt nach Polenta duftet.

Man kann immer nur wieder aufs neue in diesen Tessiner Bergdörfern die steingewordene Harmonie der Lebensräume bewundern, die sich in Proportionen aneinanderschmiegen, wie sie auch den einfachen Baumeistern dieses italischen Volkes im Gefühl liegen. Bei aller sichtbaren Armut wird hier das Glück der heiteren Bescheidung, einer lebensfrohen Demut spürbar. Am Gemäuer vieler tessinischer Bergdörfer, in denen heute mancher wohlhabende Mann aus dem Norden ein Rustico ausgebaut hat, erkennt man die Begabung dieses italischen Volkes, Individualismus in der Solidarität zu kultivieren, mehr als in manchen politischen Willensäußerungen, in denen unterschwellig gerade im Tessin oft eine Trotzreaktion spürbar wird.

Ist es ein Wunder, daß hier aus engem Raum eine Legion von Baumeistern in die Welt auszog, daß Steinmetzen zu Bildhauern, Maler zu Künstlern wurden?

Wer weiß heute noch, daß es ein Ticinese war, der die Fassade der Peterskirche schuf, seine Landsleute die römischen Kirchen Sant Ivo und San Mardello. Adamo aus Arogno hat den Dom zu Trient, ein Campionese den Dom in Modena erbaut und Balthasar Longhena gar die berühmte Santa Maria della Salute in Venedig. Bono Giovanni meißelte die Löwen vor dem Dom zu Parma heraus und einer seiner Landsleute erbaute den Königspalast in Neapel. Aber die Tessiner Architekten und Bildhauer arbeiteten nicht nur in Mailand, Monza und im südlichen Italien. Sie zeichneten und hämmerten in der ganzen Welt zwischen Moskau und Sevilla. Wer erfährt heute noch, daß zwei der vielbewunderten Kremltürme das Werk des Tessiners Pietro Antonio waren? Daß Tessiner am Dom zu Sevilla, der zweitgrößten Kirche der Christenheit arbeiteten? Sie alle wanderten aus, weil sie in ihrem eigenen Lande keine königlichen oder kirchenfürstlichen Auftraggeber fanden. Gemessen an dieser Schöpfungskraft bleibt das Tessin an Zeugnissen einheimischer Künstler von Weltruf arm. Aber die vielseitige Naturbegabung der Ticinesen vergangener Zeitläufte bleibt, außer einigen Solitären, in Lugano, Locarno und im

Einer der eindrucksvollsten Weinberge Europas ist der Dezaley unmittelbar östlich von Lausanne. Hier gedeihen die besten Gutedel-(Chasselas)-Weine, die es gibt.

Ein Name, den die Welt kennt: Château d'Yquem des Marquis de Lur-Saluces, wo die kostbarsten Weine der Landschaft Sauternes gekeltert werden.

Mendrisiotto auf etwas weniger anspruchsvollem Standard auch heute noch im Lande überall sichtbar.

Die Kunst verschwendet und versteckt sich unter dem makellosen Gerank einer üppigen, subtropischen Vegetation, die zugleich dem dramatischen Auftritt einer Natur von überwältigender Schönheit den Empfangsteppich legt.

Die Pracht der Gestade

Das Wasser ist die Bühne für diesen Auftritt der beiden Stars des Tessin: des Lago de Lugano und des Lago Maggiore. Sie sind verschieden wie Dur und Moll, Flirt und Liebe.

Dabei tragen sie ihre Namen zu Recht, denn am Lago Maggiore gemessen ist der Luganer See ein knappes Viertel unübersichtliches Gewimmel von Voralpentälern, eigens mit Wasser gefüllt, um die Pracht der Gestade — wie man es oft bei einem Gemälde oder einer interessanten Fassade tut — aus der Distanz genießen zu lassen. Er dreht und wendet sich beflissen in alle Richtungen des Morgen-, Mittags- und Abendlichtes, denn er weiß, daß er schön ist. Verglichen mit dem Lago Maggiore, der ganz Binnenmeer, in meist dreifacher Breite herb, männlich und selbstsicher von Norden nach Süden streicht, erscheint der Luganer See eher wie ein eitler, gespreizter Zwerg, der nicht, wie Alberich, seine Schätze versteckt, sondern sie herzeigt: den stolz vorgereckten Brustkorb des Monte Bré, vollgesteckt mit den kostbaren Villen von Castagnola und Ruvigliana wie ein russischer General mit Orden, und den riesigen Panettone des Monte San Salvatore, beide behängt mit auch nachts schimmernden Lichtschnüren der Bergbahnen, beide nur eindrucksvolle Flankenkulissen des amphitheatralisch aufsteigenden Bühnenprospekts Lugano.

Man ist immer versucht, am Attraktiven und Gleißnerischen Schattenseiten aufzuspüren, »das Strahlende zu schwärzen«. Aber gegen Lugano läßt sich nichts sagen. Er ist dieselbe charmante, liebenswert kosmopolitische, aufgeräumt italienische Stadt helvetischer Nation geblieben, die sie immer war. Sie wurde nicht — wie Monte Carlo — durch maßlosen Hochhausbau verhunzt. Über die neuerdings so häßlich bebaute, der Stadt abgewandte Flanke des Monte Bré soll dabei der Mantel des Schweigens gebreitet sein.

Neue Hotelbauten wurden hochgezogen, alte renoviert, ohne das erfreuliche urbane Bild des weiten Stadtbogens zwischen dem Lido Paradiso und der Steilküste von Castagnola nachteilig zu verändern.

Das berühmte Café Vanini gegenüber dem Palazzo Civico, dem Regierungspalast des Tessins, hat seine Stühle eine Reihe tiefer in die Piazza Riforma vorgeschoben. Es geht ihm ähnlich wie dem Café de la Paix in Paris: die Touristen kommen, die Prominenz bleibt weg. Unter den Arkaden der Via Pessina, wo die Riesen-Salamis hängen und das feilschende Volk sich drängt, rollen echte alte Fränkli neben den neuen »halbstarken« Silberlingen über die Zahlteller. Die nahe Piazza Manzoni prunkt unter Palmen mit ihren Wasserspielen wie eh und je, und vor der Passion des Luigi, jener monumentalen Wand von Santa Maria degli Angioli stehen auch die zeitgenössischen Banausen sprachlos. Wenn gerade einmal eine der jährlichen 2248 Sonnenstunden ausfällt, empfangen Rubens, Rembrandt, van Eyck, Dürer, Holbein, Murillo, Velasquez, Chardin, Gainsborough, Carpaccio und Bramante in Thyssens Villa Favorita. Es ist alles, wie es immer war, bis auf die Paßabgabe an der Rezeption und das heizbare, große Schwimmbecken des Lido.

Da klebt auch Gandria, eines der interessantesten Fischerdörfer der Welt, noch unverdorben an seinem steilen Hang, mit Gassen, die nie ein Automobil befahren wird, da grüßen noch die wein- und weibseligen Terrassen Caprinos von vis-à-vis und die noch viel leichtsinnigeren von Campione. Seit 1956 ist hier mehr gebaut worden als in allen Jahrzehnten vorher, und diese italienische Enklave wird immer reicher an hängenden Gärten. Ihre reizenden Lustschlösser erscheinen wie Plastiken an der steilen Wand, und wenn man so weiter auf dem Sträßchen nach Arogno hinaufbaut, wird es im Jahre 2000 ein schweizerisches Campione geben, das dem alten Campione Inferiore ganz schön in die Karten gucken kann.

Der neue Damm von Melide

Aber da sind wir schon am Damm von Melide, wo Jacki Wolf seine kitschig-süße Traum-Hazienda »La Romantica« installierte, immer noch Luganos lebhaftester Night-Club und eines seiner besten Restaurants. Nicht weit davon ein anderes Traumschloß: ehemals Blatzheims Parco-Palazzo, die frühere Villa Maro (Ma = Magda, Ro = Romy), heute ein Ausbund an Komfort, von dessen wahrhaft kalifor-

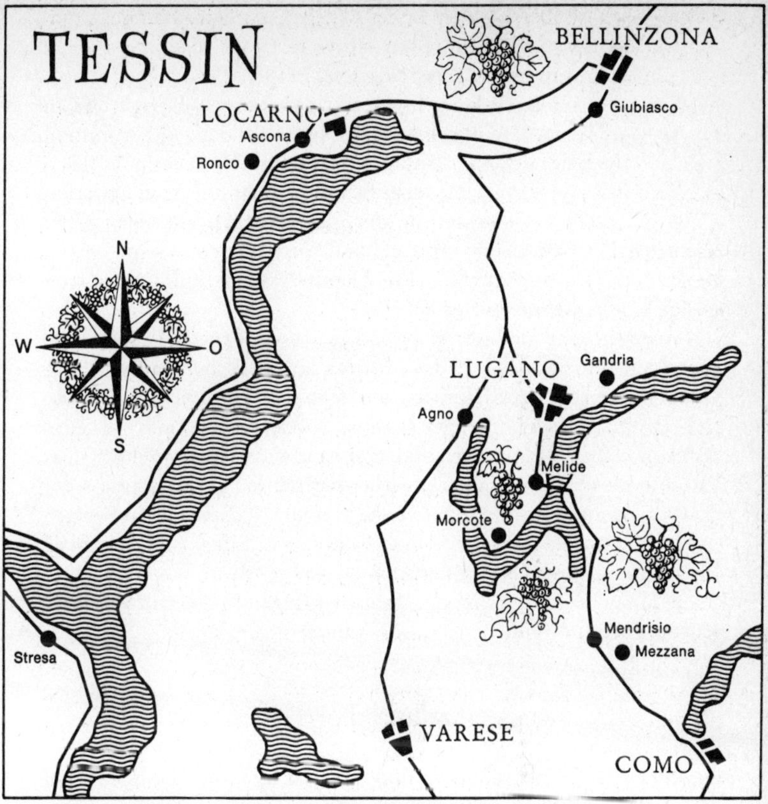

nischem Niveau sich an der 150 m langen Seefront nur einiges erahnen läßt.

Wer zehn Jahre lang nicht im Tessin war, sieht, daß sich gerade hier am Damm von Melide einiges verändert hat. Die voll ausgebaute Autobahn Chiasso-Lugano streicht darüber hinweg und verschwindet, die alte Nationalstraße überbrückend, in einem Tunnel, der gerade noch einen kleinen Seitenblick auf das ferne Lugano erlaubt und das Auto im Rücken des San Salvatore wieder an die frische Luft befördert. Neben dem Flughafen Agno erreicht sie das gleichnamige Tal in Richtung Bellinzona.

Schließlich ist aber auch ein faules Ei gelegt worden auf dem Damm von Melide: Swiss-Miniatur. Kein schweizerisches Madurodam, viel eher die Karikatur einer Liliput-Schweiz, mit einer seltenen Instinktlosigkeit für das typisch Helvetische, für das wirklich Einzigartige, in der Auswahl lieblos und in der Topographie (etwa der weltberühmten Eiger-Nordwand) liederlich zusammengestellt. Eine Serie wirklich hübscher Haustypen verschiedener Schweizer Kantone kann da kaum etwas gutmachen. Gemessen an der großen Kunst, mit der unsere Nachbarn sonst ihr kleines, an Geld und Attraktionen so reiches Land »verkaufen«, ist diese mißglückte Liliput-Ausgabe am Damm von Melide eine amatörichte Spielerei.

Kunstbesessene und wanderfreudige Tessin-Fans hebt jetzt eine neue Seilbahn von Melide in das wie in einem englischen Park gelegene uralte Bergdorf Carona hinauf, wo man nicht nur »die schönsten Häuser und Spaziergänge des Tessins«, sondern auch ein nagelneues Wettkampf-Schwimmbecken mit olympischen Maßen anbietet. Das alte gute Melide, aus dem übrigens der berühmte Fontana stammt, der im 16. Jahrhundert mit 1000 Arbeitern und 120 Pferden den riesigen Obelisk Sixtus V. transportierte und (in einem Stück!) auf dem Platz vor der Peterskirche in Rom wieder aufstellte, scheint vom Pulsschlag einer der großen Arterien des Kontinents ganz nebenan nichts zu spüren. Es träumt einen zeitlosen Traum.

Collina d'oro

So wie das sehr viel schönere und stolzere Morcote, dieser steingewordene Farbfleck zwischen See und Himmel, mit seinem unvergleichlichen Prunkstück Santa Maria del Sasso. Zwei Treppchen führen dort hinauf, eines für die Sünder über tausend harte Katzenköpfe und eines für die Gerechten, das mit seinen ebenen Stufen eine wahre Himmelsleiter ist. Wir wählen den Flagellantenweg über die Katzenköpfe, die sich schmerzhaft durch dünne Sommersohlen drücken, hinauf zu den frommen Fresken und Medaillon-Engeln der Madonna del Sasso, auf deren Glockenturm ganz oben ein Busch grünt wie das ewige Leben. Der sprach- und sprechgewaltige Alexander Moissi, den Menschen meiner Generation auf solchen Abruf noch immer gegenwärtig, ruht auf deren Bergfriedhof wie Eugen d'Albert, dieser in Schottland geborene und in Estland gestorbene, von dem

Ungarn Franz Liszt ausgebildete deutsche Virtuose mit dem französischen Namen in helvetischer Erde. Er gab der Ehe den Zehnten, schlief mit sechzig Frauen und heiratete sechs davon. Nun schläft er allein, dieser leibhaftig gewesene Pan, aber ein Strauß ganz frischer Wiesenblumen liegt unter seinem Namen, wie sie oben auf den Hängen der Collina d'oro wachsen, und als wir auf der Treppe der Gerechten wieder abwärts steigen, mitten in das arkadische Flimmern dieses Sommermittags hinein, höre ich einen fernen Schalmeienklang: das melancholische Oboensolo aus den ersten Takten der »Tiefland«-Introduktion, Liebesruf des Pan an eine ferne Nymphe.

Unten am See stehen wir vor dem Prunk des Palazzo Paleari, der Casa Rossa und der Casa Buzzi, der Wagen nimmt das Westufer der Collina d'oro weit unter dem Limit, denn die Häuser am Hang werden immer interessanter: schön, lieblich, heimelig, prunkvoll, attraktiv, rustikal, eine unaufhörliche Kette, ein Geschmeide des »Schöner wohnen«, der verwirklichten Träume der Lebens- und Liebeslust mit immer wechselnden Accessoires: Pergolen, Arkaden, Terrassen, Ziehbrunnen, Blumentreppen, hängende Gärten, Laubengängen und kunstgeschmiedeten Kostbarkeiten, alles in Meisterwerke der Gartenarchitektur gebettet, die hier mit subtropischem Blatt- und Blütenwerk prahlen kann. Es ist, als ob an diesen jahrhundertelang weltfernen Gestaden eine verschwenderische Natur den Menschen zu der Wollust gereizt hätte, ihr im wahrsten Wortsinn beizuwohnen.

Nach einer Rechtskurve oberhalb des Lago Muzzano findet dann der Wagen von selbst nach Montagnola, wo Hermann Hesse, dieser Flüchtling aus der Welt der Glasperlenspiele, dieser letzte Epigone Goetheschen Sprachglanzes, seine fruchtbarsten Jahre hatte. Über dem schmalen Weg, der zu seinem Hause führt, war eine Kette gespannt, an der ein Schild hing »Besucher unerwünscht«. Nun aber liegen Kette und Schild am Boden und bald tut sich das verborgene Reich dieses typisch zwiespältig-alemannischen Geistes auf. Hinter einer weiten, von hohen Bäumen umsäumten Terrasse liegt das »rote Haus«, wie er es nannte, in Grabesstille, mit geschlossenen Fensterläden und leblosen Veranden. Hinter dem Haus blitzt das Glas einer Reihe Gewächshäuser im hellen Tessiner Licht, zwischen denen sich die Gärtnersfrau zu schaffen macht. Den Herrn aus Calw deckt inzwischen die noch stillere Erde von S. Abbondio da unten.

Vor einem Vierteljahrhundert hat er hier das Unbehagen an der europäischen Kultur empfunden, dieser fragwürdig gewordenen

Glasperlenspielwelt, die sich »vom Ganzen des Lebens und Menschentums immer mehr abtrennt« und heute den unbeholfenen Unwillen einer jungen Generation erregt.

Es geht ans Herz, hier oben zu verweilen, die Gedanken sind wunderliche Wege gegangen, und wir stehlen uns leise davon, hinunter ins Tal nach Agno zu den Glasperlenspielern, die dort auf der Terrasse des eleganten Flughafen-Restaurants ihren Whisky trinken und uns hernach ihre neue Cessna zeigen wollen.

Ein roter Schatz: der Merlot

Dieser Laudatio muß ein Loblied auf das Mendrisiotto vorangehen, der Tessiner Landschaft, die kaum eines Touristen Fuß betritt, diesem südlichsten Kantonzipfel der Schweiz, durch das heute die neue Autobahn Lugano-Chiasso eilt. Aber niemand blickt ihr länger in die Augen, dieser helvetischen Toscana mit ihren einsamen, fast verödeten Grenzen, ihren lieblichen Hügeln, Weinfeldern, Marmorbrücken, Kuppelkirchen, italischen Häusern und Gäßchen, ihren hellen munteren Bächlein, Kastanien und Walnußhainen, ihren Mais- und Tabakfeldern, diesen vom heiligen Christophorus verlassenen, aber sonst von allen Göttern gesegneten Gefilden.

Vor allem von Dionys, der wohl selbst dieses Edelfräulein, die Dame Merlot, aus dem Bordelais in den Tessin entführt hat. Es muß vor einem halben Jahrhundert gewesen sein, daß ein Feinschmecker, des ordinären Nostrano überdrüssig, im Mendrisiotto diese edle Rebe ansiedelte, die seither immer die Unterstützung der kantonalen Weinbauschule in Mezzana gefunden hat, die wie eine Sonnenburg vor den letzten Terrassen des Valle di Muggio liegt.

Heute ist der »Merlot del Ticino« ein schweizerischer Renommier-Wein, ein Halbedelstein von wärmendem Feuer, der im Durchschnitt des Jahrzehnts, zumal, wenn sich seine Flasche mit dem »VITI« Kontroll- und Gütezeichen schmücken kann, den Vergleich mit den edlen Burgundern des Wallis aus Cortaillod und der Bündner Herrschaft nicht zu scheuen hat und alle anderen Rotweine des Landes distanziert. Er wächst am besten im Mendrisiotto, bei Vico Morcote und auf den Südhängen bei Bellinzona, in den Weinbergen der Cantina Sociale von Giubiasco. Außer den Weinen des Istituto Agrario Cantonale in Mezzana, der kantonalen Weinbauschule, die auf den tonhaltigen, schweren Hanglagen von Balerna einen Merlot von Spitzenqualität pflegt, gibt es auch noch andere, die diesem köstlichen Wein eine zunehmende Anzahl von Freunden sichern.

Cesare Valsangiacomo gehört nach übereinstimmender Ansicht einheimischer Fachleute zu den sorgfältigsten und fortschrittlichsten Merlot-Weinbauern des Tessins. Auf mittelleichten, schwach alkalischen Böden kultiviert er einen Merlot, der dem des Weinguts Arbostora aus Vico Morcote nicht nachsteht. Massimo Gianini erzeugt auf den Höhen über Morcote auf mittelschweren Böden leichter Hanglagen einen renommierten Merlot, wie man ihn auch bei den weniger privaten Merlot-Spezialisten des Bordelais nicht besser findet.

Die Erfolgskurve, die der liebliche Merlot auf dem schweizerischen Weinmarkt eingeschlagen hat, weist steil nach oben.

Über Sinn und Ursprung seines Namens lassen sich alle möglichen Vermutungen anstellen. Merlot heißt »Amselchen«, kleine Amsel. Das ist nicht unbedingt eine Empfehlung; denn die Amsel ist zwar eine Callas unter den Vögeln, aber ein charakterlich verwahrlostes, räuberisches und freches Geschöpf. Die Merlot reift früh und wird deshalb gern eine Beute der naschhaften Amsel. Oder waren es ihre Beeren, die wie das Gefieder einer jungen Amsel glänzen und ihr den Namen gaben?

Die Merlot gehört mit zu den empfindlichsten unter den edlen europäischen Sorten und ist das Sorgenkind der Kellermeister jener berühmten Bordeaux-Schlösser, deren Cabernet-Weinen sie erst den letzten Schliff gibt. Durch ständige Selektion und Klonenauswahl hat insbesondere Yves Tencalla, der derzeitige Mezzana-Boß, viel für das Image dieser Girondistin getan, die mit ihrem harmonischen, alkoholreichen und trotzdem gut bukettierten Wein ein bacchantisches Geschenk des Tessins geworden ist und gewiß nicht dessen schlechteste Visitenkarte.

Ein besserer Botschafter des Tessins läßt sich kaum denken.

Genfer See

Wasser, Wein und Weiberlust

Ein Haus schien Jean-Jacques Rousseau nicht zu brauchen. Ein kleines Palais an der Ostseite des Marktplatzes von Vevey betrat er ohnedies nur mit Herzklopfen; denn er wußte, daß seine Fortschritte im Unterricht bei der Baronin de Warens, die ihn in den Grundlagen des katholischen Bekenntnisses und in den Verfeinerungen galanter Liebesspiele fördern wollte, nur sehr einseitig waren. Wo anders als in dieser wahrhaft dionysischen Landschaft konnte er die Frauen müder Männer des Ancien Régime schneller und nachhaltiger für seine bukolische Philosophie gewinnen, die später wie ein Steppenbrand über Europa ging? Ein kleines Waldstück an der Veveyse, ein heimlicher Garten drüben im savoyischen Meillerie — und nicht nur Marie-Louise Eleonore de Warens, geborene Baronesse de la Tour du Phil, legte die Korsage ab und die Brust ins Gras.

»Zurück zur Natur« hatte Rousseau befohlen. Wo fiel es leichter als hier?

Wenn man alle von Menschen gewünschten und erträumten Schönheiten einer Landschaft programmieren würde: 70 Kilometer im Umkreis von Montreux wäre alles beieinander, bis auf ein Südsee-Atoll mit Palmen. Sogar Urwälder gibt es an der Dranse. Ein Mensch muß weit und lange reisen, um das zu wissen, was jeder Computer auf diese Programmierung nach drei Herzschlägen ausspucken würde: die lemanische Welt.

Es ist fast zuviel des Guten, der Überfülle, des ständigen Wechsels, der Vielgestalt, des unfaßbaren historischen und touristischen Angebots auf einer Fingerspitze Europas.

Wo anders als hier (im alten Caux-Palace) konnte die »Moralische Aufrüstung« ihr Welt-Domizil installieren, nachdem schon Calvin nichts anderes betrieben hat, zumal der Fallensteller Dionys hier tausend Winkel bereit hält, in denen fleißige Satyrn nichts anderes im Schilde führen, als die Menschen moralisch abzurüsten.

Nirgends wurde in allen Sprachen der Welt mehr und anhaltender über den Frieden gesprochen wie hier, nirgendwo waren Feinde eher zur Versöhnung bereit als an den arkadischen Ufern des Lac Léman.

Ramuz sagte, Gott habe ihn als ein mediterranes Modell geschaffen, als eine Art Layout über die optimalen Möglichkeiten der Gestaltung dieser Welt, als Prototyp zu einem Gehege des Friedens und der Lebensfreude, als eine ausgesprochene Liebeserklärung Gottes an die Menschen.

Womit haben diese Waadtländer, Walliser und Savoyarden das verdient?

Die Logen der Bacchanten

Wenn die Bahn aus dem Tunnel hinter Puidoux geglitten ist, oder der Wagen auf dem Wege nach Vevey hinter Jongny die erste große Serpentine genommen hat, wenn man vom weltentrückten Lac de Bré auf dem Wege nach Chexbres aus einem Waldstück tritt, überall steht ohne Übergang, ohne Ankündigung, mit der Plötzlichkeit einer Erscheinung, dieses ungeheure Panorama als ein Bild von so einmaliger, so vollkommener, so jedes gewohnte Maß sprengender Schönheit vor Augen, daß man es nur mit Metaphern beschreiben könnte, mit denen man heutzutage Gefahr liefe, sich lächerlich zu machen.

Zwischen dem fantastischen Gex über Genf und seiner einmaligen Montblanc-Revue und dem seit 800 Jahren (1175) ununterbrochen im Familienbesitz der Grafen von Blonay verbliebenen Schloß über Montreux fuhren überall schmale und breite Türen in die Logen der Bacchanten. Die Autobahn zwischen Genf und Lausanne im westlichen Teil und die Corniche zwischen Cully und Vevey im östlichen sind die Korridore zu all den heimlichen Lauben von Crassier, St. Cergue, Begnins, dem »Signal von Bougy«, den Weingärten von Féchy, dem mediävalen Schmuckstück Aubonne, wo zu Gefängnis Verurteilte heute noch »in den Turm geworfen« werden, und dem düster abweisenden Schloß von Vufflens.

Jenseits von Lausanne sind die Prachtlogen der ersten Reihe vom Reblaub fast überwuchert, eine Woge von Wein scheint vom See heraufzubranden: Riex, Epesses und Chexbres scheinen sich zu ducken unter diesem bacchantischen Angriff, und ihre uralten Häuser rücken ängstlich zusammen. Die Corniche ist angenehm ausgebaut, aber an manchen Stellen dieser Dörfer ist gerade noch Platz für zwei schwatzende Weiber, einen Brunnen und das motorisierte Velociped des Postboten. In den fünfziger Jahren jagten sadistische Organisatoren der Rallye Montreux Omnibusse (mit 70 Plätzen) auf der Geschicklichkeitskonkurrenz durch diese Nadelöhre. Die alten Häuser waren höflich, sie machten Platz.

Oberhalb Vevey, Montreux und Villeneuve setzt die Autobahn ins Rhônetal die Corniche-Galerie fort, bis sie im satten, breiten Tale der Rhône-Mündung das »Parkett« erreicht. Die Planer jener Trasse standen vor einer subtilen Aufgabe; denn einerseits sind da, wo das Hochgebirge seine Füße im See kühlt, teure und schwierige Kunstbauten notwendig, andererseits will man gerade hier der Landschaft keine Gewalt antun. Dieser Seewinkel steigert alle Reize der Côte (westlich von Lausanne) und des Lavaux (östlich von Lausanne) ins Orgiastische. Der Zeitgenosse, der viel zu eilig zwischen Vevey und Montreux auf der N 9 durch ein Museum der Belle Epoque fährt, hat keine Ahnung, daß er in La Tour de Peilz den idyllischsten Yachthafen des ganzen Sees unbeachtet liegen läßt und nebenan das Liebesnest »Rive Reine« dazu, das sich die Baronin Harrach, links angetraute Trösterin des Preußenkönigs Friedrich Wilhelm III. 1851 an diesem Gestade bauen ließ. Jenny Piot-Flaux hat dieses Bijou mit erlesenem Geschmack eingerichtet und ein sehr nobles Hotel für unverbesserliche Träumer daraus gemacht.

Die zunehmend erkennbare Abneigung gegen den nüchternen skandinavischen Möbelstil, die wachsende Freude am Dekor, die Auflockerung des allzu Funktionellen durch liebenswürdige Schnörkel in Farbe und Form verleitet gewiß nicht dazu, alle die Beau-Rivages, Bellevues (gönnen Sie sich das Glück, drei Herbsttage im Bellevue von Chexbres zu wohnen!), Carltons, Majestics, au Lacs und Palace-Hotels mit ihren Zinnen, Erkern und Türmchen des Fin de siècle schön zu finden. Aber ich kann dem Österreicher Hans Weigel nicht vorbehaltlos applaudieren, der ganze Kübel von Spott über die Architektur der Hotellerie von Vevey und Montreux ausgegossen hat. Einerseits kann man darüber streiten, ob die modernen, streng kubistischen Bienenwaben-Kästchen mit Flachdach einen Wald- und Wiesenhang mehr verunzieren als die falschen Burgen und Schlösser, in denen es unsere Großväter liebten, Ferien zu machen, andererseits sollte man auch seine ästhetischen Bedürfnisse nicht an Hotelfassaden befriedigen. Die Grande Rue in Montreux ist so interessant, daß man gar nicht dazu kommt, zwischen ihren zahlreichen bunten Sonnenrouleaux in die Höhe zu schauen, um nach wehrhaften Erkern, Zinnen und Türmen militanter Baumeister der 80er Jahre Ausschau zu halten. Man soll den Witwen englischer Kapitäne und Kolonialoffiziere ihr kontinentales Refugium lassen, und derjenige, dessen Blick nicht nur an Hotelfassaden hängen bleibt, entdeckt schnell, daß es zwischen Vevey und Villeneuve auch sehr viel jüngere, lobenswerte Frauenzimmer gibt.

Auf den mit Narzissen übersäten Wiesen oberhalb Sonloup, einem Kurhaus mit der Lage (nicht den Preisen) einer Raubritterburg, sitzt man auf dem »Heuboden« dieses spektakulären Naturtheaters. Allein hier treten mit den Rochers de Naye und drüben in Savoyen mit dem Grammont und dem Dent d'Oche drei ausgewachsene Zweitausender mit ihren Gipfeln auf drei Kilometer Luftlinie an den See heran, und die paradiesische Fülle von Almen, Waldfetzen, Quellen, Wässerlein und Sturzbächen, von verwachsenen und verwunschenen, von peinlich gepflegten und immer blühenden Gärten, von hellen und dunklen Bäumen, belaubt und benadelt, von verschwiegenen Pfaden und putzigen kleinen Sträßlein fällt in Kaskaden rauschhafter Farben zum See hinunter, umspült Les Avants, brandet an Caux auf, stürzt auf Glion zu, um schließlich in tausend Rinnsalen unter den Dächern von Montreux zu versickern. Unten spiegelt der See die weißen Dreitausender der Dents du Midi und zu allem Überfluß die Bastionen des meistfotografierten Schlosses der Welt: Chillon.

Diese attraktive Trutzburg der unruhigen Savoyarden ist nur eines der wohlerhaltenen mittelalterlichen Schlösser wie Moudon, Rolle, Morges, Nyon, Aubonne, Allaman, Vernier, Yvoire, Sciez, Ripaille und St. Gingolph, aber seine einmalige Lage an dem einzig möglichen Straßen-Engpaß ins Wallis auf einem Felsen im See hat es nicht nur für die mittelalterlichen Streithähne, sondern auch für die Maler der Jahrhundertwende und die Fotojäger unserer Tage begehrenswert gemacht.

Den früher sehr gewalttätigen und habgierigen »Gnädigen Herren von Bern«, die das Waadtland und das ganze Nordufer des Genfer Sees von der Mitte des 15. Jahrhunderts an beherrschten und klug regierten, bis die französische Revolution zuletzt unter der ordnenden Hand Napoleons eingriff und der »Canton de Vaud« zur Eidgenossenschaft kam, diesen alten Bernern hat die Fortifikation von Chillon mancherlei Kopfzerbrechen gemacht. Ihretwegen ließen sie das erste schweizerische Kriegsschiff bauen, um die »Seeherrschaft« der Savoyarden wenigstens zu stören, wenn sie sie schon nicht zu brechen vermochten.

Heute schiebt sich ein ununterbrochener Strom von Touristen durch die Kemenaten, die Rittersäle mit den riesigen Kaminen, die Wehrgänge, Wendeltreppen und schaurigen Verliese.

Aber dann und wann geschieht es, daß die Stadt Montreux ihre prominenten Gäste zu einem »Festmahl bei Kerzenlicht« in den großen Rittersaal bittet. In einem der riesigen Kamine dreht sich dann ein Ochse am Spieß, Mädchen in Waadtländer Tracht eilen, die Gäste zu bedienen, und kostbare Dorins vom Dezaley und aus Yvorne fließen in die Gläser. Der weithin berühmte gemischte Chor der Suisse-Romande singt eigene Volkslieder und die der Gäste, und er singt so zauberhaft schön, daß man bei seinen Pianissimi nur das Knistern der Scheite in den Kaminen hört. Das vom warmen Kerzenlicht zum Leben erweckte alte Gemäuer scheint in der zuckenden Glut der Kaminfeuer zu seinem früheren Dasein zurückzufinden.

Aber die Menschen an den langen, festlichen Tafeln sind keine trunkenen savoyardischen Ritter, nicht die Berner Landvögte und ihre Kollaborateure, es sind Menschen unsrer Zeit. Sie sprechen vom Narzissenfest, vom Musik-Festival oder von der Omnibus-Rallye, von den Anlässen, aus denen ein guter Stern sie hierher führte, in diese traumhaft romanische und romantische Welt.

Wasser für Wunden und Wunder

Auf den Höhen über Glion ob Montreux steht man mitten im Wunder dieser märchenhaften Wasser. Ihre farbigen, pittoresk überzeichneten Ufer nach Villeneuve hinüber rahmen sie in tonloses Schwarzgrau, spielen dann ins Grün eiskalter Gletscherwässer hinüber, bis eine sanfte Brise alles glitzernd versilbert, wie mit Myriaden von Kristallen übersät, aus denen heraus oft Blitze in allen Farben des Spektrums schießen, als fluoresziere dort ein riesenhafter versenkter Schatz. Daneben aber sind ganze Felder dieses geheimnisvollen Sees schwarz und leblos, ohne Farbe, ohne ein Lichtspiel, schweres Wasser, das kein Wind aufzuwühlen vermag. Ganze Zonen bleierner Glätte, von Seglern gemieden wie von den Fischern gesucht; denn »in den ›Brunnen‹ trinken die Fische«.

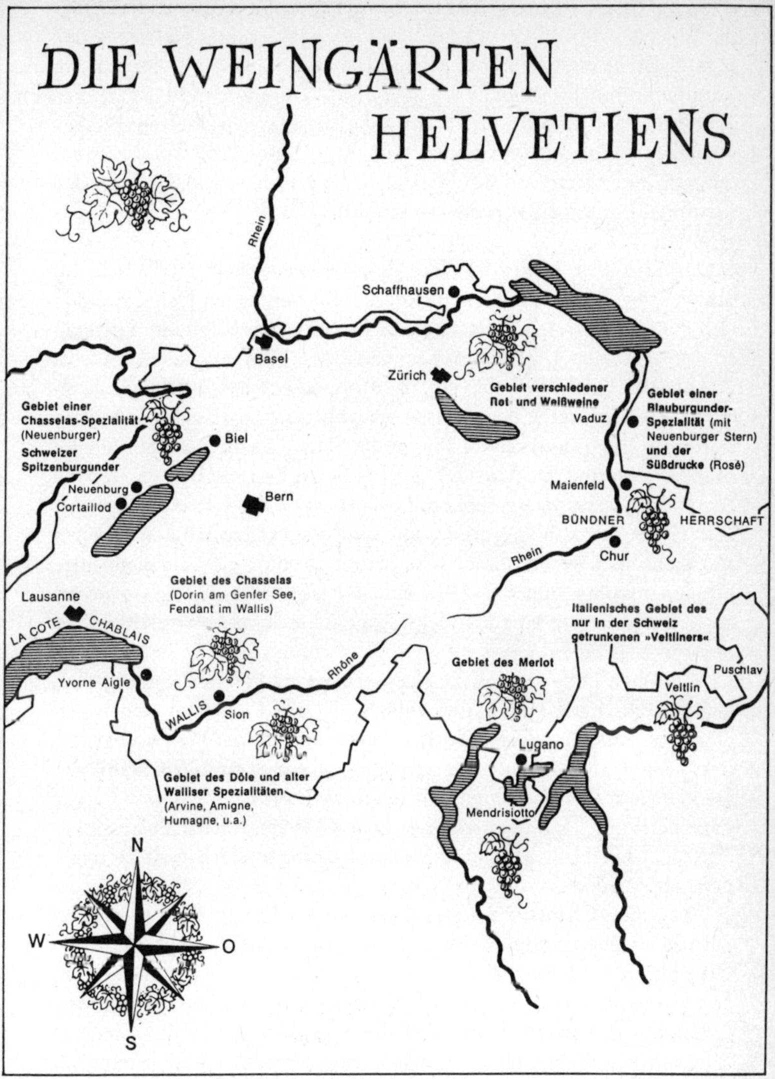

DIE WEINGÄRTEN HELVETIENS
Rhein
Schaffhausen
Basel
Zürich
Gebiet verschiedener Rot- und Weißweine
Gebiet einer Blauburgunder-Spezialität (mit Neuenburger Stern) und der Süßdrucke (Rosé)
Vaduz
Gebiet einer Chasselas-Spezialität (Neuenburger)
Schweizer Spitzenburgunder
Biel
Neuenburg
Cortaillod
Bern
Maienfeld
BÜNDNER
HERRSCHAFT
Chur
Rhein
Gebiet des Chasselas (Dorin am Genfer See, Fendant im Wallis)
Lausanne
LA COTE
CHABLAIS
Italienisches Gebiet des nur in der Schweiz getrunkenen »Veltliners«
Puschlav
Veltlin
Gebiet des Merlot
Rhône
Yvorne Aigle
WALLIS
Sion
Lugano
Mendrisiotto
Gebiet des Dôle und alter Walliser Spezialitäten (Arvine, Amigne, Humagne, u.a.)
N
W
O
S

Sie lassen auch den Schwimmer die geheimnisvolle Tiefe unter sich allein durch ihr lebloses Anschmiegen spüren: einen Abgrund, viermal tiefer als Nord- und Ostsee bei 581 Quadratkilometer Fläche, an der tiefsten Stelle zwischen Lausanne und Evian 372 Meter in ozeanische Randtiefen hinabreichend.

Selbst die tückischsten Stürme, die diese wechselhaften Wasser zuweilen züchtigen, vermögen nur ihre Oberfläche aufzurühren, schon in einer Tiefe von wenigen Metern herrscht wieder die Ruhe der »Brunnen«, in denen sich die eiskalten Wasser der Rhône ziellos verströmen.

Der See ist in seiner Ostecke eine Bühne alpiner Eitelkeiten. Im Süden spiegeln sich die attraktivsten Dreitausender der Dents du Midi, und im Norden treten die Rochers de Naye auf drei Kilometer Luftlinie an sein schönstes Ufer heran. Savoyen mauert ihn mit steilen 1800 bis 2000 Meter hohen Wänden ein, die drohend wie Zyklopenwälle ihren jähen Absturz unter dem Wasserspiegel fortsetzen und kaum Platz lassen für das unter Frankreich und der Schweiz säuberlich aufgeteilte St. Gingolph und das Künstlerdorf Meillerie. Erst vor Evian treten die Berge der Savoyarden respektvoll zurück, vor diesem Evian mit seinen kalten, doppelt kohlensauren kalk- und magnesiumhaltigen Quellen für Gichtbrüchige und notorische Säufer, die dort, sich kasteiend, ihre Sünden abbüßen, um sich dafür ein paar Jahre eines für sie trostlosen abstinenten Lebens einzuhandeln. Angesichts der bacchantischen Ufer des Vis-à-vis eine doppelt schwere Zumutung.

Aber oben in der Hotellerie »La Verniaz«, in diesem Paradiesgarten gastronomischer Genüsse und verschwiegener Chalets, in denen sich einst Aga Khan und Greta Garbo monatelang vor der Welt verbargen, brät Marcel Verdier die besten Steaks von Savoyen in Röstkaminen, die in seinen Gärten stehen, hat herrliche Pferde im Stall und immer Patronen zum Tontaubenschießen in der Tasche. Auch in Evian gibt es also nicht nur Heilwasser und Roulette-Chips sondern auch Refugien der Lebensfreude.

Das ganze Chablais, zu dem diese sehr viel ursprünglicheren und naturbelassenen Südufer des Genfer Sees gehören, trägt nicht den Glamour der helvetischen Seite, ist aber in den abgelegenen Schönheiten seiner großen Schlösser, seiner kleinen Städte und Fischerdörfer von einem sehr anziehenden, melancholischen Charme. Yvoire, wie auf einem Balkon in den See vorgeschoben, ist sein mittelalterliches Prunkstück, Thonons les Bains die »Metropole« — mit einem Thermalbad und alkali- und eisenhaltigen Mineralquellen. Auch das benachbarte liebliche Amphion les Bains hat Schwefelwasser ähnlicher Zusammensetzung.

Die heilenden Wasser rinnen dort überall aus der Erde, und schöne helle Sandstrandbäder verbergen sich wie in Excenevex hinter uralten Bäumen vor den auf den Routes Nationales Genf oder Annecy zustrebenden Eiligen. Das Chablais liegt noch immer im Verkehrsschatten des großen Reisens unsrer Tage, und wären nicht Evians berühmte heilende Wasser und die vielen überlaufenen, aber auch überwältigenden Schönheiten des gegenüberliegenden Lavaux, es würden noch weniger Menschen an diese von den Zeitläuften vergessenen Gestade kommen, die sich — nicht nur im Tal der Drance — die wild-natürliche Unberührtheit Rousseauscher Traumlandschaften bewahrten bis auf den heutigen Tag.

Wein an allen Wegen

Kontrapunktierend zum Wasser zieht sich der Wein als Element des Lebens durch diese Landschaft. Er ist nicht nur ein Teil ihrer Wirtschaft, ihrer Geschichte, ihrer Literatur, sondern auch ihrer Politik. Die Rhône schwemmt ihn aus dem weingesegneten Wallis heraus, und gleich nach ihrem Durchbruch bei St. Maurice sammeln sich die Rebstöcke bei Aigle zu Tausenden und Abertausenden. Hier spielen Yvorne mit seinem berühmten »Clos du Rocher« und das nahe Ollon mit seinem hervorragenden Burgunder »Rouge d'Antagne« gleich zwei Trümpfe aus, die Kenner mit der Zunge schnalzen lassen. Von 20 Millionen Liter Jahresernte ist dabei nur knapp eine Million Liter waadtländischer Rotwein.

Die uns Deutschen aus dem badischen Markgräflerland bekannte Gutedel-Rebe beherrscht hier das Feld. Sie ist renommiert als eine wundervolle Tafeltraube. *Gut* als Wein ist sie nur unter den günstigen Umständen, wie sie hierzulande gegeben sind, aber *edel* ist sie auf gar keinen Fall. Der Weißwein, den sie bringt, ist allerdings immer selbständig und kann auch in mittleren Jahren als Naturwein in den Handel gebracht werden. Im übrigen ist er nichts als ein angenehmer, leichter, milder Tischwein ohne die köstliche Blume des Rieslings, den eleganten Schliff des weißen Burgunders oder die prunkvolle Erscheinung des Ruländers, des Pinot gris oder, wie er hierzulande heißt, des Malvoisie. Der Fendant, wie der Chasselas im Wallis, und der Dorin, wie er neuerdings an den Genfer Seeufern heißt, ist ein einfacher Bursche, ein guter Kumpan zum Zechen, kein Gefährte für anspruchsvolle Stunden bacchantischer Genüsse, keine edle Kreszenz, die den Geist befeuert, kein amouröser Tropfen, der die Frauen in Verwirrung bringt. Aber die Alemannen trinken ihn gern. Sie sind es gewöhnt, ihre Gedanken tief aus dem Bauch zu holen und sie lange auf der Zunge zu wälzen, ehe sie sie aussprechen, und dieser Wein glättet ihnen den Weg. Der Fendant wird im Wallis und der Dorin im Waadtland getrunken wie in England der Tee. Man kann ihn ungefährdet zum Apéritif nehmen, und er paßt zu jedem Essen, zu jedem Freundesgespräch und zu jeder Liebeserklärung. In den Weinbergen des Lavaux, zwischen Montreux und Lausanne, gedeiht er am besten und eindrucksvollsten auf einem der kostbarsten Weinberge Europas, dem schon gerühmten Dézaley. Nach seiner Bodenbeschaffenheit, seiner Neigung und seinem sehr günstigen Mikroklima ist er ganz sicher einer der kostbarsten Weingärten Europas. Überall in der Welt würde man ein solches Gottesgeschenk mit edleren Rebsorten bepflanzen. Nicht so hier. Die Berner, denen er früher gehörte, trinken seinen Wein so wie er ist. Sie trinken ihn nicht nur, sie lieben ihn. Sie kennen und unterscheiden den Bodengeschmack der einzelnen Lagen und wollen weder Riesling, noch weißen Pinot, noch Malvoisie (Ruländer) auf dem Dézaley haben.

Man sollte vom Dézaley nicht Abschied nehmen und blindlings den Schönheiten von Lausanne entgegeneilen, sondern noch ein Stündchen bei »Major Davel« in Cully unmittelbar am Seeufer und in Reichweite dieses monumentalen Weinberg-Riesen verweilen. Der Dézaley »Clos des Abbayes«, der »Clos des Moines«, aber auch der »Embleyres« schmecken köstlich zu Filets de perches und sind die vollendetsten Chasselas-Weine, die man trinken kann. Hinter Lausanne beginnt dann »La Côte«, deren Dorins nicht den Glanz der Großen des »Lavaux« erreichen, aber in Féchy, vor allem aber im »Abbaye du Mont« (oberhalb Rolle) einen Weißwein anbieten, der einen erst recht aufgeschlossen macht für die mediävalen Wunder der uralten Siedlungen von Allaman, Morges, Rolle und Nyon. Sie sind allesamt Zeugen gewalttätiger Herrschaft derer von Savoyen, drüben am Südufer, und der »Gnädigen Herren von Bern«, hoch oben im Norden, deren Landsknechte sich damals gewiß nicht nur mit alten Weinbouteillen und Faßdauben aufs Haupt schlugen.

Einer der vier Großen ist der Weinberg »Wiege«, dicht oberhalb des Deutschen Ordensschlosses von Gumpoldskirchen.

Prunkstück der Wachau ist Dürnstein an der Donau mit seiner wundervollen Barockkirche und den edlen Weinbergen neben der Kuenringen-Burg.

Da, wo bei Prangins, in einem weiten Park versteckt, das Schloß liegt, das sich Joseph Bonaparte erbauen ließ und in dem Kaiser Karl von Österreich nach dem Ersten Weltkrieg Zuflucht fand, wo Coppet folgt mit seinem interessanten »Château«, in dem Jacques Neckers Tochter, die vitale Madame de Staël, das Feuerwerk ihres Lebens abbrannte, da wird es Zeit, nicht mehr von der Rebe, sondern von der Liebe zu reden.

Liebe in jedem Luftzug

Jede Landschaft bewirkt ihre Reflexe in der Menschenseele. Das ist eine Binsenwahrheit und einer der nachhaltigsten Antriebe des großen Reisens unserer Tage. Die zunehmende Materialisierung unserer Urlaubsmotive, der ausgleichende Drang nach Sonne, Wärme und Wasser hat das feine Gespür für die stumme Ansprache einer Landschaft da und dort veröden lassen, aber unbewußt oder bewußt verbleiben ihre Spuren, kurz oder nachhaltig, wie ein heimlich vollzogenes Implantat oder aber auch als formende Erschütterung im Quellgebiet der Menschenseele.

Diese lemanische Welt als Gesamtbild oder als ganz persönlicher Ausschnitt bewirkt sofort eine merkwürdige Lockerung und Entspannung, der sehr bald jene Erleichterung des von Alltagsbürden beladenen Herzens folgt, das, von der Sinnenfreude an dieser Augenweide bei der Hand genommen, den kürzesten Weg zum Du einschlägt. Aber hier wird mehr als ein Mignon-Effekt wirksam, hier wird mehr lebendig als der Wunsch, einem geliebten Menschen ein Gotteswunder zu zeigen: die rätselhafte Zweideutigkeit dieser riesigen Wasserfläche, die brutalen Akzente des Hochgebirges, das sich in ihm spiegelt, die zärtlichen Ufer der Côte, die dionysischen des Lavaux, die burschikosen des französischen Chablais, die einmal zitternde, vibrierende, das anderemal düster drückende Atmosphäre über allem ist ein rauschhafter Akt, ein Liebesspiel der Natur, eine sich in die tiefen Gewölbe des Unbewußten einschleichende Stimme der Verführung. Die Sinnenfreude an dieser lemanischen Welt ist wie ein Aphrodisiakum.

Sie hat tausend Winkel, in denen Satyrn und Nymphen wohnen. Sie wäre auch ohne den majestätischen Dézaley und seine vielen Trabanten-Weinberge dionysisch von Grund auf. Sie ist einfach dazu geschaffen, die Fenster aufzustoßen, frische Luft hereinzulassen, Ketzer zu gebären, Völker zu versöhnen und Liebe zu verkünden. Nur hier konnten moralische Aufrüster wie Johann Calvin und Frank Buchmann zu ihrer Mission finden. Sie hat die Künstler, Erzieher und Reformer angezogen wie ein Blütenbaum die Bienen.

Gounod komponierte hier in den Armen einer Walliserin seinen Faust, Tschaikowskij eine Suite, Rousseau schrieb in Meillerie und Vevey, aufgepeitscht von der Leidenschaft der Baronin Warens, die »Nouvelle Heloise«, Byron betrank sich an der Côte mit seiner schönen Freundin Jane Clairmond, Franz Liszt, umschwärmt von den Mädchen ganzer Klassen des Genfer Konservatoriums, ergab sich hier den Küssen der ihn immer verfolgenden Gräfin Marie d'Agoult, Goethe trieb es in Genf mit einem Freudenmädchen, Balzac in Mirabeau mit einer polnischen Schönheit, nachdem ihn die Marquise de Castrie betrog. Juliette Récamier spielte auf Schloß Coppet die Harfe und mit dem Herzen des Prinzen August von Preußen. Neben ihrem Boudoir überlegte Benjamin Constant, ob er die wilden Umarmungen der Germaine de Staël noch länger ertragen oder sich in das »ruhige Paris« absetzen sollte ...

Es ging zu wie im Dekameron.

Shelley verführte die erst 17jährige Tochter des schottischen Philosophen Godwin im Angleterre von Genf, George Sand erschreckte die Bürger und Lasalle, der vornehme Sozialist, verlor sein Leben im Duell um eine Frau. Hemingway und Hadley Richardson sollen die letzten hier Genannten sein. Die Lebenden bleiben unerwähnt, und die Legionen der unbekannten Liebenden, die sich die Frühstücksbrötchen von Montreux, Ouchy oder Evian ans Bett kommen ließen, weil die Liebe dieser Gestade sie müde machte vor Glück, sie alle seien mit dem Mantel der Liebe zugedeckt.

Wir sind in den Pays du Vaud, im Vaudois, im Waadtland. Es sollte Kythera heißen.

Wachau

Die sieben goldenen Hügel

Vor 800 Jahren hatte Österreichs Herzog Leopold V., der sich dazu mit einigen Humpen »Ruster Ausbruch« Mut antrinken mußte, Englands ersten großen Nahostpolitiker, Eroberer von Zypern, unwiderstehlichen Playboy und erfolgreichsten Turnierreiter seiner Zeit, Richard Löwenherz, der vermummt auf der Heimreise in sein britisches Königreich begriffen war, festnehmen und auf die schaurige Burg Dürnstein schleppen lassen. Man wird ihn dort nicht gerade mit knusprigen Backhendln, zartem Donauwels und Beerenauslesen vom »Dürnsteiner Katzensprung« geatzt haben, ehe ihn Kaiser Heinrich VI. nach Trifels in der Pfalz überführte und ihn schließlich gegen ein astronomisches Lösegeld nach England entließ. In der Sage behauptete sich dagegen die Treue seines Mannen, des englischen Minnesängers Blondel, der seinen Herrn auf hundert Burgen vergeblich suchte, bis er ausgerechnet auf der Dürnsteiner Kuenringen-Burg auf sein Lied Antwort erhielt und so den königlichen Refrainsänger erkannte und befreien konnte.

Immer vergolden edle Träumer die schnöden Silberlinge der Geschichte, und wer weiß, was die Sage einst aus den politischen Spitzbübereien unserer Zeit gemacht haben wird! Wer sich auf der komfortablen neuen Wachau-Straße dem Kleinod Dürnstein nähert, kann das noch neuere, überlebensgroße Standbild von Richard Löwenherz und dessen Kammersänger Blondel nicht übersehen, wohl übersieht er aber die Perle der ganzen Wachau, wenn er sich durch den eleganten Zug der Straße dazu verleiten ließe, in den neuen Dürnstein-Tunnel einzufahren, statt vorher links ins Dorf hinauf abzubiegen.

Dort oben musiziert die begnadete Bau- und Bildhauerkunst von Mungenast und Matthias Steinl in einem der schönsten Barockkirchtürme der Welt, ein steingewordener Jubelschrei über die Herrlichkeit Gottes in diesem gesegneten Stück Erde. Dort oben verbirgt sich abseits der großen neuen und der schmalen alten Straße aber auch einer der idyllischsten Gasthöfe Österreichs — und das will etwas heißen —: Thierys Schloßhotel »Richard Löwenherz«. Tiefbraune warme Stuben, in denen alle Köstlichkeiten der Gegend serviert werden, und ein Garten auf hohem Gemäuer über der Donau, gerade da, wo sie zwischen Passau und Wien am schönsten ist. Ein Garten, an lichten Sommertagen wie von Renoir gemalt, an den Abenden aber erfüllt von jener heiteren Melancholie, die das Österreichische so liebenswert macht. Hier werden Zornige friedlich, Eilige ruhig, Laute still und Stille laut. Verliebte verirren sich noch tiefer in das Gestrüpp ihrer Gefühle, und einer der ganz großen Rheinrieslinge von der »Dürnsteiner Hollerin« oder einer der taufrischen jungen, grünen Veltliner von Dürnsteins kostbarstem Ried »Liebenberg« läßt einen seidenen Vorhang vom Himmel fallen: Der Nachbartisch verschwindet, die laute Welt da draußen auch, und nur das Paradies bleibt, die guten Augen der Kumpane, das gehütete Feuer der Liebsten, der blühende Baum der Erkenntnis (eine Castanea vesca) und ganz unten der dunkle Fluß Styx, auf dem ein jugoslawischer Frachter schwer stromaufwärts stampft. Seine Scheinwerfer tasten die Ufer ab, und seine Bordlichter schaukeln geheimnisvoll und ungewiß. Dabei hat er nur ein paar Fässer Sliwowitz an Bord, Tabakballen und Backpflaumen. Man sieht das alles, wenn man eine Flasche »Kremser Kögl«, eine Spätlese von Fritz Salomons Undhof getrunken hat. Sie schafft den Röntgenblick.

Was auch für Menschenherzen gilt.

Aber Wein macht auch blind, vor allem den, der ihn baut. Doch warum sollte der Winzer ihn nicht lieben, der mit so viel Mühe großgezogen wurde, mit so viel Hingabe gepflegt werden muß und doch so schwach und anfällig bleibt für Gewürm und Gewitter! Der Wein lebt doch wie ein Mensch! Die Rebe tastet und schwankt wie ein Kind, der junge Wein rumort in den Fässern wie eine halbstarke Seele, um dann in der Bouteille ein zweites Leben anzufangen, das in Österreich leider immer nur zu kurz ist, viel kürzer als in Deutschland und sehr viel kürzer als in Frankreich. Aber das ist ein anderes Kapitel, das etwas später aufgeschlagen werden soll.

Warum sollte der einzelne Hauer, wie die Weingärtner in Österreich heißen, den Wein des Nachbarn lobpreisen und seiner eignen Hände Arbeit verachten? In Österreich gibt es keine Versteigerungen nach eingehenden Weinproben wie in Deutschland und Frankreich und schon gar keine Einteilung der Weinberge in »premier grand crus«, »premier, deuxième, troisième crus« und »villages« wie bei unserem französischen Nachbarn, dessen Weine und Weinberge in geradezu

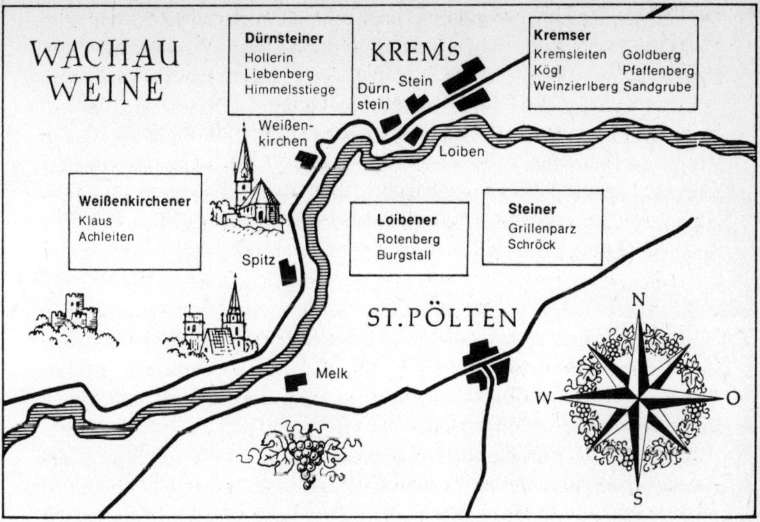

preußischer Ordnung und Disziplin ausgerichtet sind. Wenn alljährlich die Kremser Weinbauern zusammenkommen, um bei einer »gedeckten Weinkost« ihre eignen Produkte zu klassifizieren, geht es nicht ganz so streng, manchmal sogar recht heiter zu. Alle Flaschen sind dazu sorgfältig umwickelt, und wenn dann die »Weinbeißer« am Werk sind, kann es leicht geschehen, daß einer der Hauer seinen eignen Wein in die »Taferlklasse« rangiert, während er dem verabscheuten Gesöff des verfeindeten Nachbarn alle Sophia-Loren-Attribute zubilligt und von einem eleganten, rassigen Wein mit ausgesprochen fruchtiger Blume, viel Körper und einem herzhaften Lagerbukett spricht. (»Der Teuf'l soll's hol'n, die Malefizverkosterei, die damische! I, i ausgerechnet i muß mi anschmier'n lass'n!«)

Auf die Frage, welchen Wachauer »Rieden« — so heißen in Österreich die Weinberge — sie die Auszeichnung von »Grand crus classés« zukommen lassen würden, antworten aber nicht nur die sehr objektiven Leiter der Weinbauschulen, sondern auch andere anerkannte einheimische Experten überraschend einhellig.

Österreichs sieben goldene Hügel liegen allesamt an den teils steilen, teils sanften Hängen zwischen Dürnstein und Krems, meist in verwittertem Urgestein, vor allem Gneis und Glimmerschiefer, der dem Wein die Füße warm hält. In diesen erstklassigen Weinberglagen der Wachau, die in Weißenkirchen mit »Klaus« und »Achleiten« beginnen, sich in Dürnstein mit »Liebenberg« und »Hollerin« fortsetzen, über den Unterloibener »Rothenberg« mit den Steiner und Kremser Lagen »Kögl« und »Goldberg« ins Herz des Wachauer Edelweingebietes vorstoßen, gedeihen Weine, mit denen die österreichische Staatsregierung ihre Gäste bewirtet. Es sind königliche Rieslinge, Grüne Veltliner und Neuburger, deren Kellerkultur durch erfahrene Weingüter gesichert ist.

Sie würden viel öfter auf den Weinkarten der internationalen Schlemmerlokale stehen, wenn ihre Ausfuhr nicht so sehr erschwert wäre, wenn der Ertrag mengenmäßig nicht so geringfügig ausfallen würde und — wenn die Österreicher selbst nicht die leidenschaftlichsten Weintrinker Mitteleuropas wären.

Das aber ist nur die oberste Decke aus dem tiefen Füllhorn, das Bacchus zwischen den herrischen Gottes-Burgen von Melk und Göttweig ausgoß, die beide wie steingewordene Lobpreisungen am Anfang und am Ende des Segens dieser im wahrsten Wortsinn romantischen und weinseligen Landschaft stehen. Die neue Wachau-Straße verleitet dazu, viel zu schnell durch diesen Zauber zu fahren, in dem die Donauufer sich nicht ganz so dramatisch gebärden wie die des Rheins zwischen Bingen und Koblenz, in dem es aber auch sonst nicht so hektisch und bienenfleißig zugeht wie dort, sondern um vieles stiller und beschaulicher, ein bisserl inniger und nachdenklicher, und das alles auf den sanften Gedankenflügeln einer so milden und darum unangreifbaren, souveränen Nonchalance. Die meisten, die auf der Bundesstraße 1 und der Autobahn nach Wien eilen, lassen dieses Land links liegen.

Sie tun gut daran. Die Wachau hat Eilende nicht gern.

Gumpoldskirchen

Vom Heurigen zum Honorigen

Zauber der Buschenschenken

Alle Weinländer sind schön, und die Sprache seiner Weine wirbt für jeden dieser goldenen Hänge, aber der hinreißende Liebreiz der österreichischen Weine ist viel zuwenig Kennern in der Welt bekannt. Er gleicht dem Licht, das man gedankenlos unter den Scheffel stellt, unter den es die Gleichmut der Heurigenseligkeit nach dem Ersten Weltkrieg gestellt hat. Vieles für uns Unverständliche liegt natürlich an der andersgearteten Struktur der Weinwirtschaft und an der daraus resultierenden österreichischen Einstellung dem Wein gegenüber. Viel zu lange werden hoffnungsvolle Ansätze zu einer staatlichen Weinkontrolle mit entsprechend klaren gesetzlichen Grundlagen von gewissen Teilen des Weinhandels verhindert.

Dafür gibt es ein Buschenschankgesetz, das es dem Winzer gestattet, 14 Tage lang, mit jeweils vierwöchigen Unterbrechungen, von ihm selbst gezogene Weine auszuschenken und gegebenenfalls ein »Zu-Essen« dazu zu verabreichen. Ein an langer Stange befestigter Kiefernzweig ist das Zeichen dafür, daß — wie die Wiener sagen — »der Herrgott die Hand rausstreckt«. »Wo ist heute ausg'steckt?« Das bewegt das Herz des Herrn Kommerzialrats ebenso wie das seines Assistenten; denn in den kleinen Hauerstuben verzaubert der »Heurige« die Welt. Meist ist es nur einer der vielen Veltliner und Sylvaner, oft einer der milden Neuburger, denen man nachsagt, daß sie die gemütlichsten Wiener hitzig machen, manchmal einer der schweren Ruländer, der lieblichen Müller-Thurgauer oder Zierfandler. In den roten Karaffen leuchten meist die billigen blauen Portugieser oder die so vergnüglich-verträglichen »Blaufränkischen«, die im Württembergischen als »Lemberger« wachsen.

Österreich ist das klassische Land der offenen Weine. Keine Großstadt der Welt ist so von Weingärten umgeben wie Wien; selbst die

Gebiete der Spitzenweine, die man auch nur zum Teil in der »Bouteille« antrifft, sind in Rufweite. Krems ist nur 60 km, Gumpoldskirchen nur 20 km von Wien entfernt. Warum erst die Weine auf Flaschen füllen? »Schaffts die Fasserln nach Wien!« Und diese Zwei-Millionen-Stadt trinkt viel. Sie trinkt, weil sie »an Durscht« hat, und sie trinkt Wein gegen den Durst!

Der Heurige löst alle Probleme der Familie, des Geldes, der Liebe und ihres Gegenteils, der Politik. Er kennt weder Etikette noch Etiketten. Er bringt alle Herzen zum Klingen und hat nicht nur die Schrammeln erfunden, sondern auch die Eroica und vieles andere, was Brahms und Beethoven, Haydn, Schubert und Mozart in sich haben singen hören. Sonntags sieht man die Leute heute noch in die Buschenschenken ziehen mit vier der großen, typisch österreichischen Zweiliterflaschen im Rucksack, um sich draußen in Oberlaa einen Welschriesling vom Zederbauern zu holen oder einen Neuburger vom Köck in Schönabrunn. Vielleicht auch jenen Blaufränkischen vom Preis in Prellenkirchen (den, wo der Bastl meint, der vom Sandriester Johann sei besser). Jeder hat sein besonderes »G'schmackerl« daran, und er bleibt dabei.

Der Rotweinwinkel

Zwischen Gumpoldskirchen und Pfaffstätten, das schon vor den Toren Badens liegt, ertrinkt das Auge in einem Meer von Reben. Die Szenerie ähnelt der der Pfalz, eher noch der Côte d'Or im nördlichen Burgund.

Allmählich sind wir schon im Rotweinwinkel der Südbahn; denn Sooß, Bad Vöslau und sein Vorort Gaifarn bieten mit blauen Portugiesern verschnittene »Blaufränkische« an, die — auch unverschnitten — nicht nur auf der Zunge, sondern auch im Magen ein wahres Labsal sind. Lassen Sie sich irgendwo in Österreich einen Roten aus Vöslau kommen. Er hat nicht das Feuer des Rusters, aber er tapeziert Ihr Inneres aus mit Wärme und Wohlbehagen, vertreibt Kopf-, Magen- und Herzeleid und alle Gifte, die im Körper sind. Er ist einer der wenigen Rotweine, die nicht müde, sondern lebhaft machen und die Gedanken leicht werden lassen wie Federn und bunte Blüten.

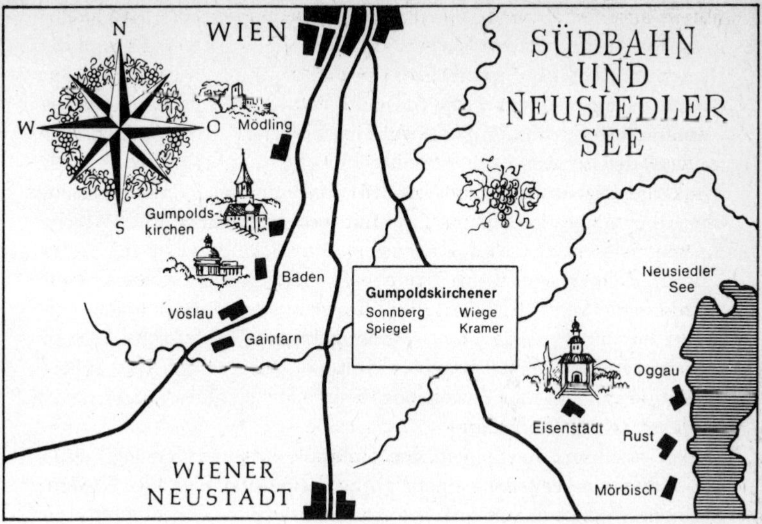

Vom Heurigen zum Honorigen

Hier, südlich Wiens, wo die letzten Alpenberge wie Wälle vor den weiten, unübersehbaren Ebenen des Ostens stehen, speit eine vulkanische Bruchlinie eine ganze Batterie schwefelhaltiger Thermen aus. Von den südlichen Vororten Wiens reicht diese »Thermenlinie« über Gumpoldskirchen, Baden bei Wien, Bad Vöslau bis zum Semmering bei Gloggnitz, und allein das Dutzend Badener Quellen wirft dabei täglich sechs Millionen Liter aus. Auf diesem mit Tonschotter bedeckten Heizkissen des kalkalpinen Trias-Dolomits wächst nach zuverlässigen Aussagen einiger römischen Feldherren, des Hunnenkönigs Attila, einiger Könige von Ungarn und Böhmen, einiger Träger der alten und der neuen deutschen Kaiserkrone, Elisabeths II. von England sowie der Gumpoldskirchner Winzergenossenschaft der beste Wein Österreichs: der Gumpoldskirchner.

Gleich hinter dem sanft ansteigenden reizvollen Ort, unmittelbar hinter dem Schloß des Deutschen Ordens und dem »Berghof« des Stiftes Melk, liegen vier Weingärten, von denen mindestens drei nicht nur in besonders guten Jahren Kreszenzen bringen, die man bedingungslos in die höchste Qualitätsstufe einweisen kann. Es sind die Rieden »Sonnberg«, »Spiegel«, »Wiege« und »Kramer«. Wer nun glaubt, die etwas eigensinnigen Winzer vom Wienerwald würden sich die Namen dieser kostbaren Weinberge wie goldene Ketten um den Hals hängen, der irrt. Die Lage »Sonnberg« erscheint auf den Etiketten der Winzergenossenschaft, der Weinbauschule und des Winzers Hasenöhrl, aber schon das Stift Melk bringt unbegreiflicherweise köstliche Beerenauslesen des Riedes »Spiegel« ohne Lagebezeichnung unter illustre Weinkenner. Dem Schloßweingut des Deutschen Ordens wurde eine Spätrot-Rheinriesling-Beerenauslese international prämiiert, die den Fantasienamen »Schloßgold« trug, aber nicht die sehr viel bemerkenswertere Lagebezeichnung »Wiege«. Wie der andere »Wiege«-Teilhaber, das Weingut des Stiftes Heiligenkreuz in Thallern, verfährt, ist mir unbekannt.

Hier wachsen die Spitzen der Gumpoldskirchner Rieslingkultur, die — auch im Weltrang — ganz große Weine sind. Fast alles Novemberlesen, sind sie in ihrem Bukett und in ihrer Fülle denen der Pfälzer Mittelhaardt ähnlich, oder den großen Rieslingen der rheinhessischen Weinberge aus Oppenheim und Nierstein.

Die große und typische Rebe Gumpoldskirchens und seiner Umgebung aber ist der Zierfandler: ein extraktreicher, meist sehr harmonischer Wein mit einem unverkennbaren Säureschleier über so viel Bukett und Süße, daß ein Glas besser als das andere schmeckt. Schon mancher Fremdling hat's erst beim Aufstehen gemerkt, daß es gut ist, daß auch in Gumpoldskirchen die Straßen Wände haben, aber auch mancher Einheimische hat oft ein schönes Zierfahnderl vor sich hergetragen und g'meint: »Siech i oder siech i nimmer?« In sieben von zehn Jahren sind die Zierfandler — durchweg Spätlesen — hervorragende Spitzenweine, deren Beerenauslesen zum Besten gehören, was das gesegnete Weinland Österreich bieten kann. Wenn er bei einem Alkoholgehalt von zwölf Prozent noch Restsüße hat, verschneidet man ihn am Anninger gern mit dem etwas handfesteren Rotgipfler und hat dann erst den richtigen Gumpoldskirchner, falls man sie nicht schon zusammen gemostet hat. Auch die Gumpoldskirchner Rieslinge werden gern mit Zierfandler etwas süffiger gemacht.

Zunehmend läßt man diese Edlen aus den Herrgottsweingärten am Anninger richtig ausbauen. Zunehmend lagert man die Qualitäten der besten Jahrgänge ohne Rücksicht auf die Marktlage als Glanzstücke eines wirklich weinwerbenden Exports. Vor Jahren noch war man nur darauf aus, sie an Ort und Stelle so schnell wie möglich als Heurige zu versaufen.

Weit oberhalb der Weinhänge von Baden, Vöslau und Gumpoldskirchen weitet sich der Blick über der Unendlichkeit der Ebene, die sich am Horizont in der Pußta verliert. Abends ist das alles zugedeckt vom samtenen Dunkel des versinkenden Sonntags, und nur die Lichtschnüre der vom Semmering oder aus dem Burgenland heimkehrenden Wiener Autos ziehen durch das Bild. Es sieht aus wie in Zeitlupe aufgenommene Leuchtspurmunition, oder friedlich gesagt, wie ein unendlicher Zug von Glühwürmchen. Sie stören den Frieden nicht, denn sie ziehen weit in der Ferne lautlos dahin. Der »Blaufränkische« von der Vöslauer »Waldandacht« singt dazu in unserm Blut. Er macht auch den fernen Lichterreigen zu einer zarten Melodie, und ich glaube, daß Haydn oder Mozart, die hier oft gesessen haben, heute eine »Serenade der wandernden Lichter« komponiert haben würden, wenn nicht gar der sakrale Satz eines Oratoriums daraus geworden wäre mit dem großen Finale des »Heimgangs der erleuchteten Seelen«.

Einem großen Musiker und einem großen Wein ist nichts unmöglich.

Burgenland

Pan wohnt in Pannonien

Pan, Fehltritt des flüchtigen Hermes, Gott des lieben Viehs, der Hirten und Herden, Gefährte lüsterner Nymphen, Kumpan des Dionysos, lebt nicht mehr in Arkadien. Er ist umgezogen und nach Pannonien gegangen, an den Neusiedler See. Vielleicht weil die Nymphen dort lieblicher sind, der Wein köstlicher und das Flötenspiel im Schilf geheimnisvoller klingt als auf den grasigen Hängen Arkadiens.

Wer will es wissen, was Göttersöhne, jene Playboys der Antike, treiben mag? Was sie mit ihrem gehörnten Kopf planen und mit ihren Bocksbeinen tun werden?

Ursprünglich soll Pan zwischen Mörbisch und Rust im Schilf gehaust haben, aber die Ruster behaupten, der Lärm der Mörbischer Seefestspiele habe ihn von dort vertrieben. Die Leute vom Seewinkel drüben beschwören, ihn am Zicksee bemerkt zu haben, aber in St. Andrä gibt es heute noch Frauenzimmer, die am hellichten Tage Gespenster sehen und an Hexen glauben, sagen die von Apetlon, und die Illmitzer, die sich immer für besonders gescheit halten, wollen darauf wetten, daß er in den Ziehbrunnen an der Langen Lacke gefallen sei, den man eigens für die Kameras der Touristen habe stehenlassen.

Der Leiter des Seemuseums von Neusiedel aber, der alles kennt, was da in dieser riesigen Badewanne kreucht und fleucht und jährlich einmal das Gefieder seiner seltensten Vögel mit dem Staubsauger zum Sträuben bringt, dieser Neusiedler vom alten Schlage hält das alles für dummes Geschwätz. Wenn es Pan wirklich gäbe, sei er überall und nirgends, erinnert er sich aus der Tertia. So könne er eine Minute vor ihrem Auftritt der Gräfin Mariza der Seefestspiele einen Schluckauf beibringen und gleichzeitig den Kahn eines Liebespaares im Schilf umkippen. Er könne tagsüber einer jener gefürchteten Schilfbrände anlegen und gleichzeitig eine fotografierende Amerikanerin im Ziehbrunnen von Apetlon erschrecken.

Er könne? Er kann! Pan wohnt in Pannonien! Wo sollte er sonst seine panischen Spiele besser treiben können als hier, wo alles in Fülle sprießt und doch in Ungewißheit lahmt, wo das Auge keine Grenze findet und doch im Schilf den Weg verliert, wo eine grelle Sonne leuchtet und die Bilder doch zerfließen vor dem Auge, wo alles Getier zu Lande, zu Wasser und in der Luft sich zu verlieren scheint und doch seine Zuflucht hat, die große Freiheit in der Geborgenheit.

Wo der Mensch, dem Bild unbegreiflicher Weite entwöhnt, vor der Grenzenlosigkeit einer Steppe steht, deren Horizonte immer zu zerfließen scheinen, wo sich seine kleinen Häuser ducken unter einem Himmel, der nirgends höher ist als hier, da breitet sich ein riesiger See hin, der auf Jahre im Boden versickert, um dann plötzlich aus rätselhaften Tiefen wieder aufzuquellen.

Hier lebt Pan heute. Man sieht überall seine Fußspuren. In den Wäldern an der Kaisereiche, am Badestrand von Podersdorf und vor dem Ratshauskeller in Rust.

So dreist mischt er sich jetzt schon unter die Menschen.

Pan ist Gast bei dem Fürsten Esterhazy, denn der Neusiedler See ist Privatbesitz. Darum darf auch das Wasser kommen und verschwinden, wann es will. Die Leute, die auf den kleinen Schilfinseln von Mörbisch und Rust ihre Badehütten und Wochenendbungalows haben, zahlen den Esterhazys jährlich eine Pacht in Höhe des Preises von 1 bis 1,5 dz Weizen, wobei der Weizenpreis der Wiener Börse vom 1. Januar des jeweiligen Jahres maßgebend ist.

Welches Erstaunen, wenn die Badefrösche früh aus ihren Archen treten würden und der See wäre weg!

Aber ganz so schnell entweicht er nicht, dieser unsichere Geselle, doch muß es niemanden wundern, wenn er in den kommenden 80er Jahren sich plötzlich wieder einmal verabschieden würde, wenn die Badehütten-Urlauber dann plötzlich nur noch ein Schlammbad nehmen könnten, was bei der Temperatur des Burgenlandes immerhin gut gegen Rheumatismus ist.

Maria Theresia wollte um 1740 schon einmal den völlig eingetrockneten See bebauen lassen, und 120 Jahre später, in den 60er Jahren des vorigen Jahrhunderts, als der See von 1865 bis 1870 bis auf ein paar Lachen völlig verschwunden war, kamen dieselben Pläne auf. Es war immerhin eine ungeheure Landmasse, fast von der Größe des Bodensees, ohne seine restlichen Ausläufer, die man hätte unter den Pflug nehmen können. Aber heute sind solche Bodenreformer im

Burgenland nicht mehr angesehen. Man weiß: der See versteckt sich nur, er kommt immer wieder und ist nach 8—10 Jahren größer als je zuvor, denn er kann durchaus die Gemeinden im Seewinkel, also an seinem Ostufer, in Wassernot bringen. 1878 stand in Illmitz und Apetlon das Wasser vor den Türen der Bauernhäuser. Er ist schon ein Gaukler, dieser schilfverwachsene Geselle. Bei Sturm kann er auf der einen Seite völlig trockengefegt werden und auf der anderen Seite mit hohem Wellengang überschwappen wie eine Badewanne. Ist er doch durchschnittlich nur 1,50 m tief und enthält nur wenige Stellen, die bis zu 2,50 und 3 m Tiefe gehen. Er ist ein typischer Steppensee, von dem die Hälfte in jedem Sommer verdunstet und dessen Wasserspiegel im unmittelbaren Zusammenhang mit dem jeweiligen Grundwasserstand steht. Aber wie herrlich ist es, in ihm zu baden! Mörbisch und Rust haben moderne Anfahrtsstraßen zum See hinausgebaut. Neusiedel hat seinen Gästen ebenfalls einen Weg zu Badefreuden geschaffen und am Ostufer, wo der See völlig schilffrei ist, sonnt sich Podersdorf in dem Ruhm, den einzigen Sandstrand am Neusiedler See zu haben. Aber die Unmenge der kleinen Salzlacken und Badeseen, die im südlichen Seewinkel liegen, der eigentlich Pußtawinkel heißen müßte, bieten für Kenner, etwa am Zicksee bei St. Andrä, ähnliche Badefreuden. Die fortschreitende Motorisierung hat indessen auch hier schon die früher so zauberhafte Stille vertrieben. Die Leute fahren mit ihren Autos so weit der kleine Feldweg führt, der rund um den See verläuft, und richten sich dort, direkt am Wasser parkend, auf ein Wochenende häuslich ein. Wie eine bunte Schnur liegt so die Kette der Autos rund um das Blau des Zicksees, in dem die Wiener ihr Wochenende verplätschern.

Das West-, Süd- und Nordufer des Sees ist völlig verschilft, aber dieser ungeheure Schilfgürtel macht den See nur noch geheimnisvoller. In ihm nisten unzählige Vogelarten, die im übrigen Europa längst ausgestorben sind. Silberreiher, Purpur- und Graureiher, die merkwürdigen Löffler stelzen dort verschwiegen umher und finden überreiche Nahrung. Ganze Schwärme von Wildgänsen und Wildenten streichen morgens im Formationsflug über den See. Lachmöwen und Rohrdommeln lärmen, und die frechen Taucher und Bläßhühner tummeln sich in diesem verschwiegenen Paradies. Im Herbst, wenn die wilden Sommergänse nach dem Süden ziehen und die Wintergänse aus dem Norden am Neusiedler See einfallen, werden die Jäger lebendig. Tagsüber bleiben die Wintergänse auf den Feldern

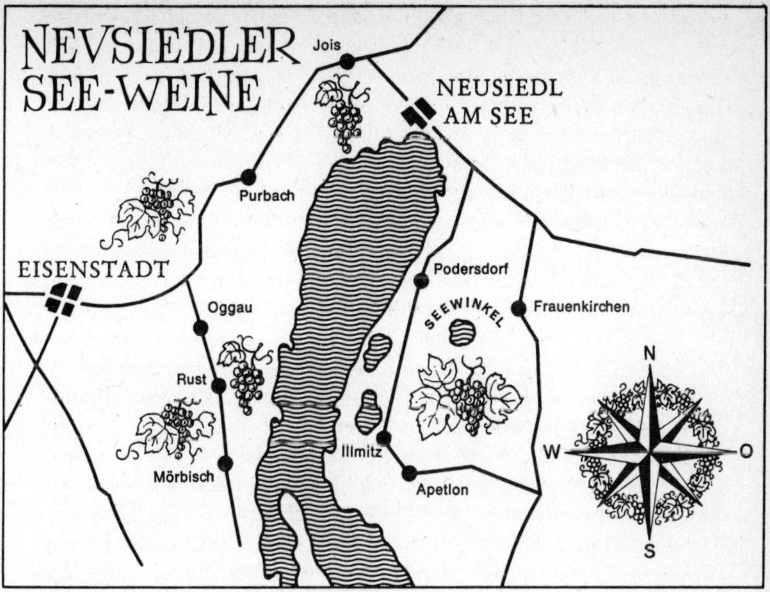

des Seewindes, aber abends streichen sie ab zum See, der heute noch ein einmaliges Vogelparadies ist und es nach dem Willen der sehr einflußreichen Naturfreunde auch bleiben wird.

Aber das Schilf ist nicht nur für das gefiederte Volk eine Gottesgabe. Der See hat 68 km² Schilffläche, 10 m² geerntetes Schilfrohr wird heute als Einmeterbund verkauft und kostet heute 12 Schillinge. Auf der zu Österreich gehörenden Seefläche ergibt das einen jährlichen Bestand von 68 Millionen Schilling. Das hochwertige Schilf, das heute noch in der Bauindustrie als Putzträger und für Wärmeisolierungsplatten verwendet wird, wächst jährlich schnell nach und versteckt die Geheimnisse der Seeufer wieder unter seinem grünen Lanzenwald. Jährlich holt man dazu bei hohem Wasserstand 250 000 Kilo Fische aus dem See, dessen Fischbestand in der Zeit niedrigen Wasserstandes und kalten Winters allerdings katastrophal zurückgeht, weil es vorkommt, daß dann der See fast bis auf den Boden zufriert.

Auf dem Wege von Wien über Baden, die Semmeringstraße

verlassend und Eisenstadt ansteuernd, sollte man an der Kaisereiche oder an den Hängen des Buchkogels kurz verhalten. Der dichte Wald öffnet grüne Fenster in dieses fantastische Panorama, das dort in einer ungewissen Ferne verblaut. 300 m tiefer liegt der See im bläulichen und gelblichen Schimmer (er liegt 113 m ü. d. M.), Mörbisch, Rust und Oggau, diese lebenslustigen Weinwinkel blitzen herauf, und wenn man ein gutes Fernglas hat, so sieht man dahinter die hohen Wachtürme des Eisernen Vorhangs mit den Holzfüßen im seichten Wasser stehen.

Mit den vielen kleinen Buschenschenken und den Dächern mit den ungezählten Storchennestern mit ihren hübschen Barockfassaden und der einstöckigen Gemütlichkeit ihrer behäbigen Häuser: schon im 16. Jahrhundert hatte der Ruster Wein seinen Weltruf geschaffen. Jährlich fuhren die teuersten und edelsten Fässer mit dem eingebrannten R als königlich privilegiertem Warenzeichen an den habsburgisch-ungarischen Hof. Ruster Weine galten jahrhundertelang als die besten Österreichs. Der Schutz des breit hingelagerten Leithagebirges vor den rauhen Nordwinden, der Klimaausgleich durch die nahe Wasserfläche des Neusiedler Sees, die als Wärme- und Feuchtigkeitsspender wirkt, ein für manche Rebarten gut geeigneter fruchtbarer Lößboden, und die Tatsache, daß wir hier am wärmsten Punkt Mitteleuropas stehen — das alles sind Voraussetzungen für die großen Ruster Spätlesen und Ausbruchweine.

Ruster Ausbrüche von Müller-Thurgau haben uns schon in Entzücken versetzt. Sylvaner und Riesling entwickeln hier nicht das feine Spiel der Bukettstoffe wie oben im Norden an Rhein und Mosel. Es ist kein typischer Boden, auf dem König Riesling den illustren Fächer seiner Eigenschaften öffnen kann, aber Furmint und Muskat-Ottonel, Traminer und die Leányka, die ungarische Mädchentraube, gedeihen hier besser als irgendwo anders und bringen den Wein, der Rust unvergeßlich macht. Die Worte, die 1726 der Rat der Stadt Rust über den Eingang des Ratskellers meißeln ließ, sind jahrhundertelang vielen, die hier gezecht hatten, aus dem Herzen gesprochen gewesen: »Mir ist recht wohl, den ich bin voll.«

Als beste Ruster Lagen werden der Greiner, der Turner, Satz und Vogelsang angesprochen. Von Kalkstein meist überdeckter, aber da und dort hervortretender kristallinischer Schiefer speichert die Wärme und bringt allerbeste Müller-Thurgauer, aber auch gute Ruländer und Gewürztraminer hervor. Ein seltenes Glück ist es, wenn man noch

Blick auf das weltberühmte Weindorf Tokaj an den Hegyalja-Bergen Nordost-Ungarns.

Ein Kleinod unter den großen Lagen der Pfalz: das »Forster Kirchenstück«.

einen der seltenen »echten« Ruster Ausbrüche nach dem Modell der berühmten Tokajer erwischt; denn die edle Furmint-Rebe wird in Rust immer weniger angebaut. In der Ratskellerei der Stadt Rust und den renommierten Weingütern Just, Gabriel, Dremmel und Ratz findet man die köstlichsten Weißweinsorten. Aber auch die Ruster Blaufränkischen — in Württemberg, wie schon erwähnt, als Lemberger bekannt — und der edle St. Laurent geraten in den gesegneten Weinfeldern von Oggau und Rust hervorragend.

Eine knappe Wegstunde südlich liegt, nicht weniger freundlich und satt in der Fülle der Felder und Weingärten, der Obstanger und Akazienwälder, schon im Schatten der Wachtürme des ehemals so brüderlich befreundeten Ungarns: Mörbisch am See. Heute ein behaglicher Platz von hohem rustikalen Reiz. Eine lange Allee führt jetzt durch den Schilfdschungel zum See hinaus. Dort hat man ein schönes, fast elegantes Restaurant errichtet, mit breiten Sonnenterrassen und einen hohen Tribünenbau für die berühmt gewordenen Mörbischer Seefestspiele.

Drüben am anderen Ufer ist Podersdorf mit seinen farbigen Campingzelten, und dahinter greifen die schlanken Türme von Frauenkirchen in den hohen pannonischen Himmel. Obwohl alles, was sich an Europas Schätzen vergreifen wollte und vergriffen hat, hier durchzog, Hunnen und Mongolen, Türken und Kuruzzen, Kirgisen und Jakuten in russischen Regimentern, obwohl das Land verwüstet, gebrandschatzt, zertrampelt und geschändet worden war, es scheint unberührt von allem menschlichen und unmenschlichen Zugriff geblieben zu sein, unzerstörbar und ewig.

In Podersdorf beginnt die Region der lieblichen »Sandweine«, für die sich viele einheimische und auswärtige Freunde begeistern. Der Sandboden macht die Weinstöcke gegen den Befall der Reblaus immun, so daß man im ganzen »Seewinkel« ohne amerikanische Unterlagenreben auskommt. Hinter dem lieblichen Podersdorf liegt Gols, die größte Weinbaugemeinde des Neusiedler Seegebiets.

Neuburger Sylvaner, Welschriesling, Grüner Veltliner liegt hier zuhauf in den Kellern, ohne indessen alt zu werden; denn der Durst der Leute im »Seewinkel« ist groß.

Die besten Podersdorfer Lagen Hofäcker, Hölle, Schrammel und Überland haben außer den oben genannten Sorten auch interessante Spielarten vom Rheinriesling, dem Traminer, der Müller-Rebe, die in Württemberg als »Schwarzriesling« verkauft wird, und dem süffigen

Müller-Thurgau. Bis hinunter nach Illmitz und Apetlon zieht sich die Region der »Sandweine«, die für den »Seewinkel« typisch sind.

Dieser »Seewinkel« ist eine Welt für sich. Wer von den nahen Alpen kommt, empfindet es fast körperlich. Es geht nicht mehr auf und ab, nicht mehr mal links, mal rechts. Die Erde glättet sich, die Wege ebnen sich, die schnelle Bildfolge bricht ab, die Zeit hält den Atem an.

Die Stille der weiten Ebene erfüllt das Herz mit einer idyllischen Ruhe. Die kleinen Dörfer liegen breit im flimmernden Licht. Auf ihren großen Plätzen tummeln sich Legionen von Gänsen.

Draußen wogt das Korn, rauscht der Mais, und die Salze der ausgetrockneten »Zicken« blühen aus. Es sieht aus wie Schneefall im Sommer. Da und dort weiden Rinder, Ziehbrunnen recken sich in die Luft und eine verirrte Bö wirbelt einen Sandschleier auf.

Kilometerweit sieht man die hohen Türme der Wallfahrtskirche von Frauenkirchen und trotzdem stehen sie verloren unter dem Gewölbe des unbeweglichen pannonischen Himmels.

Es ist eine ganz andere Ebene als etwa die norddeutsche, die immer noch etwas von der Unruhe des Meeres in sich hat, in ihrer Frische, ihren Winden und ihrem Wolkenspiel. Hier ist überall Wärme und Ruhe und Geborgenheit. Eine große, panische Stille ist eingekehrt, und selbst da, wo Menschen auf dem Felde ihre Hände regen, zerfließen ihre Bewegungen in diesem ungeheuren Raume jener bukolischen Ruhe, die auch den Puls des Fremdlings bald herabstimmt und ihn fast rauschhaft den Geheimnissen des »ganz anderen« entgegenträgt.

Ungarn

Der Traum von Tokaj

Lange vor der Jahrhundertwende waren die langhalsigen kleinen Tokajer Bouteillen auf den Schaukästen der Apotheker Symbole der besten Eigenschaften des Weines überhaupt: für seine Nobilität, seine Kostbarkeit, seinen nektarischen Zerfluß auf der Zunge und für sein Ethos: seine heilende, stärkende Kraft.

Wer hatte schon eine Ahnung davon, daß Ludwig XIV. den Tokajer »le roi des vins et le vin des rois« getauft hatte, und daß er ihn fast regelmäßig mit den großen weißen Sauvignons zum Nachtisch und auf dem Nachttisch servieren ließ? Auch Katharina die Große, die in allen Lüsten einer flatterhaften Welt Geübte, hielt diesen süßen, rassigen Ungarn heimlich in ihrem kaiserlichen Boudoir, und sie ließ — das ist verbürgt — in guten Jahren den Transport der kostbaren Gönczer Fässer nach Petersburg durch ein Sonderkommando ihrer Garde begleiten. Tokajer — das war immer ein Verschnitt aus Nobilität und Demimonde, aus Lebenslust und Lasterhaftigkeit, aus Schwermut und Leichtsinn, aus Orient und Okzident, aus Rauschgift und Heiltrank.

Nach dem Wein zu urteilen, hätte Tokaj ein zauberhaftes Weindorf sein müssen, noch schöner als Riquewihr, noch romantischer als Dürnstein, noch fröhlicher als Rüdesheim oder Bernkastel. War es nicht die einzige ungarische Stadt, die außer Budapest weithin in der Welt noch bekannt war? Wo lag es überhaupt? Niemand wußte es. Irgendwo an der Theiß. Oben im glühenden Nordosten. An den Hegyalja-Bergen. Am Rande der vor Hitze flimmernden Pußta. Stimmt alles. Aber auf der schönen bunten Straßenkarte, die jedermann heute an der Grenze vom ungarischen Automobil-Club überreicht bekommt, ist es nicht zu finden.

Der einzige ungarische Ort außer Budapest, den die Welt kennt und aussprechen kann, fehlt!

Welchen Edelstein will man da verbergen? Welch uraltes Weinidyll will man da vor neugierigen Touristenblicken bewahren?

Tokaj — sind das nicht breite, wohlgepflegte Dorfstraßen, über die Gänseherden und fröhliche Trinker ziehen? Buschenschenken wie aus Lehárs Operetten mit Innenhöfen, in denen Zigeuner spielen und ein langstieliger Puszta-Brunnen quietscht, schattige Rundbogen-Arkaden, weißgetüncht mit gelbem Kukuruz und grünem Paprika an den Wänden, ein Gùlyas-Kessel über offenem Feuer und blankgescheuerte Tische mit Sets voll farbenprächtiger ungarischer Bauernstickerei? Auf dem Tisch Gläser und Tokajer Wein und Wein und Wein.

Erinnern Sie sich noch an den Teufel in Auerbachs Keller?

> Euch soll sogleich Tokajer fließen ...
> Ein tiefer Blick in die Natur.
> Hier ist ein Wunder, glaubet nur!
> Nun zieht die Pfropfen und genießet ...

Zum Anregen des Appetits ein trockener Szamorodner, zum Paprikás csirke von ganz jungem Huhn ein edler Tokaj-Furmint, zum Nachtisch ein süßer Szamorodner und dann das Wunder aller Wunder: der Aszu! Ein fünfbuttiger Tokaj-Aszu von 1947!

> O Csárda, Csárda, längst verfallne Stätte,
> als ob mein Geist dich neu geschaffen hätte,
> seh ich dich mit den Gästen neu erstanden,
> die einst an deinem Herde Labung fanden.

Sándor Pctöfi hat mir das aus dem Herzen gedichtet.

Zerronnener Reichtum

Der Traum von Tokaj war ausgeträumt, als wir durch das Dorf fuhren, das in bleierner Stille in der Sonne lag. Vor der Halascsárda, dem einzigen Wirtshaus des weltberühmten Dorfes, parkten zwei ungarische, ein französischer und ein deutscher Wagen. Über die nüchterne Terrasse strich der pannonische Wind, hielt das Pörkölt warm und machte aus dem köstlich frischen Lindenblättrigen schnell einen lauen Tee. Drüben, hinter einem alten Schuppen, quälte sich der Bodrog über die letzten Meter seines Lebens in den breiten Schoß der Theiß. Alles war so maßlos traurig, müde, freudlos und zum Kotzen banal.

Millionen um Millionen von Kronen, Pengö und Forint haben im

Laufe von zwei Jahrhunderten die Rebhügel hinter dem Dorfe eingebracht. Ist alles in die Taschen der Rákóczis geflossen? Ist nichts in diesem landschaftlich so schön gelegenen, tragisch armseligen Dorf hängengeblieben?

Nicht nur den Wein, auch die Erde, auf der er wuchs, hat man jahrhundertelang als Heilerde teuer verkauft, nachdem sie von deutschen (Daniel Fischer in »De terra medicinali Tokajensi«), englischen (Cato Craffthome in »London Philosophical Transactions«) und österreichischen Ärzten wie I. G. Siegesbeck mit Erfolg als hochwirksam bei Ruhr, Darmerkrankungen und Geschwülsten beschrieben und verschrieben worden war. Mißachtet klebt dieser Dreck jetzt an den Katzenköpfen des mittelalterlichen Pflasters, über das einst schon so leise wie unser BMW die sarazenischen Frauenschänder schlichen.

Nichts hat sich in Gold verwandelt, nichts auf der Straße, nichts hinter den Torbögen der Häuser. Das Gold von Tokaj ist denen durch die Finger geronnen, die es gepflanzt, gehackt, gespritzt, gelesen, gebrochen, gemaischt, gekellert, aber nicht getrunken haben. Das Gold hat anderen die Beutel gefüllt. Den Rákóczis, den Esterhazys, den Fukiern in Warschau und Krakau, den Fuggern in Augsburg und heute der Monimpex in Budafok. Keine Spur des durch Generationen hindurch vererbten Wohlstandes burgundischer und rheinischer Winzerfamilien, kein Hauch jenes pittoresken, idyllischen Gassen-Charmes von Bacharach, Riquewihr oder Rust. Ein ganz trauriges Tagelöhnerdorf ist dieses Tokaj, wie irgendeins auf den melancholischen Höhen des Douro oder aus dem Hinterlande von Jerez de la Frontera, schmuckloser als das ärmste rheinhessische oder toskanische.

Dabei — das muß gerechterweise gesagt werden — ist unter allen Potentaten, die sich am Tokajer berauscht und bereichert haben, der heutige ungarische Staat noch der einzige, der etwas vom Goldstrom zurückgeleitet hat an den Ursprung: Eine neue Brücke spannt sich vor dem Dorf in weitem Bogen über die Theiß, ein neuer architektonisch schön plazierter und ausgebauter Gemeindekeller und Ausschank nach burgundischem Muster präsentiert sich den Gästen, und in der einzigen unter den nicht mehr benutzten drei Kirchen des Dorfes hat man ein sehr interessantes Weinmuseum eingerichtet, ohne allerdings zu bedenken, daß kein Fremder des Magyarischen mächtig ist, mit dem all diese Schätze erklärt werden.

Aber der Anfang ist damit gemacht, ein Dorf von Weltruf über den Horizont des interessierten Tourismus zu heben. Die Straßen dahin werden schon neu geschottert. Sie könnten einmal zu einem der schönsten Weindörfer Europas führen mit freundlichen, blumenreichen Plätzen, frisch verputzten Häusern und einer nigelnagelneuen Csárda, so einer richtigen ungarischen Bilderbuch-Csárda mit Ziehbrunnen, Gulaschkessel, weißen Arkaden, Kukuruz- und Paprikaschnüren, Folklore und Zigeunermusik.

Die edle Hegyalja-Region

Ich bin mit Lászlo Terelmes durch die grüne Stelle des Tokajer Bergfriedhofs nach oben gestiegen, durch dichtes Buschwerk und eine uralte mit Draht gesicherte Gartentür auf die Rebhügel gelangt, wo der Lindenblättrige wächst, der etwa ein Fünftel der besten Tokajer ausmacht, aber jenes Fünftel von dem man weiß, daß es die Männer um den Verstand und die Frauen um die Tugend bringt.

Wir sind an verstreuten Gräbern vorbei mitten in dieses grüngoldene Leben hinaufgestiegen und sehen nun von hier erst, wie schön dieses Tokaj liegt, wie schön sich ein ländlich-niedriges Terrassenhotel an den Hang schmiegen könnte, wo die Gäste ihren Rausch in fast arkadischem Frieden auszuschlafen vermöchten.

Aber Lászlo neben mir zeigt zum Horizont hinüber. Nach Süden in die Weiten der Pußta, wo das flirrende pannonische Licht die Grenzen zwischen Himmel und Erde verwischt, wo alle Konturen des Horizonts sich auflösen und wo auch unsere Träume von Tokaj zerfließen in den fernen Feuern, die dort zu lodern scheinen.

Die berühmten Tokajer Weine wachsen aber nicht am 350 Meter hohen Tokajer Berg allein, einem mit kalkreichem Löß bedeckten vulkanischen Trachyt-Kegel, einem ungarischen »Kaiserstuhl« sozusagen. Sie gedeihen in besseren Qualitäten noch an den Südhängen der fächerförmig sich einige Kilometer weiter nördlich davon entfaltenden Hegyalja-Berge, genau gesagt: im Gebiet von 25 Gemeinden dieser Gegend, die administrativ genauso unantastbar abgegrenzt wurde wie die Portwein-Region am mittleren Douro.

Kenner wissen, daß die kostbarsten Weingärten der Region bei den Dörfern Tolcsvá, Mád, Tallya und Tarcal liegen und daß sie so schöne Namen tragen wie »Heiligenblut«, »Mein Schatz«, »Sieben Gärten«, »Hirschweg« und »Königsberg«. Aber was soll uns das scheren? Diese Poesie erscheint nie auf dem Etikett, das immer nur das magische Wort

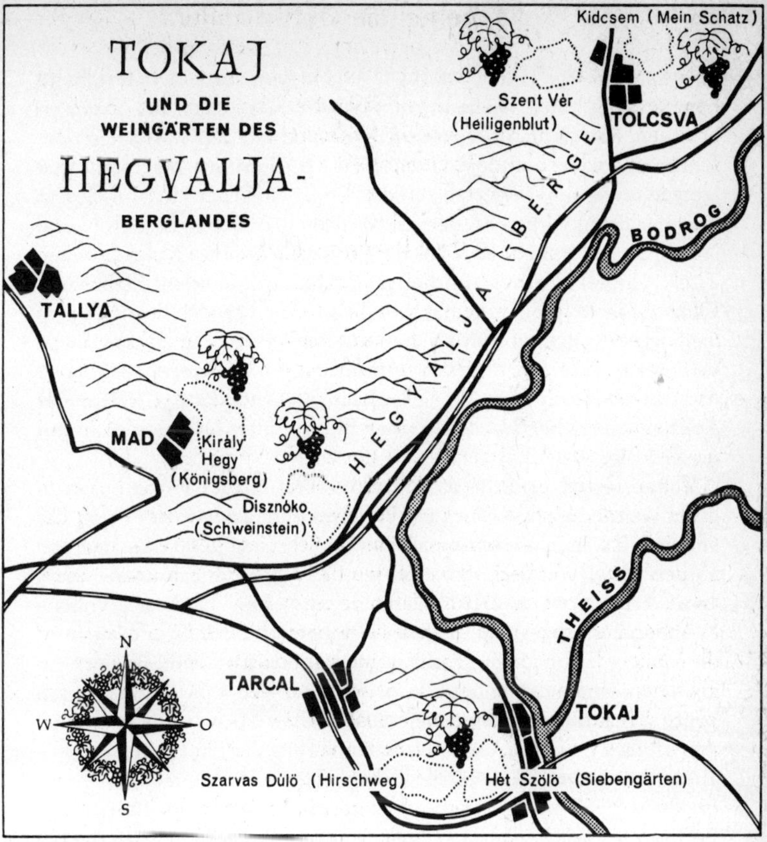

»Tokaji« nennt und dazu die Rebart »Furmint«, »Harslevelü« (Lindenblattriger) oder die Bereitungsart des immer aus diesen beiden Reben zusammen mit etwas Muskateller gemischten Tokajers, die einfachen »Tokaji-Forditas« und »Tokaji-Mázlás«, der »Tokaji-Ordinari«, die alle nur im Lande verkauft und getrunken werden und noch nicht einmal in den Budapester Hotels erscheinen.

Nur die berühmten »Tokaji-Szamorodni« und »Tokaji-Aszus« (Ausbruch), die Stars der ganzen Hegyalja-Familie, gehen über die Grenze.

In Tokaj gehen die Uhren anders

Béla Lengyel, der Leiter des staatl. Weinbauinstituts in Tarcal, hatte hemdärmelig unter seinen Ampelologen, Geologen und Biologen gesessen, hatte sich abwechselnd den Mund mit dem köstlichen 63er Lindenblättrigen und dem königlichen 63er Furmint ausgespült und trotzdem wie ein Wasserfall geredet. Er hat ein Leben lang auf diesem Tarcaler Stuhl verbracht, der ein Mittelding zwischen Lehrstuhl und Mischpult ist. Er mixte den Tokajer für die Gelage Béla Kuhns, für den Tisch Admiral Horthys, für die Tafeln Roosevelts, Hitlers, Stalins und Kadars. Fast 40 Jahre lang hat sein Tokajer die Freuden begossen und die Sorgen weggespült. »Man muß mit ihm leben«, sagt er, »um ihn zu verstehen.« »Wer wird diesen wunderbaren 63er trinken?« fährt er fort, »in zehn, besser in 20, vielleicht in 50, in 100 Jahren?« Denn der Tokajer kann älter werden als der Sherry, älter als jeder Wein auf dieser Erde.

Zoltán Halász erzählte dazu, daß die Warschauer Firma Fukier in ihren weiträumigen Kellern ein Weinmuseum eingerichtet hatte, das vor dem Zweiten Weltkrieg allein vom Jahrgang 1606 328 Flaschen aufbewahrte, von den vielen tausend Flaschen der Jahrgänge 1668, 1682, 1737, 1783 und 1811 ganz zu schweigen! Die alte polnische Weinhandlung lagerte die Tokajer Flaschenweine auf Grund jahrhundertelanger Erfahrungen nicht liegend, sondern stehend und ersetzt alle sechs Jahre (es genügt alle 20 Jahre, d. Verf.) die Korken durch neue. Die Auserwählten, denen diese uralten Tokajer kredenzt wurden, stellten eine überraschende Sublimierung der Duftstoffe fest: Die alten Weine hatten die typische Tokajer-Blume, die immer an frischgebackenes Brot erinnert, verloren und präsentierten ein Bukett von Erdbeeren, Veilchen und in manchen Jahrgängen einen an Kakao erinnernden Geruch.

Béla Lengyel tapeziert immer wieder die Mundhöhle mit dem 63er Furmint, dessen herrliche Harmonie die Klasse der Aszus ahnen läßt, die unten in den kleinen Gönczer Fässern reifen. »Es wird ein Wein zur Feier des Jahres 2000 sein«, sagt Béla nachdenklich, »man soll mir eine Flasche davon ins Grab mitgeben.«

In Tokaj gehen die Uhren anders.

Am Rhein entlang

Bodensee

Bacchus an heiterer Küste

Mitten durch den Bodensee fließt der junge Rhein. Haben schon unterirdische Wasserläufe etwas Gespenstisches, wie sie hier lautlos schleichend, dort in dröhnender Verzweiflung durch die feuchten Verliese einer karstigen Höhlenwelt eilen, so versagt die menschliche Vorstellungskraft, wenn man bedenkt, wie sich die hellen Wassergeister des Bergell, die dunklen Lemuren der Via Mala, die kühlen, eisgrünen Tropfenlegionen der Gotthardquellen und Medelser Schmelzwässer unter den Millionen Eimern abgestandener Bodensee-Fluten einträchtig wohl bei der Hand halten können, um — von Österreichs Grenze kommend — den schmalen Korridor bei Konstanz und schließlich den glücklichen Ausgang am Ende des Unterseefjordes zu gewinnen. Welche Freude, dem Geheimnis dieser düsteren Tiefen entronnen zu sein und hinter der Brücke von Stein am Rhein, diesem pittoresken, aus der Spielzeugschachtel aufgestellten Städtchen, wieder im Sonnenlicht glitzern zu können!

252 m tief ist der See, wo der Rhein, den Friedrichshafener Bogen nachziehend, sich der Konstanzer Bucht zuwendet. Die Fähre nach Romanshorn fährt dicht an der Stelle vorüber, wo der eiszeitliche Rheingletscher den Bruch zwischen den Alpenfalten und dem unruhigen, vulkanischen Jura am tiefsten pflügte. Manchmal wirft der Föhn, der sich von Süden wie ein rauflustiges Tier auf den See stürzt, übermannshohe Wogen auf und peitscht hohe Brandungswellen an das deutsche Ufer, aber er streichelt dabei diesem bleiernen Wasserkoloß nur das Gewand, und in den planktonreichen moorigen Gründen stehen währenddessen die widerlichen Fratzen der Welse ungerührt und lassen die Bartfäden wie Würmer im Wasser tanzen. Es sind wahre Ungeheuer von nächtlichen Raubfischen, gegen die der Hecht ein zahmer Pinscher ist. Aber einmal im Netz, werden diese bis zu 3 m langen und 5 Zentner schweren scheußlichen Siluren zu einem Tafeltraum.

Wie aus den Tiefen des Sees steigen dort auch fröhliche, schmerzgepeinigte, warmherzige und eiskalte Menschengesichter aus den Tiefen der Geschichte herauf.

Voller Neugier, aus Vorarlberg und dem Rheintal erscheinend, die Vorhuten der Legionen des Tiberius, die am anderen Ufer die Pfahlbauten vor den undurchdringlichen Urwäldern der Barbaren liegen sahen, vor denen ihnen fröstelte.

Zwölfhundert Jahre später, desselben Weges, aber dann über St. Gallen kommend, wurde Barbarossas strahlender Enkel, der blonde Staufer Friedrich, in Konstanz, der Lieblingsstadt seines Großvaters, stürmisch begrüßt.

Wieder zweihundert Jahre danach steigen den Bürgern von Konstanz die orientalischen Wohlgerüche der Gesandten und Potentaten aus fünf Nationen in die Nase, die Kaiser Sigismund hier zum weltgeschichtlichen Konzil zusammengerufen hatte, aber auch der widerliche Geruch verbrannten Menschenfleisches mischt sich darunter: Johannes Hus endete auf dem Scheiterhaufen. Papst Johannes XXIII., ein neapolitanischer Matrose, hielt sich beim Pfarrer Kofer in Ermatingen versteckt, als man im Jahre 1415 seine beiden Rivalen mit ihm zusammen absetzte und — das Schisma beseitigend — einen neuen Papst wählte. Man hatte zu tun bei diesem Konzil, man setzte Friedrich von Hohenzollern, den Burggrafen von Nürnberg, in die Sandwüste der Mark Brandenburg und entschied nach langem bedächtigem Strapazieren der Geister die bange Frage, ob Frauen auch Menschen seien und als solche behandelt zu werden verdienten. Damit brachte man einen Stein ins Rollen, der noch lange nicht im Tal angekommen ist.

Dreihundert Jahre darauf ging der Farben- und Formenrausch des Barock wie in einem trunkenen Tanz über die hellen Ufer. Caspar Bagnato fügte den Traum des »Weißen Saales« in das Schloß der Deutschritter auf der Insel Mainau, hob die prunkvolle Frauen-Stiftskirche von Lindau weit über das enge Dachgestühl der Inselstadt, und um das erhabene Treppenhaus von Balthasar Neumann rankte I. G. Stahl Meersburgs fast kapriziöse bischöfliche Residenz.

Wie eine helle Kadenz der Freude aber, als ein mit ausgebreiteten Armen ausgestoßener einziger Jubelschrei über die göttlichen Wunder der Welt am See, entstand Birnaus St. Marien, recht eigentlich gar keine Architektur, sondern steingewordene Musik. Wenn die Sonne durch die hohen Fenster auf die zierlichen Emporen scheint, voller

Mozartscher Jubelrufe, konnte sie allein das Gesetz mißachten, daß der Altar der Kirche nach Osten zu weisen hätte. Er ist dem See zugewandt, und die hohen Domherren von Salem, deren Sommerresidenz es war, fanden es so richtig zum Preise des Allmächtigen auf dieser wahrhaft göttlichen Kanzel über dem glitzernden Wasser. Dann wurde es plötzlich still rundum wie vor einem schweren Gewitter.

1800 stand der brennende Hohentwiel wie eine Riesenfackel über dem Überlinger Seeteil. Der Franzose Vandamme hatte die größte Burg des deutschen Südens vernichtet. Es war das Fanal einer neuen Zeit. Lindau wurde bayrisch, Konstanz badisch, Friedrichshafen württembergisch. Aber an allen Ufern blieb es biedermeierlich bis weit ins zwanzigste Jahrhundert hinein. Der See lag, nach Horst Wolfram Geißler, »wie eine voll Wasser gelaufene Fußspur am Wegrand der Weltgeschichte«. 1944 ließen Bombenteppiche die Innenstadt von Friedrichshafen in Flammen aufgehen. Seitdem hat der Bodensee nur heitere Tage gesehen; denn man muß es den Menschen am See lassen: sie verstanden die Karten zu spielen, die ihnen das Schicksal in die Hand gab.

Sie hatten längst einen unverbrüchlichen Bund mit allen Wassergöttern geschlossen, warum sollten sie sich nicht mit Bacchus anfreunden, dem heiteren, lebensfrohen Weingott, der sich schon mit den ersten Spähern der römischen Legionen über den See gewagt hatte?

Heute prunkt der Seewein in fast allen Gläsern auf den gastlichen Tischen rund um die hellen Ufer, und nirgends werden in Deutschland, Österreich und der Schweiz weniger fremde Weine getrunken als hier rund um den See.

Zwar sind von den riesigen Weinfeldern, von denen das mittelalterliche Konstanz — etwa zur Zeit des Konzils — umgeben war, nur 7 ha übriggeblieben, zwar sind alle Südhänge zwischen Lindau und Immenstaad inzwischen von Reben entblößt, aber dafür wird zwischen Immenstaad und Überlingen moderner Weinbau mit um so größerer Liebe betrieben. Die altersgebräunten Torkel in den engen Altstadtgassen sind längst gemütliche Weinbeizen geworden, in denen der edle Rebensaft nicht gepreßt, sondern geschlotzt wird.

Wie drüben in der Nordschweiz ist auch hier die edle Pinot Noir, der Blauburgunder, die meist angebaute Sorte, und die herrlichen Südhänge mit ihrem durch den Warmwasserspeicher des Sees so günstig beeinflußten Kleinklima hätten gar keine geringere als die edelste Rebsorte verdient. Ihre »Blutsverwandte«, die Pinot gris, bei uns

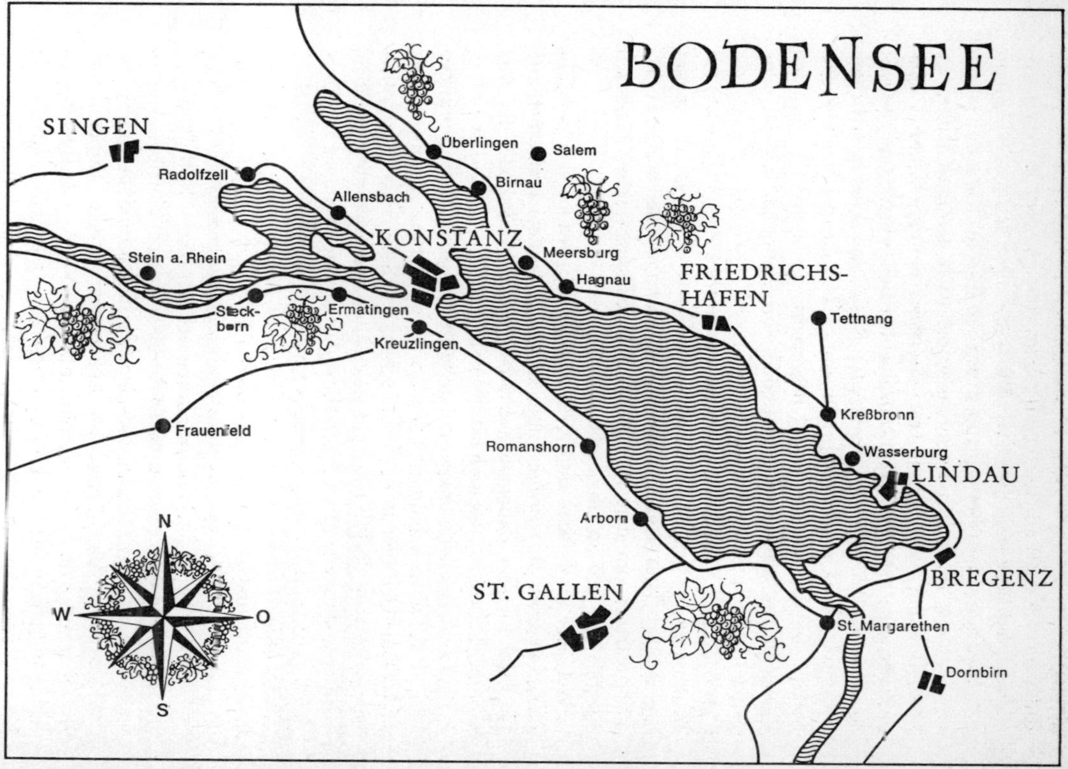
BODENSEE
SINGEN
Radolfzell
Allensbach
Überlingen
Salem
Birnau
KONSTANZ
Meersburg
Hagnau
FRIEDRICHS-
HAFEN
Tettnang
Kreßbronn
Wasserburg
LINDAU
BREGENZ
Dornbirn
St. Margarethen
ST. GALLEN
Arborn
Romanshorn
Kreuzlingen
Ermatingen
Steckborn
Stein a. Rhein
Frauenfeld
N
W
O
S

Ruländer genannt, nimmt etwa ein Fünftel der deutschen Bodensee-Rebfläche ein. Ihr Wein hat nicht die lukullische Fülle der Kaiserstuhl-Ruländer, aber ist, aus guten Jahrgängen und ein paar Jahre alt, vor allem als Spätlese eine lobenswerte Kreszenz von saftiger, fruchtiger Art. Mehr und mehr beeilt man sich am See, jetzt auch in guten Jahren die Trauben des Spätburgunders sofort nach der Lese schnell zu keltern, damit der nur in der Beerenschale der blauen Pinots enthaltene Farbstoff sich dem Most nicht mitteilen kann, und gewinnt so einen der edelsten und köstlichsten Rosés: den »Weißherbst« vom Bodensee. Es soll dabei nicht unerwähnt bleiben, daß der Name »Weißherbst« (in der Nord- und Ostschweiz: Süßabdruck!) nur den Rebsäften des Blau-(Spät-)Burgunders vorbehalten ist, wie das neue deutsche Weingesetz es befiehlt.

In Hagnau, Meersburg und Überlingen, den drei Weinorten am Bodensee, wird heute zu mehr als einem Viertel des Gesamtbestandes auch Müller-Thurgau angebaut, da die Nachfrage in den tausend Wirtschäftle rund um den See nach einem billigen, milden, lieblichen Viertele von Jahr zu Jahr mehr ansteigt.

Was aber die Frische und Köstlichkeit der Seeweine erst recht ins Herz eingehen läßt und es weit öffnet für launige und ernsthafte Gespräche ist der Zauber der verschwiegenen Winkel oder der weit offenen Terrassen, wo man sie trinkt.

Hier sind es Tische unter bunten Sonnenschirmen an Seepromenaden, dort lichte Brüstungen hoch über dem See, da hinter alten Schloßfenstern, hier in einem verschwiegenen Gewölbe, das früher ein Torkel war, dort in einer der vielen alten und uralten Weinstuben, vor deren dunkelbraunen Holztäfern das gefüllte Weinglas zu einem Mirakel wird.

Hier blühen die Gespräche von selbst auf, fast wie seltene Blüten im Treibhaus, und in ganz Deutschland gibt es gewiß wenige Flecken Erde, die der liebe Gott so offensichtlich gesegnet hat.

Die drei deutschen Weinorte Bacharach am Rhein, Rothenburg ob der Tauber und Meersburg am Bodensee würden in einem internationalen Schönheitswettbewerb weit vorn liegen und bestimmt der Spitzengruppe angehören, aber Meersburg, die alte Residenz der Fürstbischöfe von Konstanz, hat unter ihnen eine ganz eigene Ausstrahlung, die in Wirklichkeit eine Einstrahlung ist. Ein Angriff südlichen Lichtes auf wohlbewahrtes, schummeriges Mittelalter, auf schmale, enge Gassen, heimelige Stiegen, auf Wirklichkeit gebliebene

Spitzweg-Romantik mit hohen alten Giebeln, Erkern, Butzenscheiben und ein Stückchen Himmel.

Sagten wir »ein Stückchen«? Gleich nebenan prunkt die Burg der Droste-Hülshoff, das fürstliche Barock der Residenz, das renovierte Schloß und das Priesterseminar über Meersburgs Spitzenlage, dem »Rieschen«, das die Kenner allein schon wegen seines günstigeren Kleinklimas über den »Bengel« stellen, der hier Vizekönig der Meersburger Südlagen ist. Wärme und Sonnenglast prallen mit dem Föhn auf diese gesegneten Gestade und speichern ihre Kraft im weiten Seespiegel auch durch die Schatten der Nacht. Wer Meersburg sieht, ist ergriffen von seiner Schönheit, wer es erlebt — und sich nur ein paar Tage dazu nimmt —, fängt an, sein leidgeprüftes Vaterland zu lieben.

Drüben am Südufer hat sich der Weinbau der Eidgenossen zwischen St. Gallen und Konstanz ganz vom Seeufer ins Landesinnere verzogen, nur am Untersee zwischen Ermatingen und Stein am Rhein nähert er sich auf den Südhängen wieder dem Wasser.

Es ist auch nicht mehr so wie zu Zeiten der Belle Epoque, wo Napoleon III. auf Schloß Arenenberg ob des Thurgauer Sauerampfers den Mund verzog und ein Steckborner Lehrer ihm tapfer im Reim antwortete:

»Bedaure, Euer Majestät,
Wir halte halt auf Quantität!«

Gerade von Arenenberg und seiner Schule für Obst- und Rebbau sind unter der Leitung von Gustav Schmid erfolgreiche Bemühungen gediehen, dem Thurgauer Wein zu beachtlichem Ansehen zu verhelfen.

Auch in diesem Thurgaueck ist es meist Blauburgunder, Ruländer, der hier immer noch in lobenswerter alemannischer Beharrlichkeit, aber doch sachlich falsch als »Tokayer« auf den Weinkarten prangt und doch »nur« ein Grauburgunder ist und ein Wein, der den eidgenössischen Thurgau im ganzen deutschen 100-Millionen-Sprachraum bekannt gemacht hat: der »Müller-Thurgau«, jener wohlfeile, liebliche, milde und süffige Weiße, der immer beliebter wird.

Hartnäckig firmiert er häufig noch als Riesling × Sylvaner, obwohl zeitgenössische Ampelologen glauben nachweisen zu können, daß es sich niemals um eine Riesling × Sylvaner-Kreuzung des berühmten Rebenzüchters Prof. Dr. Hermann Müller gehandelt haben kann, der aus

Tägerwilen im Thurgau stammt und wahrscheinlich das Geheimnis der Mutterrebe dieses mit Recht so populären Weißweins mit ins Grab genommen hat.

Er ist auch hier in der Heimat seines Schöpfers auf der breiten Straße des Erfolges. In wenigen Jahren wird er zumindest in Deutschland und Österreich den Silvaner weitgehend verdrängt haben.

Glanzpunkt des schweizerischen Weinbaus am See aber ist Stein am Rhein, das »lake-end« des »Schwäbischen Meeres«, ein urbanes Schmuckstück, von weinfrohen Künstlern verziert und von weinfrohen Bürgern bewahrt. Das aber sind auch seine Südlagen, der Blaurock, der Chäferstaaner, der Klingenberg und andere, alle mit der noblen Blauburgunderrebe bepflanzt und mit so vielen lustigen Rebhäusern durchsetzt, die dort auch heute noch heimliche und unheimliche Zecher verbergen, statt Weinbaugeräte und Spritzen vor Dieben zu bewahren.

Ob hier in der Nordostecke des Thurgaus um Arenenberg oder im schon Schaffhauser Stein am Rhein an der Zungenspitze des Sees, ob im badischen Rebufer zwischen Hagnau und Überlingen, auch da, wo der Seewein nicht mehr wächst, aber um so mehr getrunken wird, ist die Heerschar der Fremden in den Jahren nach dem Kriege wie ein märchenhafter Lindwurm auf den Bodensee zugekommen. Sie füllte die engen Gassen seiner alten Städtchen mit Ferienfreude, sie drängte in die holzgetäfelten Gaststuben und trank genießerisch die Weißherbstfässer leer, sie paddelte und ruderte auf dem See, sie hungerte und kneippte in Sanatorien, sie zauberte überall bunte Kaffeegärten an die Uferwege und ließ gepflegte Anlagen entstehen. Sie verdoppelte die weiße Flotte auf über 50 Fahrgastschiffe, zauberte feuersprühende Märchenspiele Straußscher Operetten in die stillen Wasser der Bregenzer Bucht und spülte Schwärme von Menschen unter die Palmen von Mainau, in die Schilfdickichte der Mettnau und an die Kais der Dampferanlegestellen. Sie ließ Berge von Geld auf den Wirtshaus- und Ladentischen der hellen Ufer liegen und kaufte Grundstücke mit und ohne See-Anstoß, mit und ohne Anstoß bei den heimischen Alemannen, deren Herzen sich immer schon durch Weißherbst milder stimmen ließen und vor Sanftmut dahinschmolzen, wenn harte Kreuzerle auf dem Tisch tanzten.

Das Volk am Bodensee hat immer den Äpfeln auf die roten Backen und den Weintrauben in die blauen Augen geschaut, es wußte immer schon, daß eine Hand die andere wäscht und daß man sehr gut zween

Oben: Auf einem herrlichen, souverän herausragenden, nach Süden gewandten Rebberge steht Schloß Johannisberg der Fürsten Metternich, das kostbarste Weingut des Rheingaus, dessen Gebäude zum Teil im Kriege durch Luftangriffe zerstört wurden.

Unten: Schloß Vollrads des Grafen Matuschka-Greifenclau bringt mit seinen Auslesen und seinen Cabinet-Spätlesen hervorragende Rheingauer Kreszenzen auf den Markt, die sich internationaler Geltung erfreuen.

Die mächtigen Felsen (Leys) in den kostbaren Weingärten der »Ürziger Krankley«, des »Erdener Prälat« und des »Erdener Treppchen«.

Herren dienen kann, wie der Schuhmacher von Oberzell auf der Reichenau, der mitten in der Beichte innehielt, kein Wort mehr verlauten ließ und den Beichtstuhl verließ. Auf die erstaunte Frage seines Pfarrers, warum er denn nicht fortfahre, sagte der gewissenhafte Geschäftsmann schlicht: »Wisset'r, Herr Pfarrer, i muß au no Mittelzell. Der sel lot d'Schuch nämli au bi mir mache.«

Der liebe Augustin Horst Wolfram Geißlers war nicht der einzige Mensch mit goldenem, weitem Herzen am See. Außer ihm und dem braven Konstanzer Bürger, der gerade seine hübsche Frau beerdigen wollte, gibt es noch Abertausende von dieser milden Sorte. Der leidgeprüfte Ehemann, von dem hier die Rede ist, trug seine Trauer wie ein Mann, aber der langjährige Hausfreund konnte sich über den Tod der Frau gar nicht fassen und war ganz heulendes Elend. Da reißt dem Ehemann angesichts so vieler Nachbarn der Geduldsfaden und er flüstert ihm beruhigend zu: »Etzt nimm di doch au vor de Leut e weng zamme, Karle, schau, i heirot jo wieder.«

Unter dieser Gesinnung läßt sich leben. Der See hat schon immer Lebenskünstler und Philosophen angezogen. Heute haben viele von ihnen ihre Häuser verstreut rund um das weite Wasser, meist ein wenig abseits und versteckt hinter einem Rudel dichter Obstbäume, hinter Heckenschnüren und an Straßen, auf denen nur die Anlieger fahren dürfen und diejenigen, die sich nach dieser Vorschrift nicht richten. Aus irgendeinem Winkel ihres kleinen Stückles sehen sie morgens die Nebelgeister mit langen weißen Gewändern über den See ziehen und abends die rosaroten Wölkchen sich eitel spiegeln wie vor einem Fest. Manchmal sehen sie den See vor Wonne sprühen und glitzern, manchmal liegt er glanzlos in bleierner Starre. Wenn die Sonne aus dem See »Wasser zieht«, wie die Stuttgarter es tun, die neuerdings ihre hängenden Gärten mit Bodenseewasser berieseln, dann führt König Säntis die Alpenriesen vom Mädelegabel bis zur Jungfrau zum Greifen nahe an die dann giftig hellen Ufer heran. Den Philosophen gibt der See in seiner Symbolträchtigkeit Grund genug zum Meditieren, die Maler verleitet er zu farblich kühnen Abstraktionen.

Wie könnte es anders sein, als daß in dieser »voll Wasser gelaufenen Fußspur der Weltgeschichte« sich Städte und Dörfer von hinreißender Vielfalt des Charakters spiegeln? Rundum spricht man dieselbe alemannische Sprache, deren kaum merkbare Modulationen sich nur daraus erklären, daß die Schwyzer die Sonne beim Sprechen meist im Rücken, die Deutschen im Gesicht haben und die Österreicher in Bregenz seit Jahrtausenden die Sonne nur untergehen sehen, was ihrer Sprache ein so reizvolles melancholisches Timbre gibt. Weil es sich dazu mit der Sonne im Rücken besser arbeiten läßt, während man mit der Sonne im Gesicht mehr zum Faulenzen neigt, gibt es am ganzen Bodensee keine fleißigeren Städte als die schweizerischen Rorschach, Arbon, Romanshorn und Kreuzlingen. Nur zur Ehrenrettung des weltbekannten deutschen Fleißes hat man sich auf dem gegenüberliegenden Ufer allein in Friedrichshafen zur Arbeit entschlossen. Auch die Reichenau gehört als Insel eines bienenhaften Tatendranges im Gemüsebau in diese Rubrik.

Zwischen diesen »Wuhlern« gedeihen das lieblich verzettelte Nonnenhorn, die früher so verträumten Fischerdörfer Immenstaad und Hagnau wie die Vögel unter dem Himmel. Das anspruchslose Sipplingen dazu mit seiner sensationellen landschaftlichen Kulisse, die vom Auto aus nicht zu erspähen ist, das uralte Bodman, Radolfzell mit dem Vogelparadies am Mindelsee, dem meilenweiten Schilfdschungel von Mettnau und den weltfernen Dörfern des Bodanrück, denen man allerdings in einem Kuckucksei die Meinungsforscher von Allensbach ins Nest gelegt hat.

Aber da hat's auch Eitelkeit am See! Da schauen ein paar Stars ständig in den Seespiegel und fragen, wer die Schönste im Land sei. Ist es das liebliche Bregenz, das der Pfänder in der flachen Hand wie ein Geschenk dem See darzubieten scheint? Ist es Lindau, Deutschlands reizvolle Inselstadt mit dem mondänen Make-up des Spielkasinos und des Bades Schachen vor den Toren? Ist es Wasserburgs stolz vorgeschobene Brust, sind es Meersburgs traumhaft schöne Terrassen, Überlingens meilenweite, zartgrüne Seefronten, in denen die Sonnenschirme wie bunte Blumen sprießen? Sind es Mainaus subtropische Wunder, ist es das putzige Spielzeug-Städtchen Stein am Rhein, das Wasserparadies von Glarisegg, die venezianische Kulisse von Steckborn unter all den Schlössern und Dörfern des schweizerischen Ufers am Untersee? Oder ist es gar die abseitige, stille Halbinsel Höri zwischen Zeller- und Untersee?

Es ist ein müßiges Spiel all dieser Stickereien und Ornamente am seidenblauen Gewand des Bodensees, einander überstrahlen zu wollen. Die goldene Spange, die sie alle zusammenhält, ist Konstanz, das alte römische Kastell, die Lieblingsstadt Barbarossas, das Sprungbrett Friedrichs des Staufers, die Stadt eines vierjährigen Konzils, zu dem über 80 Kardinäle und Erzbischöfe, fast 300 Bischöfe, 40 Herzöge und 700 Fürsten mit ihrem glanzvollen Anhang allein über 70 000 Fremde in die Stadt der höchsten Häuser des damaligen Deutschlands brachten.

Heute strömt die Flut der Automobile, die die Bodenseefähre alle Viertelstunden in Staat an Land setzt, achtlos über die Brücke des gletschergrünen Rheins an wahren Kostbarkeiten deutscher und österreichischer Geschichte vorbei, den eidgenössischen Zollschranken zu, und schnurstracks über den Gotthard.

Wir gehen unterdes durch den Kreuzgang des alten Dominikanerklosters im heutigen Konstanzer Inselhotel auf unseren Tisch zu, der im grüngefilterten Laublicht unter den alten Bäumen des Klostergartens steht, essen gebackene Bodenseefelchen und schauen uns durch einen 1953er Sylvaner Auslese der Konstanzer Spitalkellerei die weißen Segler an. Sie schweben sanft in der goldenen Kugel des alten Seeweines dahin, und es ist, als hielte man mit dem hellen Pokal und seinen magischen Bildern das Geheimnis der Schwerelosigkeit in den Händen, alles so zauberisch Leichte, das in glückhaften Stunden den See in den zartesten Pastellfarben erscheinen läßt und die Herzen der Menschen so heiter macht wie ein Amsellied.

Pfalz

Wein für tausend Zungen

Als Bacchus, einer alten römischen Legende zufolge, auf die würdigsten Gebiete des Imperiums Reben regnen ließ, müssen ihm über der Pfalz die Füllhörner entglitten sein und es muß — wie in Aquitanien, dem heutigen Bordelais und der Charente — zu einem Wolkenbruch gekommen sein. Seit jener Zeit ist dieses Land, soweit es nicht von zauberhaften Wäldern bedeckt war, in einem Meer von Reben verschwunden. Selbst in unseren Tagen machen Statistiker, die auf kurze Zeit ihre Nüchternheit bewahren konnten, glaubhaft, daß der Pfälzer Boden über 150 Millionen Rebstöcke trägt. Wenn die Behörden von den gewitztten Pfälzern nicht hinters Licht geführt worden sind, soll es mit 22 000 Hektar Weinbergfläche sein Bewenden haben. Mit dem benachbarten Rheinhessen zusammen erbringt die Pfalz über die Hälfte des gesamten im Anbau befindlichen deutschen Reblandes und schwemmte in den letzten Jahren die in den übrigen deutschen Weinbaugebieten aufkommenden Ertragszahlen mit einer wahren Sturzflut hinweg.

Eine Fülle, aber eine Fülle der Reife, die, wie jede natürliche Fruchtbarkeit, sich zur Maßlosigkeit steigert, was im Land der Riesenfässer und der angeborenen Freude des Pfälzers am Superlativ weniger empfunden wird als anderswo. Vom Heidelberger Riesenfaß des Kurfürsten von der Pfalz bis zu dem in modernen Riesentanks aufgefangenen Pfälzer Mostsegen des Jahres 1960 ist es zwar fast ein Zeitraum von 300 Jahren, aber nur ein kurzer Weg. Beide sind Wahrzeichen der Überfülle, die damals und heute alle Maße sprengte und zu neuen Maßnahmen führte. Ganz sicher hielt auch die Cuvée, die Karl Theodor in seinen beiden großen Heidelberger Fässern hatte, qualitativ keinen Vergleich auch nur mit den billigsten Weinen der heutigen Massenträger aus; denn die Zehnt-Weine, die die Bauern damals ihrem Landesherrn abzuliefern hatten, kamen meist nicht von den teuersten Weinbergen. Die beiden Fässer auf dem Heidelberger

Schloß, die allein etwa 350 000 Liter faßten, konnten den Segen der Pfalz immer auffangen, der Kurfürst war für Kriege wohl versorgt und hatte außerdem jährlich einen gleichwertigen Deputatwein für alle seine Beamten vorrätig. An dem Rest des älteren Fasses vergifteten sich 1693 die Franzosen Mélacs, die im Weinrausch aus besseren Kellern der Mittelhaardt damals die ganze Pfalz mit Mord und Brand verwüsteten.

Die Pokale der Kaiserpfalz

Ja, dieser Wein, von dem Stefan Andres behauptete, daß er aus einem Mann zwei mache, machte aus vielen Männern Geschichte. Er schwächte die Arme der Burgunder im Kampf gegen den Römer Aëtius, entnervte die Alemannen, die dem furchtbaren Irrtum unterlagen, daß die Weine im Elsaß und in der Schweiz schon deshalb besser sein müßten, weil diese Länder eben südlicher lägen, und hielt die versoffenen Hunnen, die unter Väterchen Attila mit mehr als drei Promille im Blut noch aufrecht in ihren Sätteln saßen, zwanzig Jahre lang vor dem Einfall in Gallien ab.

Der Pfälzer Wein erreichte seinen höchsten Triumph in den Träumen der fränkischen Salier, die in den romanischen Domen von Worms und Speyer ihrem Weltgefühl erhabenen Ausdruck verliehen, und in der nie verblichenen Liebe der Staufenkaiser, die dieses sonnendurchglühte Weinland schlicht zu ihrem Palatinum machten und ihm so den Namen gaben. Die kaiserliche Pfalz wurde eine Stätte prächtiger Hofhaltung, eine schimmernde Bühne der Machtentfaltung vor den Großen des Reiches, eine Szenerie funkelnder ritterlicher Turniere und eine Tribüne höchster richterlicher und politischer Entscheidungen. Pfälzer Wein funkelte in ihren festlichen Pokalen und befeuerte ihre Träume von den Kreuzzügen ins Heilige Land. Er riß sie in ihre italischen Abenteuer und machte ihr Blut süchtig nach fernen Gestaden.

Weinmärchen — Märchenwein

Heute funkelt er in jedem dritten Glas, das in Deutschland getrunken wird oder aus Deutschland kommt, er beflügelt die Freude der tausend

Weinfeste, die die Pfälzer alljährlich feiern, die Weinkerben zwischen Schweigern am Weintor hinter der elsässischen Grenze und Bockenheim, wo die Deutsche Weinstraße jenseits der Kaiserslauterner Autobahn ausläuft, das Fest der Mandelblüte in Gimmeldingen, die urkomische Geißbockversteigerung gegenüber der berühmten »Kanne« auf der schönen alten Rathaustreppe von Deidesheim. Beim Lätarespiel in Forst hat es sich wohl zugetragen, daß einer der weinfreudigen Pfälzer, bis an den Kragen voll, sich von seinem Freund Philp getrennt hatte und in einer Ecke beim Spindler vor sich hindöste. Der aber ließ ihm keine Ruhe: »Kumm, Jakob noch ee Vertelche, denn geh mer.«

Aber Jakob, dem der Wein schon aus den Augenhöhlen heraustrat, machte nur eine müde Bewegung: »Ich han zeviel, ich kann nemmeh!«

»Bloß noch eens. Bloß noch ee Vertelche!«

Jakob stiert auf das Glas, das ihm Philp hinhält, versucht es zu lupfen, nippt auch daran, aber dann läßt er sich schwer auf den Tisch fallen: »Gut, Philp, e scheener Wei, aber, aber ich kann nemmeh. Schüttn iwwer mich!«

Da ist noch der Dürkheimer »Wurstmarkt«, den die Pfälzer »das größte Weinfest der Welt« nennen, weil sie noch nie am dritten Sonntag des November in Beaune waren und in der Woche nach Ostern in Jerez. Aber das größte Faß der Welt macht den Dürkheimern niemand streitig. Es weist 1 700 000 Liter Fassungsvermögen auf, doch selbst die billigsten Typenweine der Pfalz wären zu schade dafür. Man müßte sie oben am Spundloch in einen — Schornstein gießen, und sie kämen unten zur Türe wieder heraus; denn das Dürkheimer Faß ist eine ... Weinkneipe. Als Kitsch noch erschütternder als die romantischen Burgruinen, die unsere Großväter im Rheingau bauten.

Aber auch dort fließt roter und goldener Pfälzer Wein, und er fließt gut, so gut, daß auch der Keller Hannes bis Mitternacht im »Fäßche« blieb.

»Wo kummscht denn du jetzt erscht her«, zetert sein bestes Stück, »wullst du nit bloß *een* Schoppe trinke un am *achte* da sei?«

»Awwer Mariele, da hab' ich's verwechselt. Ich hab' gemäänt, ich wollt' *achte* trinke un am *ääns* dehäm sei!«

Goldener Riesling von der Mittelhaardt funkelt auch im Pokal der Deutschen Weinkönigin, die alljährlich in Neustadt gewählt wird, eine Schöne aus einer der deutschen Weinlandschaften, die nicht nur ein hübsches Lärvchen vorweisen darf, sondern auch »dischkerieren« kann und mancherlei vom Weinbau und der Kellereiwirtschaft verstehen

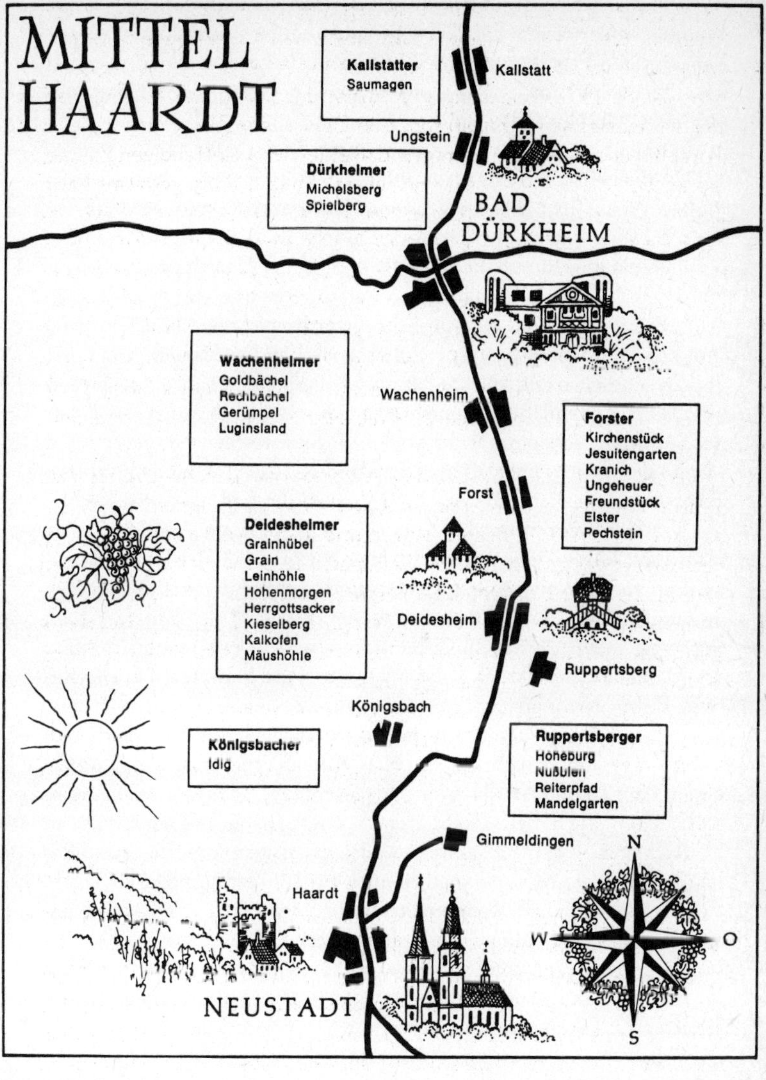
MITTEL HAARDT
Kallstatter
Saumagen
Kallstatt
Ungstein
Dürkheimer
Michelsberg
Spielberg
BAD DÜRKHEIM
Wachenheimer
Goldbächel
Rechbächel
Gerümpel
Luginsland
Wachenheim
Forster
Kirchenstück
Jesuitengarten
Kranich
Ungeheuer
Freundstück
Elster
Pechstein
Forst
Deidesheimer
Grainhübel
Grain
Leinhöhle
Hohenmorgen
Herrgottsacker
Kieselberg
Kalkofen
Mäushöhle
Deidesheim
Ruppertsberg
Königsbach
Königsbacher
Idig
Ruppertsberger
Hoheburg
Nußbien
Reiterpfad
Mandelgarten
Gimmeldingen
N
W
O
S
Haardt
NEUSTADT

muß. Sie hat den Pokal mit unermüdlicher Eleganz zu schwenken, was nicht immer leicht ist, obwohl nur Böswillige behaupten, daß Pfälzer Weine »schwer« seien. Die Einheimischen haben sofort die Gutachten ehrwürdigen Professoren bereit, die aussagen, daß der Alkoholgehalt des Pfalzweines im langjährigen Mittel 0,6 Prozent unter dem des »leichten« Moselweines liegt.

Und nicht alle diese Professoren waren Maler oder Musiker.

Das Geheimnis der vollmundigen, stoffreichen, aromatischen Pfälzer Weine liegt in ihrer größeren Reife auch in minderen Jahren. Sie wachsen — ganz ähnlich übrigens wie die Weltklasse-Burgunder der Côte d'Or —, durch die sanfte Hanglinie der Haardt geschützt, auf Muschelkalk und Lettenböden, in der Oberhaardt von fruchtbarem Löß überlagert, in der edleren Mittelhaardt aber mit diluvialem Sand und kiesigem Geröll bestreut, denen zwischen Deidesheim und Forst vulkanisches Gestein mit Basalt und Glimmerschiefer eingesprengt ist. Dieser Boden läßt die Feuchtigkeit durch und bewahrt das Feuer der Sonne, die schon mit ihren ersten Morgenstrahlen jene gesegneten Hänge wohlig erwärmt, die aus dem breiten Rheintal mit dem sanften Schwung eines Handrückens ansteigen. In der Mittagssonne kochen die Trauben über dem glitzernden Grund, und am Abend hält die Haardt die kühlenden Winde fern. Hier hat man mittlere Jahrestemperaturen von 10,5 bis 11 Grad Celsius und fünf Sonnenstunden am Tag im langjährigen Durchschnitt gemessen. Das sind pro Jahr fast 2000 Sonnenstunden, die auf die Reben fallen, neben denen schon im März die Mandelbäume blühen (und auch zur Reife kommen!), Edelkastanien, kleine Zitronenvorposten und ganze Feigenalleen wie in Deidesheim, die im Freien überwintern und als Kleiderschränke des Paradieses die süßesten Früchte tragen. Hier entdeckt man Beete mit Auberginen, Paprika und Artischocken. In diesem fast mediterranen Paradies blüht eben auch der Wein drei Wochen früher als anderswo in Deutschland — den Kaiserstuhl vielleicht ausgenommen —, und das macht den Wein reif und köstlich auch für säureempfindliche Mägen.

In der Oberhaardt, dem südlichen Teil der Pfalz, wachsen die anspruchsvollen Traminer wie wohlerzogene Kinder auf, reifen die süßen Muskateller und sprühen die Tokajer wie in ihrer fernen Heimat; der duftende Müller-Thurgau kann seine schönen Eigenschaften entfalten, und der liebliche Sylvaner fließt in Legionen von Fässern.

In der Unterhaardt um Grünstadt beherrschen auch die Sylvaner das Feld, aber mit dem Dürkheimer »Feuerberg« setzen sich hier schon die sammetweichen Burgunder durch, die St. Laurents aus südlicheren Breiten und die anmutigen Portugieser, denen man so gern nachsagt, daß sie die sprödesten Mädchen weich wie Kätzchen machen.

Pipeline der Gourmets

Wir haben die Mittelhaardt nicht übersehen, »die goldene Schärpe der Pfalz«, den Tempel der erhabenen Riesling-Kultur zwischen Neustadt und Bad Dürkheim mit dem knappen Dutzend weltberühmter Weingärten, denen wir nicht nur in den Kellern der Neustadter Weinbauschule und in den verträumten Winkeln der historischen Deidesheimer »Kanne«, sondern auch auf allen Wingertwegen dicht oberhalb der Dörfer unsere Aufmerksamkeit gewidmet haben, um das »Kleinklima« zu erforschen. Denn es ist nicht ohne Belang, ob ein nachts stark kühlender Bachlauf oder der Strich eines Talwinds einem sonst gut gelegenen Weinberg zuweilen kalte Füße bringt; jede Rebe verliert nachts ja sowieso einige Öchslegrade. Genau dieser Umstand ist es, der die Deidesheimer »Leinhöhle« und den »Hohenmorgen« über den »Herrgottsacker« stellt, der ohne den Bachlauf in seiner Nähe eine allererste Lage wäre. Beim Forster »Ungeheuer«, das auch dem Fürsten Bismarck, wie er sagte, »ungeheuer schmeckte«, gab es merkwürdigerweise in den letzten Jahren leichten Frostbefall, weil unterhalb der Abfluß des kühlen Nachtwindes durch Siedlungen verbaut worden ist.

Normalerweise sind auch hier die Hanglagen am besten, werden aber in manchen Jahren qualitativ von den benachbarten Tallagen fast erreicht. Die erstrebte Edelfäule bedarf der Feuchtigkeit.

Aber das soll die Freude und die Sorge der »drei großen B« bleiben, von denen man sagen kann, daß sie große Weine der Mittelhaardt hinter den Edlen des Rheingaues und mit den Spitzen der Mosel durch sorgfältige Rebkultur und immer verbesserte Kellereiwirtschaft auf das Niveau der Weltklasse gehoben haben: die Weingüter von Bassermann-Jordan in Deidesheim, von Buhl in Deidesheim und Bürklin-Wolf in Wachenheim. Andreas Jordan wird heute noch als Begründer des Pfälzer Qualitätsweines anerkannt, und in Dr. Albert Bürklin haben nicht nur die einheimischen, sondern alle deutschen Weinbauern einen traditionsbewußten Repräsentanten, einen international anerkannten Experten vor ihrer Haustüre.

Die Winzergenossenschaften und Winzervereine allein der Mittelhaardt haben in 30 selbständigen Einrichtungen ihrer über 4000 Mitglieder ein Aufnahmevermögen von fast 20 Millionen Litern in ihren Kellern und sind auch unter modernsten Ansprüchen hochleistungsfähig.

Die Pfalz ist Deutschlands Feuilleton

Heute liegt diese ganze Weinseligkeit der Mittelhaardt ein wenig abseits, und es ist beinahe unvorstellbar, daß die Pfalz ein halbes Jahrtausend lang der Mittelpunkt des »Heiligen Römischen Reiches Deutscher Nation« gewesen ist. Heute fließen die großen internationalen Verkehrsströme 25 bis 35 Kilometer östlich vorbei: Deutschlands belebtester Fluß und Deutschlands belebteste Autobahn bündeln die Eiligen, bei denen weltvergessene Idylle heute nicht mehr gefragt sind. So scheinen die Märchenforsten und grotesk verschwiegenen Täler des Pfälzer Waldes, die alten, schmalen Gassen und Fachwerkgiebel der Weindörfer und der Zauber der alten Herrenhöfe und Burgen unter das Spinnennetz der Geschichte geraten zu sein — der Geschichte einer geplagten und gehetzten Menschheit allerdings, die ihre Lebensfreude nicht mehr in sich selbst und in kleinem Kreise sucht, sondern in Gesellschaft einer Mattscheibe und in ungewissen Fernen.

Unterdessen aber arbeiten und feiern die munteren Pfälzer in diesem deutschen Tessin. Wein und Sonne vermischen sich in ihrem Blut, und der Wein geht ihnen dabei langsamer über die Zunge als das Wort; denn der Wein des Pfälzers wiegt schwer, sein Wort aber leicht. Es kann rosa schimmern wie die Blüte seiner Mandelbäume und bös sein wie ein Herbstreif im Wingert.

Der Pfälzer ist kein Bayer, kein Preuße und kein Badener. Er ist ein Deutscher, ein rheinischer Deutscher. Ein Deutscher unter dem Strich, wo in den Zeitungen die ganz gescheiten Sachen stehen. Und sein Land ist Deutschlands Feuilleton.

Es ist eine uralte Kolumne und wird doch jährlich neu geschrieben mit dem Wein für tausend Zungen.

Rheingau

Wein der Madonnen

Der Rhein, bis Basel ein höchst eigenwilliges und ungebärdiges Kind, muß seine Jugend in zumeist freudloser Umgebung bei schwerer Arbeit verbringen, ehe er hinter Mainz mit einem jähen Seitensprung in die sonnige Heiterkeit des Rheingaues ausbricht. Er perlt dabei zwischen Schierstein und Eltville im Gegenlicht wie Sekt im Glas, wundert sich, daß der alte Kran in Oestrich noch immer wie eine riesige Kaffeemühle am Ufer steht (seit 1652) und daß im Grauen Haus im Winkel (seit 1000) immer noch Leute wohnen, die den Greifenclaus Miete zahlen, lächelt über die Geisenheimer, die ihre Kirche stolz »Rheingauer Dom« nennen und viel stolzer auf ihre Weinhochschule sein könnten, gerät angesichts des Treibens der Menschen in der Rüdesheimer Drosselgasse entsetzt in die Strudel am Binger Loch, kühlt der »Aßmannshäuser Hölle« die Füße und hört bei Lorch erstaunt die Erzählungen der kleinen Wisper an von großen, unberührten Wäldern, wie sie hier gleich hinter dem Berge liegen und wie sie der Rhein seit Basel nur noch von weitem hat sehen können.

Heitere Rebellen: die Rheingauer

Die alten Rheingauer, immer schon streitbar, unter deren Dächern die Extrawürste hingen, die sie ihrem weltlichen Herrn, dem fürstlichen Erzbischof von Mainz, als Privilegien abgehandelt hatten, rahmten diese ganze Herrlichkeit mit dem »Gebück«, einem 50 Meter breiten, natürlich gewachsenen, aber künstlich raffiniert mit den Zweigen verflochtenen Dschungel von Hainbuchen, die in verschiedener Höhe gekappt waren — einer einzigen Chinesischen Mauer von Lorchhausen nach Walluf bei Eltville, durch die im Laufe einer jahrhundertelangen Geschichte nur der schlaue Herzog von Weimar, die rüden Schweden und ein paar Feldmäuse in den Rheingau einbrechen konnten.

Die heutigen Rheingauer tragen das Gebück nur noch in ihren Herzen, einer Sekte nicht unähnlich, der Reinheit der Riesling-Kultur durch eine Art Erbschwur verpflichtet, den der Vater dem Sohne auf dem Sterbebett abnimmt. Im übrigen aber geben sie sich weltoffen, bauen breite, glatte Autostraßen, pinseln ihre alten Fachwerkgiebel an, bauen (1960 in Rüdesheim) neue mittelalterliche Tortürme, wie ihre Großväter um 1880 romantische Burgruinen nicht etwa restauriert, sondern neu gebaut haben, plakatieren die Rheinufer mit Souvenirläden und feiern in ihren 20 Dörfern an 20 Sommersonntagen 20 verschiedene Feste: Biedermeier-, Sekt-, Burg-, Wein-, Erdbeer-, Winzer-, Rotwein-, Lindenfeste und Maimärkte, mit Fahnen, Transparenten, Rosen und Nachtigallen. Sie pressen die staunenden Fremden durch ihre engen Straßen wie den Wein durch die Kelter und heben sie auf Schwebebahnen und Sesselliften über die besten Rüdesheimer Weinberge zur Mutter Germania hinauf, die heute mit gezücktem Schwert die Rheingauer Weinpreise gegen die Tücken der EWG-Verträge verteidigt.

Der Wein hat nicht nur die Württemberger, sondern auch die Rheingauer zu den ersten Demokraten in unserem Lande gemacht, er hat den Standesunterschieden die Schärfe genommen und der Zunge die Spitze. Ein Greifenclau führte in den Bauernkriegen die aufständischen Bauern gegen die Kirchen und Klöster, andere Standesherren verhinderten die blutige Revanche der Gegenreformation und alle, Adlige und Bürger, stecken gemeinsam den Strauß vor die Türe und decken den Tisch in der besten Stube, wenn die alten Fässer noch nicht leer sind für den neuen Wein. Dann steigen sie selbst gewaltig in die Pokale, und da mag es nach Mitternacht manchem tapferen Rheingauer gehen wie dem aus Hattenheim, dessen ordnungsliebendes Weib ihm sagte: »Gestern kamste heit haam, heit kimmste morsche haam, un morsche kimmste garnit haam. Wenn de heit nit um elf derhaam bischt, raachts.« Das tapfere Hattenheimchen kam heim, als die Kuckucksuhr gerade zwei schlug. Blitzschnell ging er in die Knie und schrie weiter Kuckuck, kuckuck, kuckuck ... und so neunmal. Da wälzte sich seine Eheliebste im Federbett herum und sagte pädagogisch schlicht: »Des wollt ich der awwer aach gerote hawwe.«

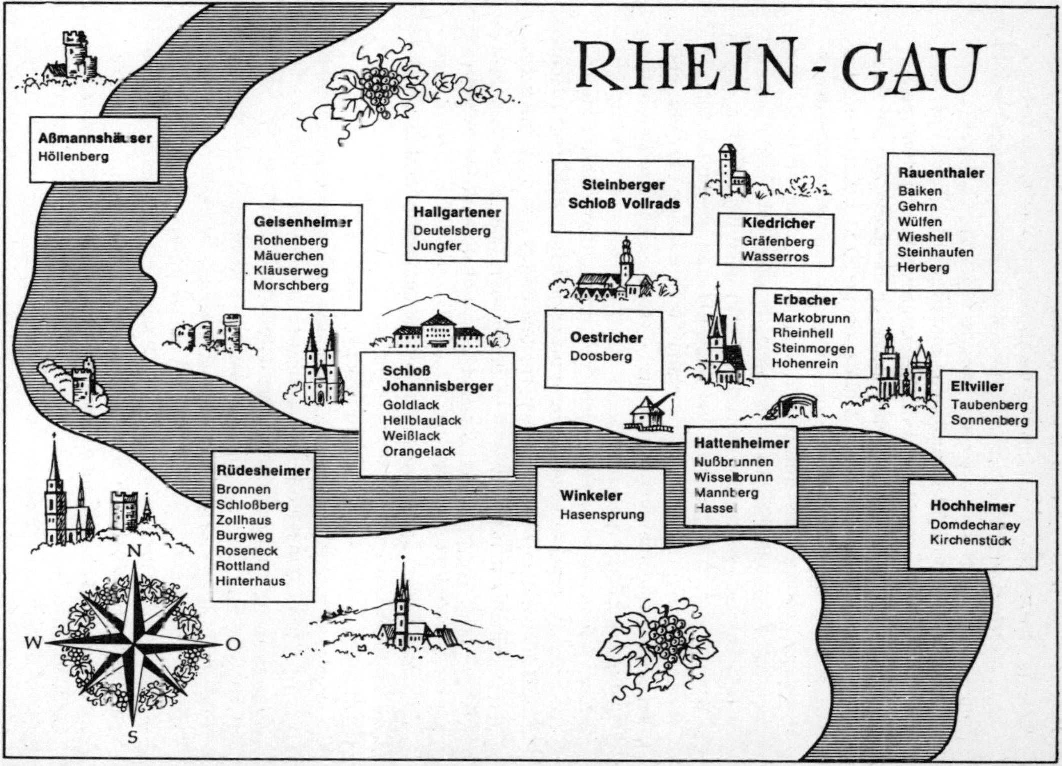
RHEIN-GAU
Aßmannshäuser
Höllenberg
Geisenheimer
Rothenberg
Mäuerchen
Kläuserweg
Morschberg
Hallgartener
Deutelsberg
Jungfer
Steinberger
Schloß Vollrads
Kiedricher
Gräfenberg
Wasserros
Rauenthaler
Baiken
Gehrn
Wülfen
Wieshell
Steinhaufen
Herberg
Schloß Johannisberger
Goldlack
Hellblaulack
Weißlack
Orangelack
Oestricher
Doosberg
Erbacher
Markobrunn
Rheinhell
Steinmorgen
Hohenrein
Eltviller
Taubenberg
Sonnenberg
Rüdesheimer
Bronnen
Schloßberg
Zollhaus
Burgweg
Roseneck
Rottland
Hinterhaus
Winkeler
Hasensprung
Hattenheimer
Nußbrunnen
Wisselbrunn
Mannberg
Hassel
Hochheimer
Domdecharey
Kirchenstück
N
W
O
S

Hundert Jahre sind wie ein Tag

Bettina von Brentano hat ihren Achim von Arnim besser behandelt, und die Dichterin Karoline von Günderode hat sich gar wegen des Heidelberger Professors Creuzer im Weidengebüsch am Rheinufer von Winkel den Dolch ins Herz gestoßen. Aber das waren Romantiker, von pantheistischer Glaubensseligkeit, und im Garten des Brentanoschen Hauses in Winkel, wo die Brüder Grimm unter Edelkastanien ihren Biedermeier-Kaffee tranken, Clemens Brentano in Lederhosen und mit der roten Freiheitsmütze auf dem Kopf leidenschaftlich demokratische Probleme diskutierte und der Rat von Goethe unter den Wein-Laubengängen, die die längsten nördlich der Alpen waren, seinen Morgenspaziergang machte, ist man noch heute jäh in einer anderen Welt. Hundert Jahre sind wie ein Tag in diesem Garten, die beiden Brünnlein plätschern wie damals in ihre kleinen Becken, und wenn der Mond still über dem grauen Gemäuer steht und flimmernd Schatten auf den Boden zeichnet, dann bedarf es nur eines Krügleins Schloß Vollradser Auslese, vielleicht auch nur eines Winkler Hasensprungs, und man versteht, daß Goethe seinem Freund Hafis aus dem Reiche der Farah Dibah einen Römer Rheingau-Wein (es wird ein Schloß Johannisberger Goldlack gewesen sein) schickte, damit er sich im Paradiese neben schönen Huris noch einen anderen himmlischen Genuß verschaffe. Man träumt auf dem Westöstlichen Diwan, den Goethe in diesem Hause schrieb, und nach der zweiten Flasche Winkler Honigberg kommt gar der Geheimrat selbst die knarrende Stiege herunter und liest uns aus dem Schenkenbuch vor.

Es war eine Zeit ohne Führerschein und Parkverbote, eine Zeit, in der noch nicht gemessen wurde, wie viele Promille Oestricher Lenchen oder Hallgartener Jungfer man im Blute hatte.

Im Rheingau regierte bis 1965 in einem repräsentativen Palazzo Rüdesheims der Landrat Bausinger. Er war ein Schwabe, die Rheingauer fanden ihn trotzdem reizend, denn er war ein Kenner des Weines und der menschlichen Seele, die sehr viel miteinander gemeinsam haben. Er machte die Public-Relations für diese deutschen Italiener, die seine Untertanen waren, und regierte mit dem alten schwäbischen Geheimnis der Distanz, mit dem die Hohenstaufer und Hohenzollern sich durchsetzten. Jene gaben Lehen, Landrat Bausinger gab den Einheimischen Konzessionen und den Fremden Prospekte.

Er gab sie nicht, er kredenzte sie in einer schönen Sammelmappe, die den gelungenen Slogan-Reim »Rheingau – Weingau« trägt. 30 Kilometer lang ist diese einzigartige Weinkarte mit den Namen Lorch, Aßmannshausen, Rüdesheim, Geisenheim, Johannisberg, Winkel, Oestrich, Hattenheim, Erbach, Kiedrich, Rauenthal und Eltville. Die Prospekte preisen alte Häuser, Herrensitze, Kirchen, Freibäder, Waldwege, Sommerfrischen und Madonnen an. Nur von ihren Weinbergen ist wenig zu lesen, jenen Gärten der Götter, in denen die weißen Spitzenweine der Welt reifen.

Um so mehr stellen sie das heraus, was sie an — oft noch nicht einmal bodenständigem — Kulturgut zusammenzukratzen vermögen. Man versteht es noch, daß sie stolz sind auf ihre »älteste Orgel Deutschlands« und das Kiedricher Kirchengestühl, daß sie ihre wirklich hübschen Wein-Madonnen in Kiedrich, Hallgarten, Eltville und Rauenthal streicheln, aber auch deren jüngste, die in Schloß Vollrads' kostbarstem Weinberg, dem Schloßberg Marienberg, steht, verbirgt scheu die edlen Trauben unter den weiten Falten ihres Mantels.

Da sind die Burgunder anders! Ihre Prospekte blähen sich vor Stolz über die Weine des Landes wie einst die Wimpel ihrer unruhigen Herzöge. Sie sind voller Superlative, geschickt erzählter Wein-Stories und Skizzen über die Lage der einzelnen berühmten Climats, wie sie dortzulande ihre Weinberge nennen. Dabei hat Burgund eingewachsene Kulturgüter, die die ganze abendländische Welt faszinieren und gegen die sich die Rheingauer Kulturgeschichte ein wenig bescheiden ausnimmt. Gewiß sind sie lieblich, ihre Madonnen, ihre Kirchlein und ihre alten Edelhöfe, still und weltvergessen ihre Wälder, heiter die Luft und heiter die Menschen, heiter — wie schon Goethe fand — die »hochgesegneten Gebreite«.

In König Rieslings Reich

Aber der Wein, der ist aus des Herrgotts Garten selbst. Er ist das letzte Wort in der Riesling-Kultur und gehört zu den weißen Spitzenweinen der Welt, von denen einer immer auf allen Weinkarten ganz unten steht, die Flasche zu hohen zwei- oder auch dreistelligen Preisen. Dazu gehören nicht nur die weltberühmten Schloß Johannisberger Goldlack-Cabinet-Weine, die Auslesen von Schloß Vollrads, die besten Marcobrunner, die edelsten Steinberger des Klosters Eberbach und der von intimen Kennern besonders geschätzte Rauenthaler Berg, der schon vor hundert Jahren mit seinem Jahrgang 1861 als der beste Weißwein der Welt galt und in London, Paris und Wien erste Preise der Weltausstellungen erhielt. Auch Fürst Bismarck bezog damals den halben Ertrag des »1893er Steinberger Cabinet«, und Zar Nikolaus konnte von dem Erbacher Marcobrunn-Cabinet des gleichen Jahrgangs nicht genug haben.

Es gibt Weine, die gut ansprechen, »hinten« aber »flach« sind und keinen Schwanz oder — wie manche Weinkieser treuherzig sagen — »keinen Popo« haben. Die vielen guten Rheingauer Lagen aus Erbach, Geisenheim, Hattenheim, Kiedrich, Oestrich und Rüdesheim haben diesen Augenblick nicht zu fürchten. Sie kommen an wie ein Nachtlüftchen der Blumen-Riviera und gehen ab wie die Lollobrigida.

Dabei ähneln sich diese Rieslinge untereinander noch weniger als ihre ebenso edlen roten Pinot-Brüder der Côte d'Or.

Wie in Burgund ziehen auch hier die Kenner die leichten Berglagen den an der Straße liegenden Tallagen vor, wobei man dem Marcobrunner mit tiefen Verbeugungen die Ausnahme von der Regel zugesteht.

Die himmlischen Heerscharen müssen vielstimmig singen, um die edle Harmonie der Rheingauer Weine aufklingen zu lassen:

- die Südlage,
- der Nordschutz durch die geheimnisvollen Wisperwälder,
- die Sonne, die von oben scheint, und der Rhein, der sie von unten spiegelt,
- die Feuchtigkeit der Herbstnebel,
- der fanatische Qualitätsanspruch des Rheingauer Winzers, der Weine sonnenarmer Jahre an die Sektfabriken verkauft, statt sie mit Zucker zu versetzen,
- das große Vorbild der Weinkultur, das heute die »Weingrafen« geben, wie es früher die Mönche von Johannisberg und Eberbach getan haben,
- die immer greifbaren Ergebnisse modernster wissenschaftlicher Forschung in der bedeutendsten Weinakademie der Welt in Geisenheim und dann
- der geheimnisvolle Rebenknabe Riesling, der hier zusammen mit der Buchdruckerkunst in das Licht einer sinnenfrohen Welt trat und hier »im hohen Norden« seine fürstlichen Gewächse hervorbrachte, Weißweine, die unvergleichlich sind auf der Welt in der

schier unerschöpflichen Varianz ihrer illustren Blume und ihres zauberhaften Säurespiels.

Aber erst seit Goethes Zeiten ist man sicher, in den früher so oft verkannten kleinen Beeren den Finger Gottes in der Weinkultur ergriffen zu haben. Der Riesling braucht warme Herbste, denn er reift spät, ist winterhart, immer gleichmäßig im Ertrag und zeigt auch in Trockenjahren — wie 1921, 1945 und 1959 — jenen feinen Säuregrad, ohne den ein Wein, der harmonisch genannt sein will, nicht auskommen kann. Harmonisch ist ein Wein dann, wenn er sich im Zahlenverhältnis von 10 : 1 zwischen Mostgewicht und Säure bewegt, also bei 100° Öchsle 10 ‰ Säure zeigt, die sich sowieso im Laufe der Jahre allmählich abbaut. Aber selbst die bejahrten Trockenbeerenauslesen des Rheingaus vermögen ihre lukullische Süße noch mit jenem herbfrischen Air zu mildern, das wie eine jüngferliche Liebkosung auf der Zunge verweilt und das nur der Riesling seinen Patriarchen zu bewahren vermag.

Wir verneigen uns vor den Semillon-Sauvignon-Reben vom Château d'Yquem und vor der Pinot Blanc des Montrachets — es sind die goldenen Spitzen uralter Weinbaukultur —, aber gegen das facettenartig schillernde Bukett eines alten gelungenen Rieslings sind sie von zu einseitigem Charakter.

Die Entdeckung der Edelfäule

Nicht nur die Weingrafen des Rheingaus, Prinz Friedrich von Preußen, Fürst Metternich, Fürst Löwenstein, Graf Matuschka-Greifenclau, Graf von Schönborn, Graf Eltz, die Freiherrn Langwerth von Simmern, von Groenesteyn u. a., sondern auch die hessischen Staatsweingüter haben das wirtschaftliche Rückgrat, die Riesling-Kultur und die Entwicklung der gehobenen Qualitäten der Auslesen, Beeren- und Trockenbeerenauslesen zu pflegen, ohne kalte Füße dabei zu bekommen.

Man hat jetzt jenem Kurier des Fürstbischofs von Fulda ein Denkmal gesetzt, dessen verspätetes Eintreffen mit dem Befehl der Lese 1775 zur Entdeckung der großen Qualitäten der Weine aus spät gelesenen edelfaulen Trauben führte. Die Geschichte ist schon 200 Jahre alt, aber noch vor 40 Jahren, als die vielen kleinen Rheingauer

Winzer nach einem verregneten Spätsommer ihre unreifen Trauben zur Kelter gebracht hatten, setzten — es war der Jahrgang 1920 — von Mitte Oktober ab ein paar Sonnenwochen ein, in deren Wärme die noch hängenden Beeren zu einem unvergeßlichen Klassewein reifen konnten. Geduld war wieder einmal belohnt worden.

Lange Zeit hat man das Geheimnis der höheren Spätlesen, etwa der edelfaulen Beerenauslese, wie wir sie schon in Sauternes kennenlernten, und der Trockenbeerenauslese nicht gekannt; man sah die zusammengeschrumpften, halbfaul gewordenen, pilzbefallenen, unappetitlichen Beeren, die jede reife Rieslingtraube verunzieren, mißvergnügt an und ließ sie unter Gewissensbissen mit durch die Kelter gehen. Erst als man auf Schloß Johannisberg gezwungen war, eine ganze Lage solcher unansehnlich gewordener, verschimmelter Beeren zu keltern, entdeckte man die sagenhafte Klasse der aus diesem so verkannten Lesegut entwickelten Weine: die heutigen Beeren- und Edelbeerenauslesen. Man kam hinter das Geheimnis der Botrytis cinerea, eines schmarotzenden Edelpilzes, dessen kleine »Wurzeln« (Haustorien) die dünne Haut der goldreifen Beere perforieren und ihr das Wasser entziehen. Die Beere wird formlos, verliert ihre Farbe und schrumpft kläglich zusammen. Aber das ist nur äußerlich. Der Gehalt an Traubenzucker ist in dieser Edelbeere größer denn je, und auch sonst hat der Schmarotzer Botrytis einige chemische Veränderungen im Traubensaft bewirkt, die die Beere der spitzen Schere der diese unappetitlichen Kostbarkeit sammelnden Pflückerin ausliefert.

Jeder Traubenesser würde diese Edelbeerenauslese entrüstet in den Mülleimer schmeißen, hier sind sie der sichere Wechsel auf Gold in den Gläsern und Gold in der Hand.

Was sind Cabinet-Weine?

Die höhere Spätlesekultur der Beeren-, Edelbeeren- und Trockenbeerenauslesen und deren fachmännische Pflege ist kein Privileg des Rheingaues, wohl aber sind es die Cabinet-Weine gewesen. Seit der Herzog von Nassau und sein zeitweiliger Kontrahent Fürst Metternich erprobte, gelungene, edle Weine in einem besonderen Kellerkabinett für den persönlichen Gebrauch zu lagern pflegten, hat sich bis 1971 allein im Rheingau der Beiname »Cabinet« eingebürgert, dessen Definitionen jedoch verschieden gegeben werden.

Die meisten Weinhändler wollten damit eine höhere Einstufung derselben Klasse bezeichnet wissen, also Spätlese, Spätlese-Cabinet, Auslese, Auslese-Cabinet, Beerenauslese, Beerenauslese-Cabinet usw. Dieser Deutung als besondere Gütebezeichnung folgte auch die Fürst Metternichsche Domäne Schloß Johannisberg bisher, deren Weine in zwei Qualitätsklassen eingeteilt waren: in »Originalabfüllungen« (Rotlack, Grünlack und Rosalack) und in »Cabinet-Weine« (Orangelack, Weißlack, Hellblaulack und Goldlack), wobei der Kellermeister den Titel »Cabinet« erst vergab, wenn der Ausbau des Weines als gesichert betrachtet werden konnte und der Wein ein gewisses Alter erreicht hatte.

Für die Schloß Vollradser Weine, bei denen es nach einer alten Tradition der Greifenclaus keine »Spätlese« als Bezeichnung gab, hat Graf Matuschka Greifenclau die Bezeichnung »Cabinet« nur für eine einzige Qualitätsstufe beibehalten, die zwischen »Schloßabzug« und »Auslese« fixiert ist. Man ging niemals fehl, wenn man annahm, daß eine Flasche Cabinet-Wein immer um ein paar Gramm schwerer in der Hand des Kellermeisters lag und das Herz des Rheingaufreundes dann um so leichter machte.

Heute, nach Inkrafttreten des neuen deutschen Weingesetzes vom 16. Juni 1969, also von der Weinernte 1971 an, ist die Bezeichnung »Cabinet« die unterste Stufe der hochklassigen »Qualitätsweine mit Prädikat«. Sie sind, wie alle Qualitätsweine, stets numeriert und als Prädikatsweine in jedem Falle und überall Naturweine.

In dieser neuen Position treten die Cabinet-Weine, ohne Spätlesen und Auslesen zu sein, das Erbe der renommierten deutschen Naturweine an, die nicht mehr besonders bezeichnet werden durfen.

Dann ist da noch ein rubinroter Edelstein, den der Rheingau ganz allein in seinem Geschmeide hat. Auf dem Aßmannshäuser blauroten, oft ganz violetten Phyllit-Schiefer bringt die kostbarste Rebe Burgunds, die edle Dame Pinot noir, mit dem »Aßmannshäuser Höllenberg« einen deutschen Vetter der hochnoblen Côte-d'Or-Familie zur Welt, einen besonders edlen deutschen Rotwein! Diese Entdeckung ist den Eberbacher Zisterziensern zu danken, die die empfindliche schwarze Pinot damals aus ihrem burgundischen Mutterkloster Citeaux mit heraufbrachten und nur in Aßmannshausen Glück damit hatten, obwohl sie es auch auf ihrem Eberbacher »Steinberg« versuchten, hinter dessen zwei Meter hohem Gemäuer heute die besten Riesling-Kulturen des Staatsweingutes stehen.

In Aßmannshausen hat es aber nicht nur die Prominentenstammtische in der »Krone«, die Rot-Weiß-Edelbeerenauslesen der »Hölle«, sondern vorzeiten auch den Dr. med. Stefan Oellers gegeben, der die schöne Angewohnheit hatte, statt Apotheker-Medizinen für die verschiedensten Krankheiten die verschiedensten Rheingauer Weinlagen zu verschreiben: Rauenthaler Wülfen gegen Rheuma im Genick, Winkler Hasensprung gegen Hartleibigkeit und Hattenheimer Nußbrunnen gegen Blutarmut. Sich selbst verschrieb er Aßmannshäuser Hölle, und als ihn sein Landesfürst einmal ob seines starken Hanges nach diesem Medikament zur Rede stellte: »Doktor, Sie werden nicht alt, wenn Sie so weitersaufen«, nickte der Dr. Oellers eifrig mit dem Kopf und meinte: »Weiß ich, Durchlaucht! Wein erhält ja jung.«

Die Wein-Madonnen

Es war auf der Terrasse von Schloß Johannisberg, als jemand mit einer ungeschickten Bewegung eine köstliche Rosalackflasche vom Tische wischte. Die junge Dame, die den Flaschenstumpf aufhob und sorgfältig, zärtlich fast, das gerettete Gold in ein Glas entleerte, war wohl die Madonna mit der Scherbe, die von der Hallgartener Kirchenwand heraufgestiegen war und deren liebenswerte Geschichte jeder selbst erforschen sollte, wenn er durch den Rheingau fährt.

Es erhebt das Herz, auch die Rauenthaler und Eltviller Madonnen und die von Schloß Vollrads zu sehen, die mitten unter den Reben steht, sie bei Frost schützend unter ihren Mantel nimmt, um ihn schnell zu öffnen, wenn die Sonne kommt. Eine von ihnen, die Schwester der »Schönen Rheingauerin« aus Hallgarten, die heute im Louvre fälschlich als »Belle Alsacienne« etikettiert ist, stammt in Wirklichkeit aus Eberbach, das — wie man weiß — nicht im Elsaß, sondern im Rheingau liegt. Aber die Kiedricher mit der Weinkrone ist doch die schönste in diesem Rebenmeer. Sie hält einem das Jesuskindlein mit der Traube entgegen, als wäre man der vierte König aus dem Morgenland und könnte ihr behilflich sein, von ihrem Thron herabzusteigen und sich wieder unter die Menschen zu mischen, unter denen sie einst lebte, und die heute nachdenklich in der weichen Abendluft der Rheingauer Gärten sitzen, den rosa Wölkchen nachsehen, die sich eitel im Strome spiegeln, und dazu den Wein trinken, der in seiner herbfrischen Süße auch aus dem härtesten Herzen einen blühenden Garten macht, den Wein der Madonnen.

Mosel-Saar-Ruwer

Die Schmetterlinge des Bacchus

In ihrem Weinbaugebiet sägt sich die Mosel 200 Kilometer lang zuerst durch schwere Muschelkalkhänge, dann durch den verwitterten Devon-Schiefer des Hunsrück, schließlich durch groben Grauwackenschiefer am Unterlauf; windet und schlängelt sich an sanften Auen, düsteren Steilhängen, milden Rebbergen und drohenden Leis vorbei, die wie geballte, schwarzschimmernde Fäuste plötzlich aus dem Grün der Reben herausragen. Diese Leis sind alles andere als jene Hibiskuskränze, mit denen in Papetee die braunen Tahiti-Mädchen die Touristen willkommen heißen. Lei, Lai oder Lay ist ein Stück nackter Schichtfels. Die sagenhafte »Loreley«, die jedem bekannt ist, wird nach einer etymologischen Verstümmelung zur Lurley, einem Mußefelsen, einer Lauer-Ley. Die Moselwinzer schieben ihre Rebkulturen ganz dicht an diese Leis heran, tanzen ihnen oft auf der Nase herum und stützen mit gewagten Mauern und Mäuerchen in schwindelnder Höhe das kostbare Gut. So steigen moselabwärts hinter Bullay bei dem Dorfe Bremm die jähen, fast drohenden Hänge des Calmond-Massivs steil 250 Meter über den Spiegel des Flußlaufs, und der vererbte Trotz der Moselwinzer pflegt hier die steilsten Weingärten der Welt, Italiens Cinque Terre vielleicht ausgenommen.

Zwischen Trier und Cochem behält die Mosel kaum einmal fünf Kilometer lang die eingeschlagene Richtung bei, in unzähligen Kehren und Kurven taumelt sie wie trunken durch alle Wonnen und Wehen dieser bacchantischen Welt. Auf einem Hektar kann es hier größte Unterschiede des Sonneneinfalls, der Windablenkung, der Regenversorgung, ja der Bodenbeschaffenheit geben, wie sie drastischer nicht denkbar sind. Das alles führt — von den Unterschieden der Kellereiwirtschaft wollen wir vorerst absehen — zu den feinsten Differenzierungen des Charakters der einzelnen Lagen, zu einer reizvollen »Individualität« auch der anerkannt großen Weine im Säurespiel, vor der Nase und auf der Zunge.

Zauber des Rieslings

Ich möchte sie bildhaft als eine alte Akrobaten-Familie vorstellen, alle leicht, feingliedrig, flüchtig und rassig, aber alle Brüder und Schwestern von unverkennbarer Eigenart mit einem ganz selbständigen Repertoire an bacchantischen Gaukeleien. Ein bunter Wiesenstrauß von Möglichkeiten, eine farbige Palette in der Hand des ewig jungen Meisters Riesling, gegen den die edle Semillon-Rebe aus dem Bordelais eine alte Dame von Adel und die Sauvignon eine solide Erbtante ist. Man kann mir nicht nachsagen, daß ich die großen Sauternes nicht schätze, den d'Yquem, den Guiraud, die beiden Peyragueys, die Rabauds, Coutets und Climens. Sie haben ihren Platz im Wein-Gotha und in den Weinkarten von Monte Carlo, Saltjöbaden und Westerland, aber sie sind einander wie aus dem Gesicht geschnitten, gleich erzogen, mit gleichen Manieren, sie halten einander an der Hand wie Fünflinge. Sie nehmen den Männern das Blut aus dem Kopf und treiben es den Frauen in die Schenkel. Sie stimulieren die Gehemmten und dämpfen die Übermütigen zu sanften Träumern. Sie sind so sorgfältig gezogen, gelesen, gekeltert und gepflegt worden, daß sie immer genau das tun, was man von ihnen erwartet.

Neben ihnen sind die großen Riesling-Spitzen der Mosel eine Horde von Kobolden. Das einzige, was man von ihnen sicher weiß, ist, daß sie fürstlichen Geblütes sind, ohne damit aufzutrumpfen. Sie sind die vertrauten Freunde der Menschen, die Überraschungen lieben. Sie sind unberechenbar, aber flüchtig wie Falter und humorig wie Käuze. Sie entfesseln keine Leidenschaften, sie flirten nur. Sie entzünden kein glutvolles, verzehrendes Feuer wie die fünfbuttigen Szamorodner, die Ruster Ausbrüche, die jungen Orvietos und die alten Sauternes, sie scheuchen höchstens einen Wirbelsturm himmlischer Glanzlichter auf, fugenhaft wie Bachsche Musik oder wie ein Jubilate Mozartscher Geigen. Oft treiben sie Eulenspiegeleien auf der Zunge, und manche von ihnen — ein paar Minuten zu lange im Eiskübel — lassen ihre Blume fallen wie müde Kinder auf dem Heimweg. Andere, ältere, kommen wie Könige daher; über dem Goldgrund des Glases spielen die illustren Bukettstoffe wie Schmetterlinge, und Spiel und Widerstand von Süße und Säure erscheinen auf der Zunge und im Abgang wie ein Mikro-Ballett der Sylphiden. Alles ist auf die liebenswürdigste Weise schwingend und voll flüchtiger Heiterkeit im Bukett dieser edlen

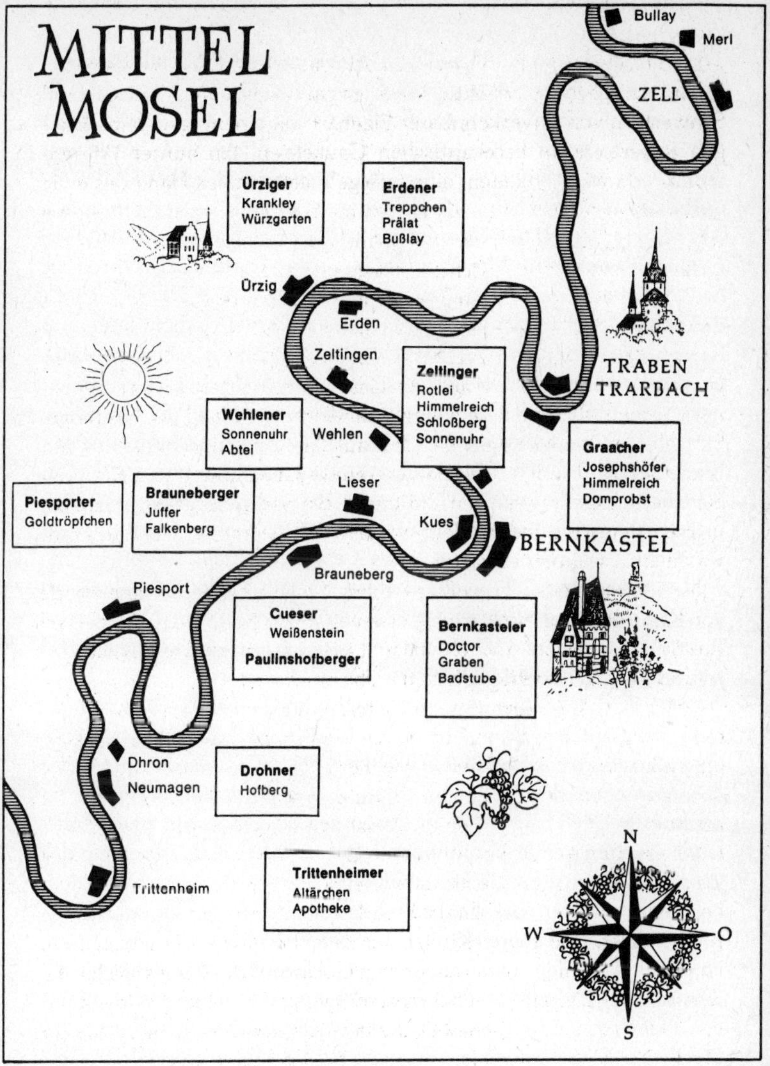
MITTEL MOSEL
Bullay
Merl
ZELL
Ürziger
Krankley
Würzgarten
Erdener
Treppchen
Prälat
Bußlay
Ürzig
Erden
Zeltingen
TRABEN TRARBACH
Zeltinger
Rotlei
Himmelreich
Schloßberg
Sonnenuhr
Wehlener
Sonnenuhr
Abtei
Wehlen
Graacher
Josephshöfer
Himmelreich
Domprobst
Piesporter
Goldtröpfchen
Brauneberger
Juffer
Falkenberg
Lieser
Kues
BERNKASTEL
Brauneberg
Piesport
Cueser
Weißenstein
Paulinshofberger
Bernkasteler
Doctor
Graben
Badstube
Dhron
Neumagen
Drohner
Hofberg
Trittenheimer
Altärchen
Apotheke
Trittenheim
N
W
O
S

Mosel. Sie verändern die Welt nicht wie die Auslesen der großen Rieslinge des Rheingaues, aber sie machen sie auf eine unwahrscheinliche Weise transparent.

Jahrhundertelang hat man die unansehnliche, spät reifende Rieslingtraube wegen ihrer Säure verachtet. Heute weiß man, daß es gerade diese sehr eigentümliche und wandlungsfähige Säure ist, deren Spiel dem voll ausgereiften Riesling zu jener edlen Blume und Würze verhilft, die ihn facettenhaft schillernd klar und eindeutig über alle Weißweine der Welt erheben können, und es ist typisch, daß er gerade auf den Schieferbergen des Nordens die höchsten Feinheiten der Aussage gewinnen konnte. Im Rheingau sagt er es mit Charme und Würde, an der Mosel mit Grazie und Witz.

Aber wie soll man in dem Meer von Reben zwischen Trier und Koblenz, wo heute noch in schwächeren Jahren viel Grünzeug gekeltert und mit Zucker verbessert werden darf, diese Edlen finden helfen? »Trennen ist immer schmerzhaft«, sagte schon der weise Pythagoras, und wenn man die überlieferten ganz großen Lagen der Mosel schon von den »nur« Großen reinlich scheiden will, steht man sofort vor Schwierigkeiten. Nicht nur, weil es bei uns eine so brutale klare Klassifikation wie bei den französischen Weinen nicht gibt, wo ein Winzer noch stolz seinen 3ème Cru oder 5ème Cru annonciert, weil er immerhin rund um ein Château im Haut Médoc gewachsen ist, sondern weil an der Mosel schon innerhalb großer Lagen Qualitätsunterschiede bis zu zwei oder gar drei Klassen auftreten können, wenn wir streng und unbestechlich sein wollen.

»Jeder Wein jedes kleines Ortes«, sagte schon Rudolf G. Binding, »hat seine sorgsam bewahrte Ehre.« Wir wollen sie nicht antasten. Sie wuchs aus harter Arbeit und keuschem Gebet. Aber wie die Ehre unter den Menschen sich nicht dem Rang und dem Namen verhaftet, so zeichnet sie auch beim Wein nicht nur den Edlen aus. Mit einer objektiven Wertung, einer verantwortungsbewußten Differenzierung der geographischen, geologischen, meteorologischen, rebwirtschaftlichen, kellereitechnischen Besonderheit hat das aber nichts zu tun. Zwar röten sich auch da zuweilen die Köpfe der Fachleute, zwar gibt es auch da hin und wieder ein Mönchsgezänk, etwa über die Rangfolge des Bernkasteler Doktors und der Badstube, über die Folgen des mangelnden Wasserdrucks am berühmten Brauneberg, über die Grenzen des Piesporter Goldtröpfchens, wo man am liebsten ein »Ur-Goldtröpfchen« proklamieren würde. Aber das allein bleibt im Oberhaus, es sind ritterliche Turniergespräche, eine Art Wein-Latein, bacchantische Simpeleien.

Jeder weiß und erkennt an, daß von den 8000 Hektar Rebfläche an dem 2000 Kilometer langen Schlangenlauf der Mosel zwischen Perl und Koblenz nur an der Mittelmosel, strenggenommen in einer einzigen S-Kurve zwischen Brauneberg und Kinheim, die Weingärten der ganz großen Moselkreszenzen stehen. Etwas weiter gefaßt, schon um die südlich davon wachsenden Trittenheimer und Piesporter Köstlichkeiten nicht zu übersehen, beginnt das Reich der Moselträume im Süden mit der Thörnicher Rütsch und endet im Norden gleich hinter Zell im Merler Fettgarten, dessen 59er bei der Bundesweinprämiierung 1961 in der Klasse der naturreinen Weißweine, der Spätlesen und der Auslesen, mit anderen, sehr viel erlauchteren Namen zusammen, der höchstprämiierte Mosel war. Die Mosel-Winzer sind leicht geneigt, sofort mit Steinen zu werfen, wenn man ihren Weinberg auch hier nur in die zweite Klasse einreihen würde. Nur mit Mühe und Selbstzerfleischung schließen sie sich zu Winzergenossenschaften zusammen, und ich habe in ganz Europa keine Weinbauern getroffen, die sie an Eigensinn übertreffen. Wie konnte das anders sein bei einem tapferen Völkchen, das jahrhundertelang um seine Existenz kämpfte, und zwar mit dem Rücken an der Rebwand?

Auch heute gibt es an der Ober- und Unter-Mosel in manchen Jahren noch Weine, die unverbessert das Gedärm umstülpen und manches für die Frauen so erfreuliche Gesicht in eine Picasso-Fratze verwandeln können; aber unsere Großväter halfen sich mit Lebensweisheiten wie »sauer macht lustig« und »ein leichter Mosel macht den Kopf nicht schwer« darüber hinweg. Das war zu jener Zeit, als noch das melancholische Moselbähnchen durch das Tal stampfte und oft genug zur Zeit der Weinlese leer dahinfuhr. Als eine Bäuerin das einmal gewahr wurde, wollte sie flugs wieder aussteigen und sagte zum Schaffner: »Nä, nä, su eilig haon ich et doch net, wäjens mir allän braucht er net zu faohre!« Worauf der Schaffner sie prompt beruhigte: »Steigt nur ein, Mütterchen, mir han och noch e Brief mit!«

Heute fließen die allzu »trockenen« Mosel-Jahrgänge in die Sektfabriken, deren Cuvées die Spritzigkeit und Säure dieser Weine brauchen, und in die — Pfalz, die ihre schweren Konsumweine gesegneter Jahrgänge damit leichter und harmonischer macht. Lassen Sie sich mal eine 64er Wehlener Sonnenuhr Auslese oder nur Spätlesen vom

Graacher Himmelreich oder vom Erdener Treppchen desselben Jahrgangs kredenzen! Solche natürliche Süße und Reife hat es früher an der Mosel nicht gegeben. Darum trinkt der Moselkenner die Weine der guten Lagen in schlechten Jahren und die Weine der schlechten Lagen in guten Jahren.

Die Sippe Mosel–Saar–Ruwer

Damit stehen wir schon auf der Reizschwelle der Saar-Ruwer-Weine, die zusammen mit den Mosel-Weinen eine Familie bilden und doch nicht ganz legale Kinder eines launenhaften Fehltritts sind. Bacchus mag sie, verlockt von Pan, mit einer besonders aparten Nymphe gezeugt haben, und der Gehörnte mag wissen, ob es am Canzemer Berg, am Scharzhofberg oder am Karthäuserhofberg gewesen ist. Weder die Zöglinge des Priesterseminars in Trier, noch die geistlichen Herrn der Hohen Domkirche oder die sorgsamen Nonnen der Vereinigten Hospitien haben das Gesicht dieser sündhaften Kinder ganz reinwaschen können. Langweilige Experten sagen zwar, daß es daran läge, daß die Saar härtere Devon-Schiefer als die Mosel mit vielen Quarzeinsprengungen hat, aber wir glauben lieber an das Schäferstündchen des Bacchus, wenn wir die sündhafte Verzückung alter Genießer von den weinfeuchten Lippen ablesen, die etwa eine 49er Beerenauslese Scharzhofberger oder eine botrytissüße Wiltinger Braune Kupp Auslese von 1953 im Teveris-Kristall funkeln lassen.

Diese Saar- und Ruwer-Abkömmlinge sind zwar nahe Verwandte der Edlen von der Mittelmosel, aber sie haben doch in sonnenreichen Jahren einen eigenen Zauber. Ein Bukett, das nach Erde riecht, nach Wurzelwerk, nach Haselnüssen und dem rauchigen Duft eines nebligen Herbsttages. Es sind allesamt Weine, die schon mengenmäßig so gering sind, daß sie am Markt kaum in Erscheinung treten, und wenn nicht die Sammelbezeichnung »Mosel–Saar–Ruwer« auf allen Etiketten zu lesen wäre, würde man sie wohl leicht übersehen. Vor den Augen der Liebhaber frischer, fruchtig-herber und prickelnder Mosel aber sind sie nicht sicher. In deren Kellern liegen vom 59er und 64er Jahrgang weniger die großen Mosel, die schon getrunken sein sollten, als vielmehr die Delikatessen eines ausreifenden Ockfener Bocksteins, eines edlen Canzemer Bergs und eines Maximin-Grünhäuser Herrenbergs, deren größte Schönheit sich erst nach Jahren auf der

Zunge wird entfalten können — wenn der Weinkeller immer die richtige Temperatur hat. In geringeren Jahren wandern sie allesamt in die Sektkellereien, deren Cuvées gerade von den Mosel-Saar-Ruwer-Weinen die prickelnde Frische erhalten, die die Genießer an den trockenen Herrensekten unserer Zeit so schätzen. Die im deutschen Weinhandel gebräuchliche Sammelbezeichnung »Mosel-Saar-Ruwer« läßt gar zu viele Riesling-Freunde im unklaren darüber, daß hier zwar »Blutsverwandte« zusammengefaßt wurden, die aber doch von deutlicher, nicht zu übersehender Eigenart sind.

Das ist die Legende von den Mosel-Saar-Ruwer-Edlen. Sie ist gewiß einigermaßen verläßlich überliefert, aber sie bedarf trotzdem des frommen Glaubens wie alle Weinlegenden. Man sollte das Land selbst sehen, riechen und schmecken; es wird ja nicht immer eine »Moselfahrt aus Liebeskummer«, sondern meistens eine aus Weinfreude sein. Schon manchem hat der Arzt die schweren alten Weißweine verboten und die leichten Mosel empfohlen, auch wenn es noch nicht so schlimm stand wie mit dem Moselbauern, dem der Doktor empfiehlt, wenigstens morgens den Wein zu meiden.

»Awwer ich kann doch meine Kaffee net trocken errunnerschlucke!«

»Wie Sie wollen«, soll der Arzt gekontert haben, »bedenken Sie aber, daß der Wein Ihr Leben verkürzt!«

»Dat han i schon lang gemerkt«, meinte das Bäuerlein, »die Zeit vergeht dabei wie a Dunnawedda.«

So sind die Menschen. Sie sind wie Kinder, wenn die Schmetterlinge des Bacchus in der Sonne gaukeln.

Laßt sie gaukeln an der Saar in Wiltingen, an der Ruwer in Waldrach, an der Mosel in Trier, Bernkastel, Traben-Trarbach und Beilstein. Schon vor 1600 Jahren, als es noch keine Rieslinge gab, kam der alte Professor und kaiserliche Erzieher Ausonius aus Bordeaux nach Trier und schrieb den heute noch oft zitierten Hexameter-Hymnus »Mosella«:

»Reben sich recken, als habe Natur hier gebaut ein Theater ...
Bis zum Gipfel hinauf der himmelan strebenden Bergwand
Klettert vom Moselsaum her der grünen Rebe Geranke.«

Melancholisches Finale

Ausonius war begeistert und kannte noch nicht die liebliche »Post« in Bernkastel, wo uns heute 100 gepflegte Weine der Mittelmosel erwarten, oder die idyllischen Lipmannschen Moselterrassen der alten Judenzuflucht Beilstein, wo wir einmal eine ganze Sommernacht verzechten, bis am Morgen jemand den Kaffee in einem alten Zinnkrug servierte, den vor 400 Jahren einer der trinkfesten Reichsgrafen von Metternich dazu benutzt hatte, um ihn, mit eiskaltem Wasser gefüllt, seinen eingeschlafenen Kumpanen in den spanischen Kragen unters Wams zu schütten.

Die heutigen Lipmanns sind mildere Wirte. Sie ließen uns im Freien schlafen, und als mich am frühen Morgen der Kaffee im Zinnkrug wärmte, da traf ein gespenstisches Bild meine trüben Augen: auf dem Wasser schwebten tausend kleine Nebelpyramiden im Morgenlicht, tausend kleine, flaumweiche Röckchen tanzten auf dem glitzernden Moselparkett. Ich habe mir die Augen gewischt, aber der Spuk blieb, er blieb minutenlang, und wir alle haben so etwas noch nie und nie wieder gesehen. Es ist selten, daß die Mosel einem Gast so ein fürstliches Geschenk macht, meist geht sie still ihren gewundenen Weg, und in ihren braunen Wasseraugen liegt immer ein wenig Schwermut, etwas von Abschiedsschmerz und Liebesweh.

Vielleicht gedeiht gerade deshalb an ihren Flanken der Wein, der den Menschenherzen Flügel wachsen läßt, die sie leicht darüber hinwegtragen, leicht und heiter wie die Gaukeleien der Nebelelfen von Beilstein, sorglos und beschwingt wie die Schmettelinge des Bacchus.

Stichwortverzeichnis

Friedrich A. Cornelssen
Das große Buch
vom
deutschen
Wein
Einmalige Sonderausgabe
Seewald